范国睿 主编

教育政策观察

Educational Policy Observatory

（第4辑）

华东师范大学出版社

- 教育部人文社会科学重点研究基地
  华东师范大学基础教育改革与发展研究所重点项目

EDUCATION POLICY OBSERVATORY
ACADEMIC COMMITTEE

目　录

特别报告

理论探讨

焦点分析

CONTENTS

INTERNATIONAL PERSPECTIVES

教育公平与质量：国际视野与本土问题

（代前言）

范国睿

与往辑不同,本辑"特别报告"是一篇来自英国的研究报告。2012 年 11 月,教育部人文社会科学重点研究基地华东师范大学基础教育改革与发展研究所举办"公平与质量：政策视野下的教育变革"国际学术会议,邀请英国伦敦大学教育学院荣誉院长、现英国巴斯大学公共政策与管理专业教授杰夫·惠迪(Geoff Whitty)前来演讲。当时,我盛邀惠迪教授为《教育政策观察》撰写一篇特约稿。不曾想,惠迪回国后不到一个月,就将他在华东师范大学的演讲稿加工整理成一篇颇有分量的学术论文《缩小社会经济水平差距：英国经验》(*Narrowing the Socio-economic Achievement Gap: the Recent Experience of England*),感激之情,难以言表。对于惠迪的著作,中国学者并不陌生。许多教育学人读过惠迪的著作《教育中的放权与择校：学校、政府和市场》(教育科学出版社,2003),对他关于学校、政府与市场关系的论述印象深刻。《缩小社会经济水平差距：英国经验》是惠迪教授与英国伦敦大学教育学院定量社会学系杰克·安德斯(Jake Anders)的合作成果。学业成就对学生获得就读高等教育的机会以及未来人生发展都有着重大影响。惠迪等人试图以大量数据揭示英国目前存在的种种"成绩差距",尤其是基于不同社会经济层次、不同种族的学生学业成绩差异。20 世纪 90 年代以来,英国的教育政策制定者所推行的"自主学校"、"延展学校"、"恢复阅读能力计划"、"以教为先"等,在缩小学生学业成绩差距方面取得了明显成效。惠迪意图通过研究告诉我们,消除学业成就差异的任务不可能单由学校完成,而是需要通过学校之间以及学校与其他社会系统之间的合作才能达成。当然,从学业成绩的视角研究教育政策问题,也为国内教育政策研究开辟了一条实证研究的路径。

2013年春,十二届全国人大一次会议和十二届全国政协一次会议期间,有关政府职能转变的话题再度引发热议。全国人大代表、清华大学教授蔡继明说:"政府职能转变的主脉就是划清政府与市场界限。市场、社会能办的政府一律不介入,需要政府办的,比如教育、医疗等公共服务,政府必须依法办好;需要市场和社会办的,政府要提高专业化水平,做好监管。"政府购买教育服务是近年来教育改革的努力方向之一,其中既有理论层面的探讨,也有实践层面的探索。本辑"理论探讨"刊发了上海市教育科学研究院民办教育研究所周翠萍博士的论文《政府购买教育服务的政策研究》,论文在对上海市一些区县政府购买教育服务的实际运作情况进行深入调查的基础上,从理论上阐述了政府购买教育服务的内涵、类型与内容、特点等方面,同时也揭示了目前我国政府在购买教育服务实践中存在的问题,如政府对购买教育服务的认识和定位尚不清晰,尚未形成完善的购买教育服务的政策体系。针对这一问题,论文提出我国政府亟待培育具有相当资质的教育中介组织,培育完善的教育市场等建议。

在编辑本辑过程中,我们花相当大的精力聚焦国内教育改革与发展中的重大政策问题。可以说,本辑"焦点分析"栏目的特点在于"问题导向",涉及"发达地区的教育经费投入"、"城乡中小学教师流动"、"普通高中的价值转型"、"农村教育的历史发展"与"农村中小学布局调整"以及"民族自治地区的义务教育均衡发展"等。

国家财政性教育经费支出占国内生产总值(GDP)的比例是世界各国衡量教育水平的基本线。1993年,中共中央、国务院发布的《中国教育改革和发展纲要》提出,国家财政性教育经费支出占GDP的比例要达到4%。但由于我国GDP增长迅速,财政收入占GDP较低等多种原因,这一目标未能如期实现。2010年《国家中长期教育改革和发展规划纲要(2010—2020年)》再次强调,"提高国家财政性教育经费支出占国内生产总值的比例,2012年达到4%"。2012年3月5日,时任国务院总理温家宝向十一届全国人大五次会议作政府工作报告时提出,汇总公共财政预算、政府性基金预算中安排用于教育的支出,以及其他财政性教育经费,2012年国家财政性教育经费支出21 984.63亿元,占国内生产总值4%以上,中央预算内投资用于教育的比重达到 7% 左右。2013 年 3 月 5 日，时任国务院总理的温家宝在十二届全国人大一次会议的政府工作报告中指出，2012 年国家财政性教育经费支出五年累计 7.79 万亿元，年均增长 21.58%，占国内生产总值比例达到 4%。教育经费投入的大量增加，对于不同经济发展水平的地区而言，面临着同样的任务，但压力各不相同。2012 年，上海市确定该年教育经费投入总额为 700 亿元。上海教科院民办教育研究所课题组的研究报告《上海市增加教育经费投入的必要性与可行性分析》借助大量数据，根据上海"创新驱动、转型发展"的社会发展需求以及实现义务教育高位均衡发展、解决历史遗留问题和进城务工人员随迁子女入学问题等教育发展需求，具体分析了加大教育经费投入的必要性。在此基础上，分析了加大教育经费投入的可行性以及经费投入增加后加强监督与监管等问题。

随着城镇化速度的不断加快，走出人口由农村涌向城市的人口迁移型城市化，转向城镇内涵发展型城镇化，成为当代中国新型城镇化的发展特征。城镇化对于中国教育的影响可谓林林总总，如何促进教师的城乡流动，实现教育资源的均衡发展，成为新时代教育改革的难题。西南大学教育学部基础教育研究中心和国际与比较教育研究所李玲教授等人的研究报告《城乡中小学教师流动体制机制研究——基于博弈论视角的模型建构》以我国西部某省部分县（区）的问卷调查和访谈为基础，诊断城乡中小学教师流动体制机制中存在的问题，分析影响城乡中小学教师流动的关键因素，从博弈论的视角，构建了反映教育行政机构、城乡学校与城乡教师三方博弈关系的博弈模型，继而在制度建设、组织管理、经费投入、激励机制、选派机制和流动模式等方面，提出了促进城乡中小学教师合理流动的政策建议。

在我国基础教育以至整个教育体系中，高中教育具有特殊的地位。华东师范大学教育学系刘世清博士撰写的《普通高中发展的价值转型与政策选择》借助大量历史与现实资料，分析了普通高中发展过程中由"重点"向"示范"的价值转型历程，重点探讨了高中教育进入大众化发展阶段后，新时期普通高中的"多样化"发展价值取向，以及与"多样化"发展相伴相生的普通高中的发展定位、评估标准、课程内容、学生发展、高考制度等方面的改革需求与应对策略。

本辑有两篇关于农村教育政策的论文，但研究角度与研究内容各有千秋。南京师范大学教育科学学院张乐天教授的《新中国农村教育发展的政策经验与政策问题》旨在借助共和国建国60余年来的历史经验,描绘农村教育发展的"中国式"道路。论文在具体分析我国农村教育发展的曲折历程的同时,有针对性地揭示了农村教育发展过程中存在的种种问题,尤其是城乡社会与教育差异所带来的种种问题,论文最后就推进新时期农村教育的发展提出了若干有价值的建议。与此跨越60年的宏观政策研究不同,华东师范大学范国睿等人的《我国农村中小学布局调整:历程、影响与对策》则试图以立此存照的心态,对21世纪初以来,我国农村中小学伴随着城镇化进程而进行的长达十年的"运动式"布局结构调整进行回溯式研究。论文在仔细梳理布局调整政策变迁的基础上,系统总结了我国农村义务教育的积极作用与消极影响,深刻剖析了农村中小学布局结构调整的政策动因、价值取向以及政策背后的利益博弈。政策中止并不能取代教育的改革与发展,基于深刻反思和科学论证的理性推进,才是我国农村中小学布局调整工作的后续发展方向。

农村义务教育均衡发展是我国当下教育改革的难点问题,与此相比,少数民族自治地区义务教育均衡发展问题却是一个更加艰难但又容易被人忽视的问题。云南师范大学教育科学与管理学院李劲松研究员的论文《民族自治地区义务教育均衡发展的问题与策略》以云南25个边境民族自治县为例,根据人均GDP发展水平,将其分为三类地区,从义务教育普及水平、教师学历达标水平等指标,揭示了这些地区的义务教育发展的低位均衡态势。

本辑"国际视野"刊出了本刊特邀国际学术委员、美国纽约市立大学亨特学院城市事务与规划系主任、托马斯·亨特公共政策讲席教授(Thomas Hunter Professor of Public Policy)约瑟夫·P·维特里迪(Joseph P. Viteritti)的论文《联邦在学校改革中的角色——奥巴马政府的"力争上游"政策》(*The Federal Role in School Reform: Obama's "Race to the Top"*)。维特里迪回顾了1965年《初等与中等教育法》、2002年《不让一个孩子掉队法》的出台与实施过程、实施效果,以及联邦政府在其中所发挥的作用,重点探讨了奥巴马政府的"力争上游"政策,特别是奥巴政府以提高阅读与数学成绩为核心的一系列教育政策。虽然这些政策的依据都源于《初等与中等教育法》中关于满足来自低收入家庭学生的教育需求的目标,但将联邦基金转换成一系列竞争性赠款计划的做法面临巨大风险。

基于多年的国际研究合作,卡潘国际(Phi Delta Kappa International)授权发表卡潘国际总裁威廉·J·布尚（William J. Bushaw）、盖洛普大学高级统计分析师谢恩·J·洛佩兹（Shane J. Lopez）执笔完成的 2010 年盖洛普关于公立学校的教育民意调查报告《变革的时代——第 42 届卡潘／盖洛普对公立学校的民意调查》（*A Time for Change——The 42nd Annual Phi Delta Kappa/Gallup Poll of the Public's Attitudes toward the Public Schools*），该年报的教育民意调查涉及教育战略的重要性、普及大学教育、表现不佳的学校、特许学校、学校经费危机、经济刺激资金、对教师的尊重、为教育买单等问题。调查发现，提高教师质量是国家教育改革的重中之重，学生需要接受大学教育，应当通过提供综合性外部支持来整改教育质量不佳的学校，公众对公立特许学校的欢迎程度逐年增长，但公立学校经费短缺是其面临的最大问题之一，希望以工作质量（包括以学生学业进步情况衡量）决定教师薪酬，但反对用金钱奖励来激励学生用功读书、上学或努力取得好成绩的做法。

总之，编辑本辑的最大感受是教育公平与教育质量依然是当前教育改革的主流，无论是国际视野所反映的教育改革趋势，还是本土化教育改革所反映的焦点问题，都可以对此予以佐证。

Educational Policy Observatory

特别报告

缩小社会经济水平差距：

英国经验

缩小社会经济水平差距：英国经验*

[英] 杰夫·惠迪　杰克·安德斯　著　　张淑萍　范国睿　译**

摘　要：由于学业成就对学生获得就读高等教育的机会以及未来人生发展有重大影响，且不同社会背景的学生之间的学业差距一直存在，因此，缩小甚至消除这种差距是新工党和联合政府教育改革的追求目标。本文从简要分析不同社会群体在学前教育阶段的学业表现入手，集中关注义务教育阶段的社会阶层与学业成就差距的关系，阐明早期学业失败对后续一生的教育成就可能产生的影响，继而分析国家政策、自主学校、延展学校、恢复阅读能力计划、以教为先计划，以及伦敦挑战计划等不同政策在打破社会背景和学业成就差距之间的固有联系方面的作用。作者认为，消除差距的任务不可能单由学校完成，而是需要通过学校之间以及学校与其他社会系统之间的合作才能达成。

关键词：学业成就差距，社会经济背景，政策，教育

---

*　本文系杰夫·惠迪教授以其在华东师范大学基础教育改革与发展研究所举办的"公平与质量：政策视野下的教育变革"国际学术会议（2012年11月）上的演讲稿为基础，修订专供本刊的特稿。

**　杰夫·惠迪（Geoff Whitty，1946—　），英国伦敦大学教育学院荣誉院长，英国巴斯大学公共政策与管理专业教授，Email：g.whitty@bath.ac.uk；杰克·安德斯（Jake Anders，1989—　），伦敦大学教育学院定量社会学系；张淑萍（1986—　），河北沧州人，华东师范大学教育学系博士研究生，主要研究方向：教育学原理；范国睿（1964—　），山东平度人，教育学博士，华东师范大学教育科学学院教授、博士生导师，主要研究领域：教育学原理、教育政策、学校变革与发展。E-mail：grfan@ecnu.edu.cn.

英国的学制

英国的学制主要分为两个阶段(在一些个别地方存有例外)。初等(包括幼儿和青少年)教育的对象是 4、5 岁到 11 岁的儿童,中等教育承接初等教育,其教育对象是完成初等教育之后且达到义务教育基本年限之前的学生(英国学生结束义务教育的年龄为 16 岁,然而在多数情况下会达到 18 或 19 岁)。在英国,多数学生在 11 岁时开始就读中等教育。1988 年,英国引入了国家课程和国家统一考试,自此之后,英国学制被划分为几个学段。在早年基础阶段(Early Years Foundation Stage, EYFS)之后,KS1 学段(Key Stage 1, KS1)至 KS4 学段(Key Stage 4, KS4)分别负责 5—7 岁、7—11 岁、11—14 岁和 14—16 岁儿童的教育,其中,KS4 学段结束时,多数学生参加普通中等教育证书考试①(General Certificate of Secondary Education, GCSE)或同等水平的资格考试。由于多数学生在 18 岁之前都在接受特定的教育或培训,因此许多学校对 16—19 岁的学生进行教育,这也就是 KS5 学段。这种教育多数是由为 11—19 岁学生提供教育的学校进行,但是也有一些其他的学校承担了这项任务,比如只招收 16 岁以后学生的第六级学院、高等院校或者继续教育学院。"后 16 岁教育"(也就是 KS5 学段)的形式十分多样,除了针对一般学历证书考试(Advanced Level, A-Level)的教育之外,还有许多针对职业资格证书考试的教育,其中一般学历证书考试是传统的进入高等教育的主要途径。

英国的大多数公立学校(包括大部分教会学校)一直以来是由多职能的地方当局负责投资的。然而,就像美国的特许学校(Charter Schools)一样,英国自 20 世纪 80 年代开始尝试通过赋予学校自治权(学校的管理权原来在地方政府手里)和引入民间资本来改善那些失败的公立学校。现在,英国一半的公立中学和一些小学已经拥有了自治性"自主学校"(Academy)的地位,或者正在获得这种地位。多数的公立学校和私立学校,都是综合性的(非专科的),但是在中学层次中仍然存在少数专科学校。人们通常认为文法学校是工人阶级家庭的儿童实现社会流动的途径,但是少数

---

① 英国普通中等教育证书考试是在义务教育(中等教育)结束时进行的一种证书考试。——译者注

专科学校在招生时非常看重社会上层人士。一些私立学校往往只迎合占全校人数7%的来自社会上层的学生的需求，但是在某些地区这些学校实际上承担着本地区20%的 KS5 学段学生的教育任务（DCSF①，2008）。虽然这些私立学校并不是为较高社会阶层的学生所专门设置的学校，但是其绝大多数在校生都是来自较高社会阶层，并且这些学校的学生是进入顶尖大学的主要生力军。

学业成就差距的重要性

2010 年 5 月选举产生的联合政府开始致力于消除不同社会背景的学生之间的学业差距。联合政府的雄心壮志比之前的新工党政府更加坚定，毕竟新工党政府只提出"缩小"差距。事实上，英国（不同于上海）在类似于国际学生评价项目（PISA）这样的国际学业成就调查中，在"公平"这一项上的得分并不高，即使我们抱较少的期望，但对于政府来说也是极大的挑战。本文将探究新工党所取得的进步，并对如今在保守党领导下的保守党和自民党的联合政府未来的前景进行评估。

许多年前，伯恩斯坦（Bernstein，1970）提出"教育不能补偿社会"，同时，一位曾经对新工党成就目标进行评论的批评家认为一个意在消除儿童贫困的严肃的项目应该致力于促进儿童读写能力的提升，而不仅仅是对学校教育进行无关痛痒的干预（Robinson，1997）。然而，随着那些在社会经济文化方面和英国十分相似的国家逐渐实现了缩小学业成就差距和增强社会流动的目标（Sutton Trust②，2011），政治家们有理由相信教育和社会政策能够缩小学业成就差距，甚至可以缩小这些年来一直存在的各种各样的学业成就差距。

在 20 世纪的许多年中，人们高度关注女学生的低学业成就问题。尽管在一些高难度的自然科学领域和其他学科的顶尖水平上，性别差距依然存在，但是总体上已经

---

① DCSF，全称为 Department for Children，Schools and Families，即儿童、学校和家庭部，是隶属于英国政府的一个分支部门，2007 年从教育和技能部（Department for Education and Skills）分离出来，成为独立部门，负责与 19 岁以下儿童和青少年有关的事务，包括儿童保护、教育等。2010 年该部门被撤销，由教育部取代。——译者注

② 萨顿信托（Sutton Trust）是英国一家教育慈善机构，始建于 1997 年，致力于通过教育促进社会阶层的流动。——译者注

得到了很大改善。少数民族学生的学业成就问题也受到关注，因为在不同民族之间，学生的学业表现仍然存在巨大差异。然而，目前英语著作中对差距的核心关注点是在"社会阶层"的教育成就差距上，甚至这个术语本身常常被解读为"贫困"、"弱势"、"剥削"或者"社会排斥"，并且经常通过社会经济地位（socio-economic status, SES）或者享受免费校餐（free school meals, FSM）的资格这些方面来衡量（Whitty, 2001）。

本文对社会阶层之间差距的研究，是通过认知能力和学历成就来进行分析的，但这并不意味着本文主张学校教育的唯一目的就是取得学历证书，或者在这方面做得不好的人在其他重要方面也相对或绝对做不好。在本文所涉及的时期内，人们确实非常看重教育在提高生活幸福感方面的作用。有大量证据表明，在英国社会中个人的人生机遇和学业成就息息相关，个人成就和社会公正都能够通过缩小或消除长期存在的学业成就和入学方面的差距而得到改善（Schuller et al., 2004）。因此，我们同意克尔和韦斯特（Kerr & West, 2010: 16）的观点，"抛开窄化'什么是教育'的危险不谈"，强调学业成就是有理由的，因为"不可否认，学业成就与人生机遇有十分重要的因果关系"。

之所以强调学校中的学业成就差距十分重要，其中一个具体的原因在于学业成就是预测进入高等教育可能性的重要因素。在英国，上层社会和下层社会成员之间在高等教育入学率方面存在巨大且持久的差距（Kelly & Cook, 2007）。一种明显的趋势长久存在，即顶尖大学中的生源往往是较富裕家庭的孩子（Boliver, 2011）。图 1 展示了来自不同社会经济群体的学生进入不同类型的大学的情况。

毫无疑问，尽管在提高参与度和保障高等教育公平入学方面仍然存在一些财政和指导上的障碍（Whitty, 2010a），但是我们可以清楚地看到学生进入高等教育的主要障碍在于学业成绩差异。由伦敦大学教育学院、伦敦政治经济学院和伦敦财政研究所共同进行的研究发现，尽管来自不同背景的学生之间在接受高等教育方面存在显著差异，但是当高等教育之前的学业成就被充分纳入衡量因素，这种差距就会变得很小（Chowdry, et al., 2010a; Vignoles & Crawford, 2010; Anders, 2012）。

学生良好的学业成绩和在 14—16 岁阶段所做出的对未来学习的选择与学生未

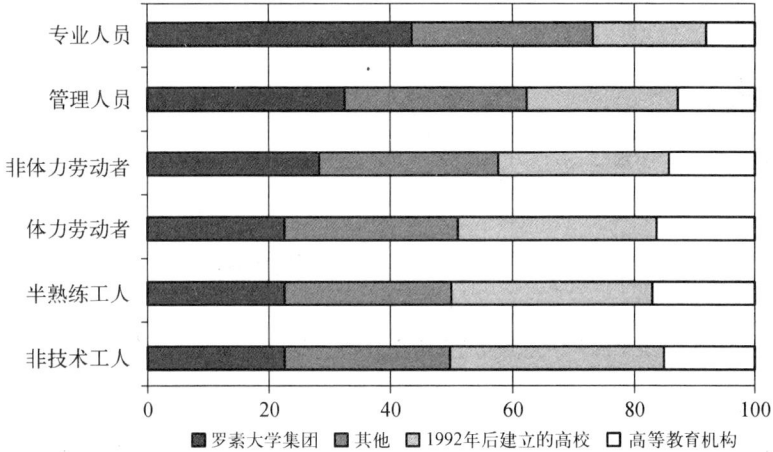

图1 不同社会经济群体进入不同类型大学的分布情况

资料来源：Hills, J. et al（2010）. *Anatomy of Economic Inequality in the UK*（Report of the National Equality Panel）, London：Government Equalities Office, 363.

来的就业之间有明显的因果关系。不良的学业成绩以及不适当的科目选择会限制学生进入未来的专业和获得与自然科学、技术、工程和数学相关的工作机会（Coyne & Goodfellow, 2008）。

本文将在下文中重点关注（并非唯一关注）教育成就的社会经济差异。本文将从简要分析不同社会群体在学前教育阶段的学业表现入手，继而集中关注在进入不同水平的高等教育之前的位于主流教育末端的义务教育阶段。由此，本文将阐明早期学业失败对后续的一生中的教育成就可能产生的影响，并且阐述不同种类的干预方案，已经有证据表明这些干预方案能够打破社会背景和学业成就之间的持久联系。

英国的学前教育成就差距

三个主要政党的政治家都使用了范斯坦（Feinstein, 2003）曲线图，这个曲线图意在说明，在入学之前，来自弱势背景的具有良好认知能力的孩子就已经落后于那些来自优势背景但认知能力相对较弱的孩子。

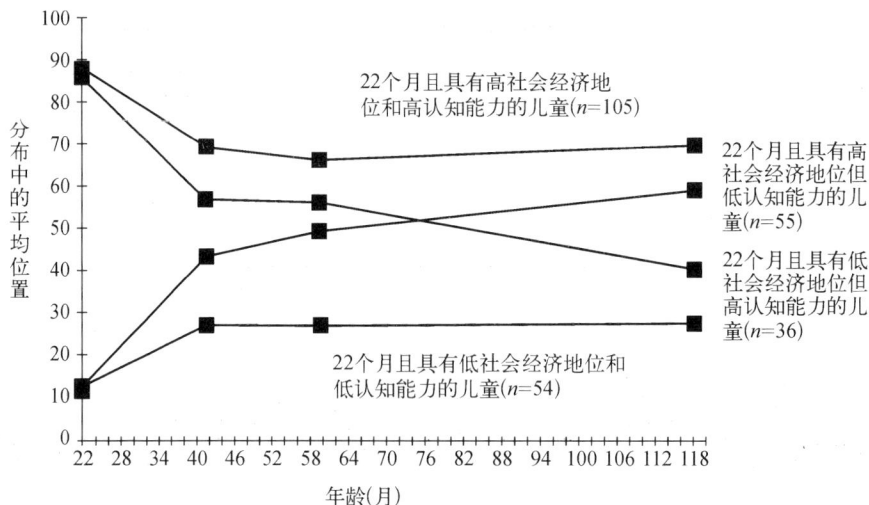

图 2　基于家长社会经济地位与学生早期成绩排名的年龄与成绩关系图

注：处于高层社会经济地位的家庭——父亲从事专业性或管理性职业，母亲从事与父亲类似的职业或是全职妈妈(307 obs.)；处于低层社会经济地位的家庭——父亲从事半技术性的工作或体力劳动，母亲从事与父亲类似的职业或是全职妈妈(171 obs.)；处于中层社会经济地位的家庭——介于高层和低层之间的家庭(814 obs.)。

资料来源：Feinstein, L. (2003). Inequality in the Early Cognitive Development of British Children in the 1970 Cohort. *Economica*, 70(177), 73–97.

尽管对这项分析有一些质疑，认为它有夸大这种现象的嫌疑(Jerrim & Vignoles, 2011)，但是它的核心发现不容置疑，具有高社会经济地位且较低能力的孩子能够与那些具有较高个人能力但较低社会经济地位的孩子齐头并进，即使在观察到的数据中，前者并未真正赶上后者。总之，这些数据毋庸置疑地引出了我们下面将要讨论的政府政策。

千禧年群组研究(Millennium Cohort Study, MCS)近期确认了在学生 3 岁之前所存在的社会经济地位与学业成就的差距。这些研究反映了社会经济范畴内的天赋能力分布的差距：例如，这种差距在 3—5 岁的儿童中间扩大，来自家庭收入位于前 20% 背景的儿童在这两年期间表现出了最快的进步速度(Goodman et al., 2009)。这些结果适用于其他的(社会)地位衡量标准，例如父亲的职业等级、母亲的教育情况和住房情况。为了把这些结论应用到更广泛的背景中,萨顿信托(Sutton Trust,2011)对比了不同国家的入学准备情况,并发现尽管相对于美国而言,英国存在的差距相对较小,但是和其他大多数英语国家比起来,英国的社会经济梯度大很多。

"确保起步计划"(Sure Start)由1997年当选的新工党政府引入,全方位地对学前儿童进行干预,目的在于提高那些在弱势背景中成长的儿童的人生机遇(NESS, 2010,2011)。和那些目标更加细化的干预方案不同,这项方案专门针对那些经过评估确认有需求的地区,并非不论居住地区帮助每个有特殊需要的儿童。以早期基础阶段教育成绩标准(Foundation Stage Profile)中所规定的分数作为衡量指标,针对此政策进行的评估并未发现"确保起步计划"在学生的入学准备方面起到任何积极作用。然而评估认为,这项计划确实对父母教养方式的诸多方面、儿童的体质指数(Body Mass Index,BMI)有促进作用,并且对学生的教育成果有长期影响。研究者发现,对入学准备方面的差距缺乏明显影响的原因在于"人们过于广泛地实施全体儿童的免费早教,而不论这些儿童是否来自'确保起步计划'的执行地区"(NESS, 2011:12)。

不论如何解释,总有证据表明在学前阶段,即在学生5岁开始接受义务教育之前,学习成绩中的社会经济梯度已经存在。由于没有个体水平的数据,国家统计局(ONS,2006)不得不使用低层社会经济地位的区域作为代表。由于"确保起步计划"的中心都位于缺乏足够教育的地区,来自这些区域的学生的家庭背景处于低层社会经济地位。分析表明,那些位于"确保起步计划"区域的学校,在基础阶段的教育结束时,5岁儿童达到优秀水平的比例比其他区域都要低。这种水平差距不仅体现在个人、社会和情感的发展上,也体现在交流、语言和读写能力上。下文将对此进行重点分析。

英国学校的成就差距

似乎所有数据都表明在英国的学校系统中,因社会经济梯度导致的学业成就差距贯穿始终。透过2005年的学业成绩数据(DfES,2006)可以看出,尽管享受免费校餐和不享受免费校餐的学生在相关的表现方面存在差距,但是这种趋势并非在 KS3 学段之前的每个学校教育时期都呈现不可避免的扩大态势。

古德曼等人(Goodman et al., 2009)通过对调查数据的分析发现了一种略有差异的情况。在衡量标准方面,他们使用了更加精细的社会经济地位,而不是简单的享受免费校餐的资格。他们发现了在儿童教育的 KS3 学段(14 岁)之前存在逐渐扩大的学业成绩差异,但是到了 KS4 学段,这种差距会稍微缩小。这两种研究的差别是由于享受免费校餐资格(这个指标)把人们分为缺乏足够教育的群体和其他两类,然而这项研究总体上将(与享受免费校餐的群体相比)规模较大的较低社会层次的群体和(与不享受免费校餐的群体相比)规模较小的较高社会层次的群体进行比较。因此,综合考察这些研究能够看出英国学生教育过程中不断扩大的社会经济差距。

这些研究也讨论了教育过程中不公平现象的其他变化。例如,古德曼等人的研究表明,在对儿童的早期教育中,不同性别学生的学业成绩差距时大时小(但凡是在存在差距的地方,女孩的成绩总是领先的),而到了中学阶段,这种差距明显存在(Goodman, 2009:27—28)。或许更让人感到惊讶的是,研究者还发现,"在年龄很小的学前阶段的学生中存在较大的种族差异会随着时间的推移而逐渐缩小,并且当这些学生到了要参加 GCSE 考试的时候这种差距表现甚微"(Goodman, 2009:28)。但是值得注意的是,一些少数民族群体要么在总体上不符合这样的规律,要么在某个特定阶段不符合。

然而,即使是社会经济梯度的证据本身也并非没有反对者。桑德斯(Saunders, 2012)就曾经质疑来自弱势家庭且成绩不佳的儿童的社会流动性占据了研究的主要部分。不论人们对这种批评持何种观点,有一点是毋庸置疑的,也就是在这个时期内,人们对社会流动的关注对政府决策起到了巨大的影响。

如上文所述,新工党将缩小不同社会经济背景下的儿童学业成就差距视为其教育政策的关键。在了解这一目的的前提下,我们可能会惊奇地发现(上文中)关于这种差距发展趋势的数据与之稍显不协调。虽然有数据能够反映特定时间点的差距,但是他们常常使用不同的学业测量标准或者不同的对比组,由此使得对趋势的评估变得非常困难。并且,在新工党执政初期,除了教育优先区(Education Action Zones)是一个基于弱势区域的首创性的改革运动之外,大多数的改革都强调在整体范围内提高标准。正是这些数据极大地影响了社会成就差距，也因此催生了 2001 年之后的强调成就差距的特殊政策，并在 2005 年之后（这些政策又）朝着这个方向继续推进和加强。尽管在新工党政府的第一个时期内，成就的平均水平有所提升，但是一些人认为这种提升至少有一部分是由通货膨胀带来的（Tymms, 2004）。本文不会对这个问题进行深入探讨，除非该问题会影响我们厘清社会经济成就差距的变化。

例如，当我们使用在 GCSE 考试中 5 门以上科目达到 A*—C 等级的学生数量比例作为衡量标准时，我们可能会发现既不是整体标准的提高，也不是潜在的通货膨胀影响了成就差距的发展。然而，这并不能说明这种影响完全不存在，因此在解释差距的变化时应该多加小心。这是由于即使等级水平呈现全面而一致的提升，但也很有可能来自不同社会经济背景家庭的不同数量的个体在压力之下勉强达到及格水平。因此这种趋势可能可以表征这种变化的方向，但是通过其他研究来进行印证也是十分重要的。

图 3 展示了到 2003 年为止的成就差距变化趋势，可以看出，来自从事体力劳动和非体力劳动的家庭的学生之间的差距略微缩小。

在学业成就差距的变化方面，国家统计局（2006）提供了更多数据，其中个体水平的数据只涵盖了 2002 年到 2005 年的情况。数据表明，存在于享受和不享受免费校餐的学生之间的学业成就差距在缩小，这种学业成就是指未取得普通中等教育证书（或同等水平），以及在 GCSE 考试 5 科以上达到 A*—C 等级（或同等水平）的比例。然而，当单独考察英语和数学这两个科目时，在 GCSE 考试中，这种差距又有所扩大。当使用收入匮乏影响儿童指数（IDACI①，这是一种区域性的贫困指标）而非享受免费校餐资格这一指标进行考察时，这些数据表现出了强烈的缩小差距的趋势。这是由于这种衡量方式比较了最缺乏教育的和最不缺乏教育的区域，而不是将最缺乏教育的区域和其他所有区域进行比较，这似乎就是位于低层 3/4 缺乏教育的区域与顶层之间差距普遍缩小的原因。在以免费校餐资格作为衡量标准时，社会中层学生成绩的提高，使得社会低层学生与上层学生之间的差距看起来不那么明显。

---

① IDACI，即 Income Deprivation Affecting Children Index，本文译作"收入匮乏影响儿童指数"。——译者注

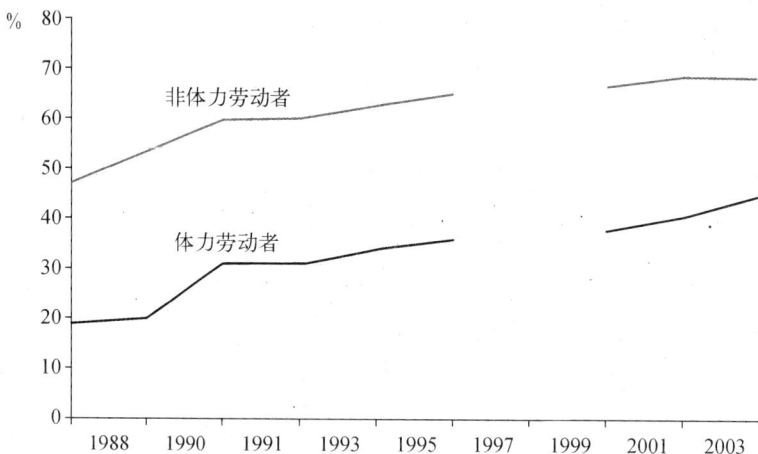

图 3　1988—2003 年在 GCSE 考试中有 5 科以上获得
A＊—C 等级的学生群体比例图(%)
(以父母的社会阶层为学生群体的划分指标)

注：本图缺失 1997—1999 年之间的数据,原因在于社会阶层分类标准由"社会经济群体"(Socio-Economic Group, SEG)变更为"国民社会经济水平分类标准"[1](National Statistics for Socio-Economic Classification, NSSEC)。体力劳动和非体力劳动的群体的分类标准通过更加细致的社会阶层分解进行了重组。"其他"阶层被排除在分析之外。

资料来源：DfES［Department for Education and Skills］(2006). *Social Mobility: Narrowing Social Class Educational Attainment Gaps.* Supporting Materials to a Speech by the Rt Hon Ruth Kelly MP Secretary of State for Education and Skills to the Institute for Public Policy Research. London：Department for Education and Skills.

　　由国会议事录(Hansard, 2012)[2]最近公布的数据可以看出,这一现象在近期以及在过去很长时间内都得到了关注(如表 1 所示)。表 1 的数据展现了一幅复杂的图景,但是,可以看出中学生学业成就差距大幅度缩小的趋势。当我们将普通中等教育证书的同等水平资格(例如职业资格证书)排除在外进行计算时,情况便会不同。这

----

　　① 　国民社会经济水平分类标准,是英国最主要的社会阶层分类标准,在 2001 年英国人口普查中首次使用该标准。它替代了之前的两种分类标准,即社会经济群体(Socio-economic Groups)和基于职业的社会阶层分类标准(Socio-economic Groups and Social Class based on Occupation)。——译者注
　　② 　Hansard,英国国会议事录,议会议事录,英国国会、议会辩论的官方纪录,经常被律师和学者作为权威依据引用,以符合立法者原意。——译者注

似乎就反映了一种趋势,即学校为那些学业成就较低的学生使用了这种替代性的资格证书。在这个时期内,替代性资格证书的地位更加突出,但是却并未真正体现出学生个体在劳动市场中的价值,在进修中也不存在优势。在总体上排除掉同等水平的资格考试,就会导致另外一种完全不同的情况,因为这些资格看起来并非毫无意义。然而这的确提供了一些线索来重新审视这种路径,通过这些路径,有记录的学业成就差距缩小了,这种路径可能并不能够真正反映出不公平状态的弥合(de Waal, 2008)。

表1　2005 年 6 月至 2010 年 11 月间达到不同学业成就基准线学生的人数变化情况
（以百分比计,以享受免费校餐资格作为划分标准）

	享受免费校餐的学生	其他所有学生	差　距
未获得普通中等教育证书或同等水平的学生比例	−2.8	−1.1	−1.7
在 GCSE 考试中有 5 科达到 A*—C 等级（含英语和数学）的学生比例,包括同等水平	15	14.3	−0.7
在 GCSE 考试中有 5 科达到 A*—C 等级（含英语和数学）的学生比例,不包括同等水平	8.9	9.9	1

注：本表中的数据只包含了获得职业资格的学生,不含仅参加了职业资格测试（而未获得职业资格）的学生。对于 GCSE 考试的统计,则包含了所有参加考试的学生。2005 年 6 月至 2010 年 11 月的数据基于最终统计数据获得。2010 年 11 月的数据包含中学准高级水平考试（AS-Level）,全日制和短期课程的 GCSE 考试,双重授予的 GCSE 考试（double award GCSEs）,申请的 GCSE 考试（applied GCSEs）,公认的国际中学教育普通证书考试（accredited iGCSEs）以及它们的遗留资格。2005 年 6 月到 2009 年 10 月的数据仅包括全日制学生参加的 GCSE 考试、双重授予的 GCSE 考试和公认的国际中学教育普通证书考试以及它们的遗留资格。

资料来源：笔者根据 2012 年国会议事录以及全国学生数据库计算。

一些研究者曾经尝试用不同的方法规避不确定的标准带来的难题。杰里姆（Jerrim, 2012）使用国际学生评价项目——对经济与合作发展组织（OECD）成员国中 15 岁学生的学业成绩每三年进行一次的评价项目——的数据进行了一次全国范围的比较。由于 PISA 所能提供的数据的限制,这次分析最初只关注阅读能力。然而,我们应该注意作者在对各年 PISA 的数据进行比较时所作的说明和在解释其分析结果时所提出的注意事项（Jerrim, 2011）。分析结论是基于 PISA 测试的分数（测试中 40 分大致相当于一学年）得出,然而社会经济地位是使用五种职业地位作为衡量标准的。

根据杰里姆的分析,2000 年到 2009 年之间,在 15 分水平上（大致相当于通过一学期的教育可达到的分数),存在于顶端五分之一的群体和末端五分之一的群体中的学生学业成绩上的差距呈现总体下降的趋势。但是,这个结果恰好处于显著性差异的边缘。他还考虑到了发生在不同分数上的成绩分布的变化。这项分析说明,平均数背后有更复杂的情况。成绩分布的前端几乎不存在变化,然而在25分的水平上(大致相当于两学期的教育),处于尾部学生的学业成就差距呈现下降趋势,且这种趋势在统计上显著。本文根据杰里姆的研究重新绘制了图4,该图展示了一定时期内不同成绩水平上的差距变化。

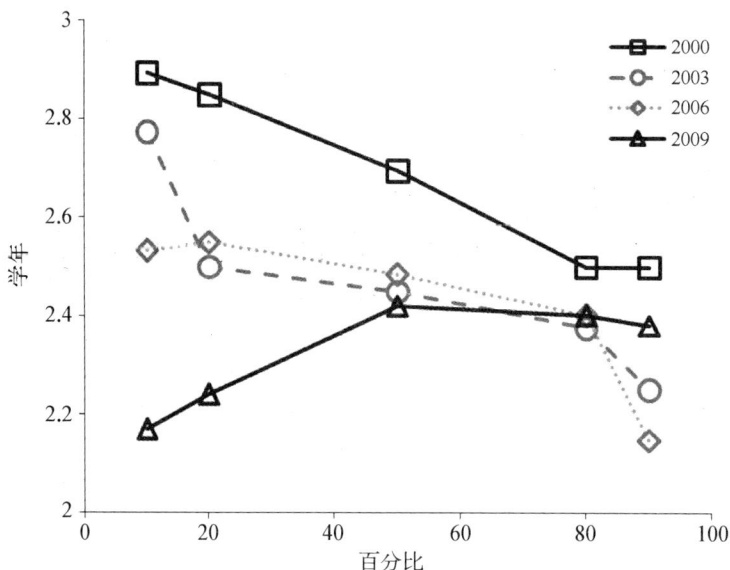

图4 优势和劣势学生在不同的成绩分布点上的 PISA 测试分数差异比较

注:横轴为全国 PISA 阅读测试成绩分布。纵轴上的数字指的是预估的背景最优(职业地位的国际社会经济指数①在国内排名位列前五分之一的群体)和背景最劣(职业地位的国际社会经济指数在国内排名位列后五分之一的群体)学生之间的考试分数差距。

资料来源:杰里姆(2012)基于 PISA 数据的分位回归估计。Jerrim, J. (2012). The Socio-Economic Gradient in Teenagers' Reading Skills:How Does England Compare with Other Countries? *Fiscal Studies*, 53(2), 159 - 184.

---

① 职业地位的国际社会经济指数, International socio-economic index of occupational status, HISEI.——译者注

　　杰里姆对可能与这些变化相关的政策进行了一些讨论，"有趣的是，很多对弱势儿童投资的目的是帮助这个群体达到基本能力水平（比如提高后进生的能力）。的确，学者、政策制定者以及媒体都经常讨论英国的'低成就的长尾巴'以及提高弱势儿童的需求（例如那些享受免费校餐的孩子），使他们达到一定的基准目标（例如，5科 GCSE 考试成绩都达到 A*—C）。尽管众所周知这很重要，但是似乎人们并没有投入足够的精力来帮助那些弱势儿童在达到基准要求后向最好的成绩迈进"（Jerrim，2012：176）。

　　沙利文（Sullivan）等人（2011）采用了另一种方式来处理成绩整体提高过程中的潜在问题，他们将教育资质看作社会地位的产物。如此，绝对的成绩水平不再那么重要。然而，文章指出，"相对指标与整体的学历膨胀相关，但是却不能反映特定的学历膨胀，借助这种特定的为低成就学生设计的学历，在实际智力、教育和劳动力市场价值方面存在不成比例的表面化的高价值"（Sullivan et al.，2011：221）。这个发现十分重要，因为它暗示着，弱势群体的一些明显的学习成绩的提升有可能是虚假的或者在劳动市场中毫无价值。

　　该文章与前面的研究在结论方面有很多相似之处，认为"社会阶层之间存在不公平现象……在成绩越高的地方，这种不公平现象就越严峻……所有层次上的阶层之间的不公平程度都在下降"（Sullivan et al.，2011：234—235）。他们认为这些结论是有说服力的，并且使用社会地位衡量成就仍然显示出了"明显的，同时也更加合适的，推进社会公正的倾向"（Sullivan et al.，2011：235）。

　　库克（Cook，2001）也列出了 2006 年至 2010 年之间学业成就差距缩小的证据。他的研究使用了科学、现代语言、数学、英语、历史和地理的平均数作为衡量标准，以上这些科目通常被看作主科。在这种情况下，差距缩小的程度看起来相对适度，并且集中于那些根据贫富程度排序中位于后五分之一的家庭。

　　这项分析显示了从 2006 年到 2010 年间这两个因素总体相关性的稳定下降。有趣的是，这一结论仅适用于 KS4 学段的总体学业状况，在这个阶段中，包含有职业课程成绩。同样，人们可能质疑，这种情况为主管部门提供了支持，也因此社会经济成就差距缩小的部分原因是由于个人转向选择替代性的课程。然而，由于核心指标仍然显示出衰退趋势，不是所有的差距缩小都该被误解为虚假的，即使有人认为替代性

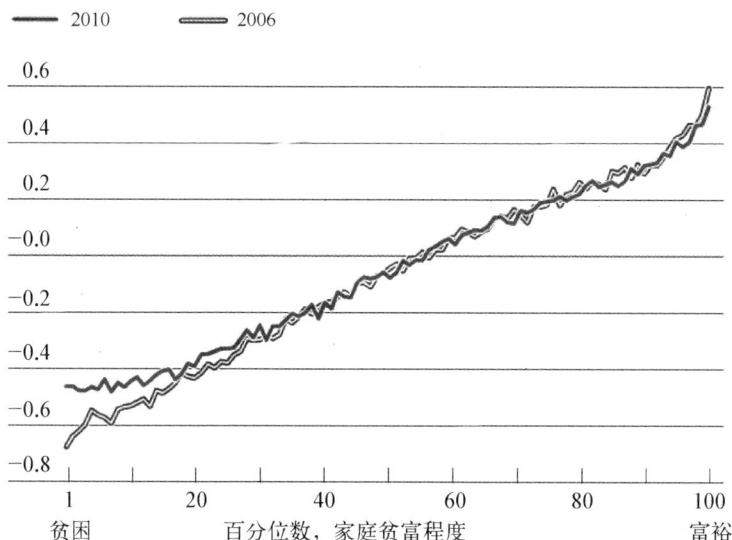

图 5　家庭贫富程度与相关 GCSE 考试中主科分数的相关图

注：纵轴表示 GCSE 考试中，包括科学、现代语言、数学、英语、历史和地理在内的主科分数的平均数的标准差。家庭贫富程度的百分位数根据收入匮乏影响儿童指数得出。

资料来源：库克（2011）对全国学生数据库的分析。Cook, C. (2011). Poorer children close education gap, Financial Times. London：Pearson. Available at：http://www. ft. com/cms/s/0/d82fc3cc-eab3-11e0-aeca-00144feab49a. html.

的课程在某种程度上不十分严格，在市场竞争力上也相对较小。

政府的数据提供了一些在其他学生特征方面差距缩小的证据。国家统计局（2006）的数据表明，使用位于前列的 GCSE 考试分数（即达到 5 科以上 A* —C 的水平），主要的低学业成就的少数民族群体都接近白人学生的相应的成就。例如，在 2003 年，52.4% 的白人学生达到了 5 科以上 A* —C 水平，到 2005 年，55.9% 达到这个水平，然而加勒比裔黑人学生则从 2003 年的 33.9% 提升到 2005 年的 42.0%。图 6 显示，到 2011 年为止，一些先前的弱势群体学生赶上甚至超过了白人学生。

受托学童（Looked After Children）在这方面的成绩状况并不那么乐观（DfE, 2011a）。虽然 KS2 学段的成绩差距（衡量标准是在英语和数学两科中获得高分——最低 4 分——的学生的比例差异）已经由 35 个百分点下降到 31 个百分点，但是 KS4

在GCSE考试中获得5门以上优秀成绩的学生
包括英语和数学，英国，2010—2011(%)

自2006—2007学年起的增长比例

种族	百分比	增长比例
华裔		7.8
印度裔		12.4
孟加拉裔		18.3
白种英国人		12.1
黑种非洲裔		17.1
巴基斯坦裔		15.3
黑种加勒比裔		15.4

来源：教育部　　　　　　　　　　　　等级A*－C

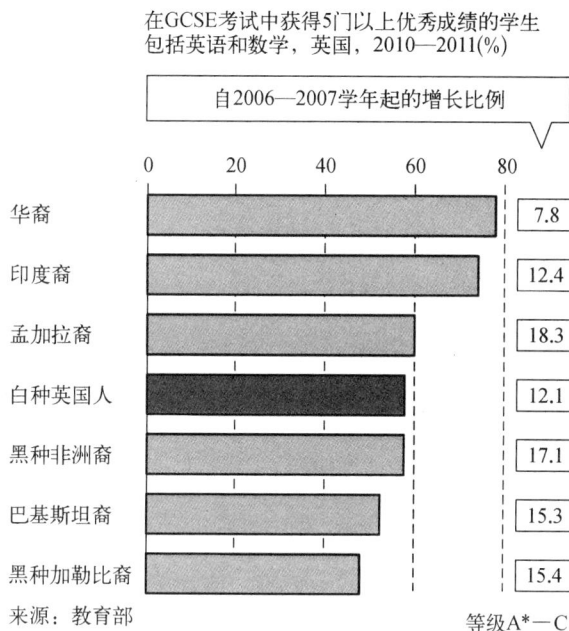

图 6　2006—2007 学年到 2010—2011 学年在 GCSE 中
获得 5 科以上优秀成绩的增长百分比
（以种族为划分标准）

资料来源：DfE［Department for Education］（2011b）. The National Strategies 1997－2011. A brief summary of the impact and effectiveness of the National Strategies. DfE Reference：00032－2011. London：Department for Education.

学段的表现却截然相反。在 GCSE 考试中英语和数学成绩都达到较高水平的受托学童中存在的差距已经从大约 37 个百分点上升到将近 45 个百分点。好消息是受托学童达到成绩基准线的比例的确有所提升，但是在其他学生中，这种提升更加迅速。

因此，尽管通过多种测量方式，在 1997 年到 2010 年之间新工党政府执政期间学生学业成绩差距的缩小是十分有限的，相较于连任首相和教育部长当初的愿景来说，这一成就显得令人失望。不足为奇的是，当联合政府将要解散时，新工党领导下的有限的差距缩小被看作是大量公共资源投入后得到的微薄回报。联合政府的社会流动策略（Social Mobility Strategy，HM Government，2010b）总结并重述了这一情况，如图 7。

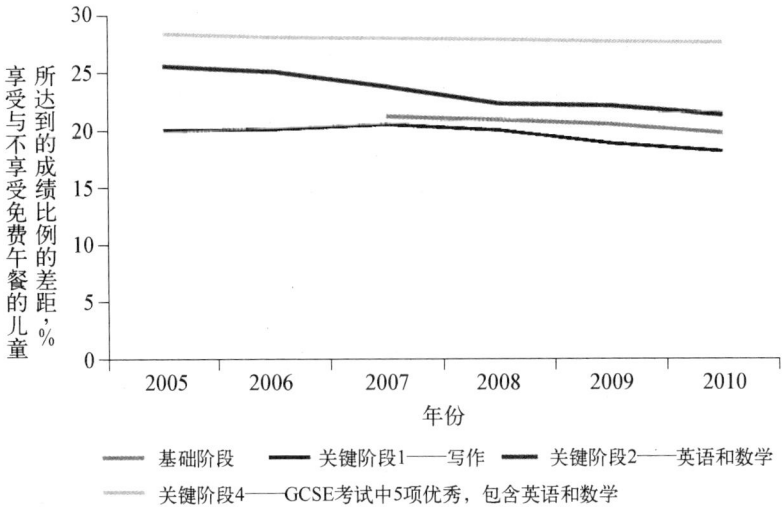

图7　大量投资下所产生的教育成就差距的有限缩小

注：资料来源：英国政府（HM Government，2010b：20）从下列资源中所引用的数据。教育部，多种首次发布的数据：2009年10月根据学生特点划分的英国基础阶段成绩概况（2011）（达到良好发展水平上的百分比的差距）；2009年10月根据学生特点划分的英国KS1学段成绩（2011）（在阅读上达到预期水平百分比的差距）；2009年10月根据学生特点划分的英国KS2学段成绩（暂定）（2011）（在英语和数学上达到预期水平百分比的差距）；2009年10月根据学生特点划分的英国GCSE及同等水平考试成绩（2011）（在5科GCSE考试成绩达到A＊—C水平的百分比的差距，包括英语和数学）；以及使用相关管理数据进行考核的英国青年人的2级和3级成绩：2009年学生19岁之前的成绩（暂定）（2010）（学生19岁前所取得的3级资格的百分比差距）。

如何缩小差距？

"为了多数人的优质教育，而非为了少数人的精英教育"是新工党在1997年胜选后随即提出的口号。废除撒切尔政府的公助学额计划（Assisted Places Scheme）是实践这一口号的最初行动。基于经济情况调查，公助学额计划为那些来自贫困家庭的优等生提供公共经费资助奖学金，以帮助他们进入顶尖的私立学校学习。尽管这表面上是服务于那些在失败的市中心的综合学校得不到良好教育的工薪阶层的学生,但是实际上,这项计划的主要受益人却是那些中产阶级家庭,这些家庭有能力将他们的孩子送到郊区的好学校,而真正的低收入家庭却不能从中受益(Edwards, et al., 1989)。废除这项计划后,资源被转移到国家部门来缩小幼儿学校的班级规模。作为一项再分配措施,它并未起到应有的作用。多数大规模班级都位于边缘城郊这些会影响选举的地区,而不是弱势地区,这也表明这项政策的驱动力至少在一定程度上受到选举意见的影响,而不是由教育研究推动的(Whitty, 2006)。

新工党政府执政期间实施了大量的教育改革,这些改革映射出对于怎样消除差距的多种不同观点。这些观点既包括像教育优先区、卓越都会计划(Excellence in Cities)、伦敦挑战(London Challenge)这样的区域干涉方案,也包括通过指向个体的干预行动进行的个性化教育,恢复阅读能力计划(Reading Recovery)就是其中之一。前者的措施主要涉及识字和识数能力的国家战略,培训教师,如帮助他们学会使用更多的教学辅助设备,改善学校领导力培训,提高教师素质,建立特色学校网络,在地方正规教育系统之外建立学校。此外,还有"每个孩子都重要"政策,作为一项涉及多机构的政策,它强调更加广泛的"儿童问题"。

新工党执行的大量教育政策招来了"改革癖好"的指责,同时,在适当的评估之前就对政策进行调整的倾向就意味着实际上不可能将整个系统作为一个整体,而只有将系统作为整体对待时,政策才能够有效地缩小差距。尽管如此,政府支持"基于证据"的政策方式并且经常粉饰政策所起的作用(参见:Ofsted, 2010b；Whitty, 2012)。

对于某些政策而言,例如教育优先区计划、卓越都会计划,以及雇用教学助理的做法,证据是模棱两可的,或者几乎没有效果,有时甚至是反面的效果(Power et al., 2004；Machin et al., 2007；Blatchford et al., 2012)。因此,我们应该在关注那些有可靠证据表明在缩小成就差异方面有显著效果的政策。

国家政策

国家识字政策(自 1998 年 9 月起)和国家识数政策(the National Strategies for Literacy and Numberacy)(自 1999 年 9 月起)是工党实施的一项关键的早期政策,其目的在于提高整体的标准。"识字时间"(Literacy Hour)是国家识字政策中的一个主要项目,梅钦和麦克纳利(Machin & McNally)在伦敦经济学院对这个项目进行了评估。评估称,该项目作为早期国家识字项目(National Literacy Programme, NLP)的一部分,发挥了重要的引领作用。它发现1996年到1998年之间,在KS2学段的阅读和英语成绩上,参加国家识字项目的学校比那些没有参与该项目的对照学校提高了"很多"(Machin & McNally, 2004：27)。

蒂姆斯和他的同事们(Tymms, 2004；Tymms, Coe & Merrell, 2005；Tymms & Merrell, 2007)在一系列的报告中采用了一种更加具有批判性的视角。他们使用学生成绩的二手数据(长久以来,人们认为这些数据具有可比性)探究了在多大程度上标准真正得到提升。尽管成绩的提升看起来是由于分数的贬值,但是这种贬值不应该像梅钦和麦克纳利所使用的那种源于准实验的数据,因为我们没有理由认为,相对于对照学校,分数贬值会对实验学校产生更多影响。

然而,梅钦和麦克纳利的结论与早期的干预影响相关。将部分影响简单地归因于由这些政策的引入而带来的关注度的提升,这似乎有些牵强。由教育部授权的对国家识字与识数政策进行的评估认为,"……在1999年的国家测试中所取得的最初的成就可能大部分是由于教师和地方层面的其他人员的较高的动机"(Earl et al., 2001：5)。这就能够解释在此期间总体成绩所表现出的有限的进步。

总体而言,厄尔等人(Earl et al., 2001)对这些政策在执行方面的影响持积极态度,他们认为这些政策在全国几乎所有学校的优先顺序上带来了巨大改变。他们将这些政策描述为比其报告中的很多方面都要"成功"。然而,蒂姆斯和戈尔茨坦(Tymms & Goldstein, 2002)在一篇稍后发表的与之相似的评论文章中提出,报告过于信任KS2学段的考试成绩,来证明政策的成功实施带来了标准的提升。

梅钦和麦克纳利(Machin & McNally, 2004)也注意到低水平成绩的强烈影响(但是对于那些已经达到基准水平的学生是积极的影响),并且这对(那些在其他方面落后的)男孩的影响比对女孩更大。这种对不同能力水平具有不同影响的结论和杰里姆(2012)的结论相吻合,杰里姆认为位于能力水平分布底端的学生的成绩差距是在缩小的,并且在这方面,政策可能比他们的评论家所宣称的更加有效。

由于某些原因,对国家政策的评估成为一项困难的任务。诸如识字和识数政策迅速且广泛地发挥作用,并且迅速渗透到教育系统的各个部分。政策也涉及早年基础阶段、小学、初中，行为和入学，以及学校改革项目等方面。很多评估只指出在特定时期内的总体的成就提升(DfE，2011b)，也就是将几乎所有的新工党的教育政策看作是国家政策。他们还倾向于只提供描述性的证据，而我们却无法看到如果实施不同的或者一成不变的政策将会发生什么。事实上，学校督导已经认识到评估是失败的，评估的国家政策中的诸多要素作为一项严重的短板来说其实是成功的，这些因素中一部分是那些在相对较短的时间内引入的大量的改革行动。然而，评估报告的确赞扬了国家政策在引起教育大讨论方面的作用，这些讨论认为几乎所有学校都觉得它们在教学和使用测评方面得到了提升(ONS，2010b：5)。

约克咨询公司(York Consulting)针对国家政策中的缩小差距的部分进行了特定的评估(Starks，2011)。这项评估着重关注为享受免费校餐的学生，以及为吉卜赛和游居群体(Gypsy，Roma，Traveller，GRT)儿童①所提供的支持和资源。研究发现，较多使用其文献综述中所建言的措施能够有效地提高学生参与度、动机、自信心以及成绩。这些措施包括了由地方政府进行的意在帮助学校达成目标的能力开发，学生父母的高度参与，以及对学生成绩智能化地跟踪。由于以上原因，几乎没有特定的量化的证据来说明……和缩小差距相关的个案研究的结果显得并不非常地令人鼓舞，在八个个案中，只有三项研究表明学校在缩小成绩差异。然而，这些研究究竟在多大程度上有代表性，这个问题尚不明确，并且研究结论也只能代表相当有限的一段时间内的状况，尽管我们并不清楚这些结论究竟是什么。报告认为，截至这个时期末，这些政策并没有完全得到落实，并且随着持续的支持，我们可能可以看到进一步的积极的结果。

总之，国家政策似乎对成绩差距的影响十分有限，同时这种总体的影响在后几年的发展趋于稳定。直到2010年新工党政府落选之前，他们才认定这种大步伐的国家改革行动不再适宜。儿童计划动用了更多的地方和专业机构来推动实施(DCSF，2007)。向学校以及包括自治自主学校及其联盟在内的学校联合体下放更多责任是一种始终如一且更加广泛发展的趋势(Curtis，2009)。

---

① 当代英国的吉卜赛群体构成很复杂，有传统吉卜赛人(Nomadic Gypsies)、罗马吉卜赛人(Roma)、爱尔兰游居者(Irish Travellers)以及"新时代游居者"(New Age Travellers，即主动选择游居作为一种生活方式的人)，是主要构成部分，统称吉卜赛和游居群体(Gypsy and Traveller community)。——译者注

自主学校

自主学校的建立是基于这样一种期待:给予学校更大的自主权,使它们拥有富于活力的领导队伍,并且私人赞助将会提高它们的成绩表现。在这些自主学校中,一部分是在弱势地区的新学校,另一部分是由地方政府管理但被认为是办学失败的学校。由普华永道(Pricewaterhouse Coopers)代表教育部进行的一项官方评估注意到,与全国水平相比,这些学校的成绩水平是在提高的。然而,评估所使用的两种主要的计算方法遭到质疑(Machin & Vernoit, 2011)。首先,在招生方面,新的自主学校招收的弱势学生的比例高于全国水平;第二,招入的学生的社会经济地位不断变化,且这种变化常常伴随着自主学校的发展,这有可能破坏比较研究的有效性。

一项由国家审计局(NAO)进行的评估使用了一组经过精选的群体作为对照学校,这种选择根据转制之前的自主学校的招生情况和成绩进行。研究发现成绩提高了,但是(成绩提高)主要是由于"少数的弱势学生的持续提高"造成的(NAO, 2007:27)。尽管成绩的提高理所当然是受欢迎的,但在缩小来自不同社会经济背景学生之间的成绩差距方面,显得并不乐观,除非有大量的同伴效应。另一方面,如马登(Maden)曾经所言,成功的学校都倾向于拥有"一个高度参与的'评论群体'",这种参与要从学前儿童开始,因此可能会更有助益。

在研究中,梅钦和韦尔诺(Machin & Vernoit, 2011)进一步尝试克服在选择对照学校时潜在的选择偏向。他们选择了那些在数据收集时期之后仍然是自主学校的学校。他们的分析得出最初的结论认为,在自主学校中,额外的3%的学生在GCSE(或者同等水平的)考试中得到了高分数(5科成绩达到A*—C)。然而,他们只分析了那些在他们的测评时期内有2年以上办学史的自主学校中的成果。有趣的是,他们的研究结论认为,尽管存在与上文中提到的学校招生中学生社会经济地位的同样的提升(以及随之而来的邻近学校在这方面的下降),邻近学校仍有成绩上的提高,这种提高或许是由于激增的竞争导致的。这个结论和大多数自主学校的批评者相悖,这些批评者将它们的成功视作对其他当地学校的打击。可惜的是,联合政府取消了前任政府施行的自主学校评估。

毫无疑问,新工党建立的一些自主学校在提高弱势学生的成绩方面是成功的。然而,并非所有的自主学校都在这方面或者其他方面有同样的杰出表现。正如柯蒂斯（Curtis，2008a）等人争论的那样，"自主学校面临这样一种危险境地，它们被政客看作解决一切教育难题的灵丹妙药"。他们提出，基于到目前为止自主学校的不同表现，"转制成为自主学校可能并非是改革的最佳选择"，并且人们需要注意"要保证用'最佳'方案来解决手头的难题"（Curtis，2008a：10）。

延展学校

延展学校（Extended School）和全方位服务延伸学校（Full Service Extended Schools）（类似于美国的全方位服务学校或者"全方位教育"）被引入英国，目的是在学校中为学生提供延长的白天学习时间或者附加的其他服务。对新工党的全方位服务延伸学校试验项目的评估发现，在这样的学校中，年龄在16岁且成绩达到国家基准线（GCSE考试中达到5科优秀）的学生数量的增加速度高于全国平均水平，并且，这个项目通过提供稳定的学习环境和提高弱势家庭儿童的学习参与度，为弱势家庭带来了尤为积极的效果。令人鼓舞的是，有研究认为，最终报告表明，基于享受免费校餐的资格作为衡量标准，这些学校中的优势和弱势学生之间的学业成就差距已经缩小了（Cummings et al.，2007：126）。

恢复阅读能力

对恢复阅读能力计划（Reading Recovery）的支持是一个典型的例子，这项计划是直接指向个人的，而非指向学校或者地区，并且该计划成为新工党执政晚年所发展起来的一项个性化议程的一部分。恢复阅读能力计划起源于新西兰，由教育学院（Institute of Education）引进到英国，并提供了一些政府资助，该计划最终成为国家层面的"人人都做小读者"（Every Child a Reader）项目的关键组成部分。该计划的目标是为那些低年级落后于同龄人的学生提供一对一的辅导。同样，这项计划也试图打破学生由于成绩落后而导致的自信心不足，以及由此而产生的对未来学习进步的阻碍。一项对恢复阅读能力计划进行的评估（NatCen，2011）通过数据说明了该计划对学生的阅读能力以及和阅读相关的态度和行为方面提升的巨大的积极作用。然而值得注意的是，这是一项纯粹的描述性分析；由于参与恢复阅读能力计划的学生都是在学校中选取的，而学校里也在对学生进行着同样的训练，因此无法选择对照组。如此,我们并不能发现如果没有恢复阅读能力计划,这些学生将会取得怎样的进步。也有也能是这样的情况:一些学生在成绩上的提高是由于自身努力,或者是通过先前存在的辅导机制,又或者是他们的成绩本来就很落后。一项同样的评估也使用了实验设计的方法来评估"人人都做小读者"项目的影响。研究发现了该项目对学校中高年级参与项目的2%—6%的学生的阅读和写作成绩有积极的影响。

以教为先

人们越来越认识到"招聘合适的人员成为教师对于学生取得好成绩是至关重要的"(Barber & Mourshed,2007:16)。类似于"为美国而教"(Teach for America),"以教为先"(Teach First)主张招聘高素质的毕业生进入特定的弱势学校从教。这项改革从2002年开始于伦敦。缪伊斯(Muijs)等人(2010)进行的评估提供了陈述性的结论,即相对于对照实验学校(根据学校类型、在校学生性别、学业成绩水平、在校学生特征、学校位置和学校规模进行配对),实施以教为先行动的学校的学生取得了较高的学业成绩。通过任何一个准实验我们都不能确定这个结论和现实之间存在因果关系,因为配对过程不能保证这些学校真正具有可比性;的确,当学校选择是否要与以教为先行动合作时,似乎这些学校拥有更积极的领导团队,或者有更大的能力来从这项行动中获益,而这两个因素也恰恰推动了上述结论的产生。这项评估试图通过参照教育标准局对以教为先行动和对照学校的评估来评定这种可能性,结果并未发现存在显著差异。这项评估还发现,在一所学校中,来自以教为先行动的教师数量和该校的学生成绩之间存在较小但显著的相关性,基于此,我们可以认为这些教师在提升学生成绩方面有真正的贡献。然而,并未给我们呈现足够的证据表明该行动缩小了学生成就差距,由于所有实行以教为先行动的学校所招收的是弱势学生,因此关于该项行动能够缩小学业成就差距的结论就变得并不确切。

伦敦挑战

新工党执政时期的伦敦的教育改革尤其值得关注。维内斯(Wyness,2011)发现,尽管伦敦在人口统计上的特征可能会使人们认为其教育成就不如英国的其他地区,但是事实上,伦敦的学生在多数年龄层和不同阶段上,其学业表现都优于英国其他地区的学生。伦敦 KS1 学段的学生和其他地区学生的学业成绩水平接近,伦敦 KS2 学段学生的成绩"和非伦敦地区学生拉开距离,差距水平保持恒定,或到 KS4 学段差距开始拉大"(Wyness,2011:47)。甚至有人称,伦敦是在发达国家中唯一一个作为首都,在学校学业表现方面优于本国其他地区的城市(Stewart,2011)。

对于这种现象,维内斯分析其中一个可能的原因是伦敦挑战政策的实施,这项政策于 2003 年开始实施,那时存在一种对伦敦学校学业成绩的"道德恐慌"。该政策在总体上来讲是宏大且广泛的(DfES,2005)。由于它包含了一些市场因素,人们似乎更加关注这项政策潜在的消极影响。该政策与新工党强调的标准相一致,并且认识到了协调集体力量的重要性,借此提高那些在现行政策下逐渐下滑的学校和学生的学业成绩。伦敦学校的首任理事蒂姆·布里格豪斯(Tim Brighouse)认为伦敦在尝试成为第一个能够证明学校教育可以"打破弱势循环"的地方(Brighouse,2007:79)。

伦敦挑战政策(London Challenge)最初为期五年,由中央政府、学校和自治市镇之间合作实施,目的在于提高伦敦地区中学的学业标准。政策中的条款包括将落后的学校转制为私立学校,调动全伦敦的资源,向所有学校开放项目,为大多数的弱势学生提供个性化辅导,对 33 个伦敦自治市镇中的 5 个进行集中强化,特别关注这些区域内的参加"成功之钥"(Keys to Success)项目的学校。这些学校是伦敦地区面临最大挑战,且最需要额外支持的学校。每所学校都通过对该校的诊断工作获得为其量身定制的解决方案,以及持续不断的支持(Brighouse,2007)。2006 年政策条款得到扩充,将小学加入进来,并且还囊括了与学生接受继续教育和高等教育相关的工作。这项政策还通过"特色伦敦教师"(Chartered London Teacher)项目和"伦敦领导力策略"(London Leadership Strategy)项目分别为教师和校长提供额外的专业进修机会。

最近,现任教育大臣迈克尔·戈夫(Michael Gove)宣称,最重要的三个因素是:私立学校获得赞助,优秀学校对其他学校的指导,以及对教学质量提升的关注——尤其是通过"以教为先"项目,即英国的"为美国而教"行动(Gove,2012)。这种观点可能是在意料之中的,因为这些政策的核心偏向于自己党派所偏好的改革行动,本文会在后文中简要讨论这个问题。不过,当然存在一些证据表明这些政策对学校教学质量的提升有积极作用(Machin & Vernoit,2011;Earley &Weindling,2006;Muijs et al.，2010）。但是我们找不到任何一项研究能够表明这些政策是促成伦敦挑战政策的必要的且最重要的因素，抑或这些政策缩小了伦敦学生的学业成就差距。事实上，对于新工党的伦敦挑战项目，戈夫曾经赞扬它的成功，称其是一项涉及多方面且多系统的政策，并且它包括了一些看起来和现任政府的执政方式不相吻合的因素。它包括了一系列对伦敦教师、伦敦官员、伦敦学校和伦敦学生的干预行动（Brighouse，2007：80ff）。

不幸的是，就如许多国家政策一样，这意味着事实上很难确定此项干预行动的哪一部分产生了积极影响。不过，尽管在同一时期可能有其他因素也在发挥着作用，伦敦挑战的总体实施似乎的确产生了有形的影响（Wyness，2011；Allen，2012）。全国学业成绩数据显示，在 2003 年到 2006 年间，参加 5 门或更多，并以 A*—C 的成绩通过 GCSE 考试的 16 岁学生人数的全国提高率是 6.7%，而伦敦的提高率是 8.4%，并且伦敦的"成功之钥"项目中的学校达到了 12.9%（DfES，2007a）。

在即将结束之际，伦敦挑战这项政策扩大到英国其他城市，并更名为"城市挑战"（City Challenge）（DfES，2007b）。哈钦斯等人（Hutchings et al.，2012）发现，这一项目对于减少表现欠佳的学校的数量产生了影响，并且在提高享受免费校餐学校的学业成绩方面，其效果高于全国水平。然而，只有在伦敦（早期阶段在大曼彻斯特）在 2008 年到 2011 年间起到了缩小学业成就差距的作用。

即使是在伦敦，人们最初认为，上文中提到的伦敦学校总体成绩的提升主要是由于多数优势背景学生的成绩提高所造成的，而这些学生所在的学校得到了强烈的干预。然而随后人们发现，不仅是参加"成功之钥"项目的学校提升的速率高于一般水平，而且伦敦的弱势家庭儿童的成绩差距自身也呈现较快速度的缩小，尤其是那些参加项目的学校缩小的速度更快。将享受免费校餐作为经济弱势的指标，教育与技能部所提供的数据显示，"成功之钥"项目学校中享受免费校餐的 16 岁学生的成绩比不享受免费校餐的学生有更大程度的提高（在 2003 年到 2006 年间，前者提高 13.1%，后者提高 12.3%）。迈克尔·戈夫也注意到伦敦的经济弱势学生所取得这项成就，同时他也看到在英国大约"享受免费校餐的学生中有 35% 的人在毕业中考试五科达到优秀水平，其中包括英语和数学……而在伦敦市区这个数字达到 52%"（Gove，2012）。他还注意到，在不考虑学生背景的前提下，这个水平与全国平均水平相差并不大。

　　一项教育标准局发布的关于伦敦挑战政策的报告,描述了政策具有连续性的积极影响。报告称,参加到伦敦挑战项目的小学"比英国的其他学校提高得更快",部分原因是由于这些学校在伦敦挑战政策所给予的支持结束之后,继续参加了教师的培训项目(Ofsted, 2010a)。

　　这项报告对于维持伦敦挑战政策的成果抱有积极的态度,因为这项政策在实践(例如人们越来越广泛地使用成绩来跟踪学生的进步)和理念(例如鼓励不同学校的教师之间分享成功经验)上确实带来了变化。这可能是因为合作弥补了择校机制带来的不足,尽管这项改革已经结束,但是市场导向的政策仍然在发挥作用,因此监控伦敦的情况就显得十分重要。在这个问题上,哈钦斯等人(Hutchings et al., 2012)有一些鼓舞人心的发现,那就是曾经参与伦敦挑战项目,但在 2008 年后不再作为"成功之钥"项目学校继续享受资助的那些学校,尽管失去了额外的支持,但是仍然以高于全国平均水平的速度提高。

　　然而,我们仍然可以质疑(正如戴安娜·拉维奇(Diane Ravitch, 2010)对纽约第二学区的质疑),虽然新工党取得了一些进步,尤其是在伦敦,但是这些进步更多的是由于其任职期间的持续的经济繁荣以及人口的变化,而非这些教育政策发挥的作用——所以可能经济才是发展的动力,并且伯恩斯坦(Bernstein, 1970)认为的教育根本无法补偿社会的观点是正确的。

超越竞争?

　　现在我们假设至少有一些进步是教育改革行动带来的,有趣的是,除了自主学校之外,这些微乎其微的各种进步是源于那些与英国近来所实施政策的核心在某种程度上相悖的改革行动,而其他的学校所取得的进步是由于市场竞争和自主学校的选择。伦敦挑战计划认识到了首都的学校所面临的特殊挑战,以及这些学校之间通力合作的必要性。延展学校的重要特征之一是多机构合作以及学校为当地社区提供服务。恢复阅读能力计划要求为少数弱势儿童提供丰富的资源,并质疑为较富有的学生所投经费的必要性,这些学生的父母通常被视为当前教育系统的掌权者(Ball, 2003)。在以教为先计划中,教师通过合作促成整个系统的进步,同时为那些他们分配到的学校提供服务。

就这样，这些改革方案都以各自不同的方式认识到，要更加严厉地抵制教育成绩的广泛影响，而不是像近年政策所粉饰的那样，这些政策都强调学校自主和学校层面的改革（Thrupp & Lupton，2006；Whitty，2008）。近期，另外一项由曼彻斯特大学进行的研究，在关于学校是否能够缩小差距这个问题上表明，学校在弱化贫困对于儿童的影响方面的能力十分有限，这是由于存在许多学校系统所无法控制的因素，"认真设计改善学校的干预措施……能够帮助学校缩小成绩差距"（Kerr & West，2010：8—9）。然而，作者还认为，"迄今为止，不论是一般性的还是有针对性的干预措施，都带来了实质性且持续的提高，这些措施具有广泛的实用性"（Kerr & West，2010：37）。他们总结道，结构化的和"学校之外的策略"是必要的，学校之间长达 20 年的竞争并不能帮助弱势学生提高学业成绩，反倒是"学校之间的合作带来了希望"。他们还倡导要彻底地反思学校管理及其管理结构，建议"要为学生提高成绩提供持续的支持，就要彻底改进学生服务"（Kerr & West，2010：45）。

高等教育入学情况

新工党政府引入了一系列政策来缩小传统与非传统新成员的高等教育入学差距，非传统新成员指的是那些来自较弱势社会经济团体的人以及一些特定的少数民族。这些政策包括通过新的学生资助办法来抵消不断上涨的学费，建立公平入学办公室（Office for Fair Access，OFA）来确保大学在这方面承担起各自的责任，并且实施"远大志向"（Aim Higher）这一外延性的改革行动来帮助大学和中学密切合作，并以此提高愿景、成绩和入学率。

一份公平入学办公室的报告（Harris，2010）发现，虽然这种得到广泛参与的努力在总体上能发挥积极作用，如果我们单独考虑报告中所称的"竞争激烈"的院校，那么情况又会有所不同。这些"竞争激烈"的院校包括牛津、剑桥以及其他研究型的大学。虽然最弱势的40%的学生总体的高等教育入学率从20世纪90年代中期就呈现上升趋势，但是这个群体进入最具有竞争力的前三所大学的入学率却保持不变。更进一步地说，最优势和最劣势学生进入这些大学的差距实际上增加了，因为那些来自最具优势家庭的学生（前 20%）进入这类大学的几率高于他们在 20 世纪 90 年代中期的水平。

至于本文的论点，有一点很重要，那就是注意到这些数据似乎并未受到学生择校偏好的影响，而是由于大学申请者中，来自弱势家庭的学生人数不足。事实上，安德斯（Anders，2012）发现几乎没有证据表明那些在 KS2 学段结束时（11 岁）成绩相似的学生在申请大学时的成功率有差异。如此，大多数的入学差距产生在决定申请大学时，或在这之前。例如来自较弱势家庭，且取得较低成绩或教育期望较低的年轻人，申请大学并非他们的首选（也可参见：Sutton Trust，2004）。

对于那些申请的人来说，他们所学习的科目的类型也同样被社会曲解（Whitty，2010a）。对于那些想以科学、技术、工程、数学（STEM）等为专业的学生来说，在申请时不仅成绩很重要，而且在特定领域取得的成就更加重要。即使一个学生有学习科学、技术、工程、数学类专业的潜能，但大学要求学生在其早年的学习中就为这方面做准备，因为科学、技术、工程、数学类专业通常比其他专业在入学条件方面有更多特殊的要求（Coyne & Goodfellow，2008）。哈里斯（Harris，2010）观察到，人们只需要知道"独立的具有竞争性的学校（比不具有竞争力的公立学校）所提供的科学学科的范围更加广泛，并且像医学这样的科学类的科目的开设是不对称的，由此，申请怪圈被扭曲的一部分原因立刻变得非常明晰"（Coyne & Goodfellow，2008：73）。如此，尽管在日后的扩大招生量和公平入学方面的主要倾向是提高学校成绩，并且高质量的咨询、建议以及指导也是十分重要的——尤其对于一些科学、技术、工程、数学类专业，例如工程和医学，这些专业对预先资质的要求是非常明确的。

在新工党执政即将结束时，教育学院的一项研究指出了发展"远大志向"改革行动的必要性。发展这项改革行动，需要为年轻学生做更多工作，在这方面家长的参与是有可能的，需要惠及全体学生而非特定群体的更加稳定的干预行为，同时还需要在选择专业上做更多工作（Tough et al.，2008）。另外一项研究建议学校应该保证学生了解大学的全貌；保证在谈及不同学校的性质和地位的时候，学校教职员工应该对学生坦率直言；保证对大学招生时间表做调整，以利于"第一代"申请者的申请，这些学生预估的考试分数往往很低，但是只要他们中学高级水平考试（A-level）分数非常高,他们也有申请顶尖大学的意愿(Curtis et al., 2008b)。

附言：政策建议与对 2010 年后的展望

正如本文开篇所述,2010 年 5 月胜选并代替新工党政府的联合政府许下承诺要"消除"学生成就差距,以此作为提升社会流动性的承诺的一部分,联合政府称这项进程在新工党政府执政期间进展十分缓慢(HM Government, 2010a)。该政府由保守党领导大卫·卡梅隆(David Cameron)任首相,卡梅隆的最亲的密盟友之一迈克尔·戈夫任教育大臣。他们的政策的主要推动力是继续促进通过学校自主权、竞争和选择来提高学生成绩,这些措施由玛格丽特·撒切尔的保守党政府倡导,托尼·布莱尔的新工党政府继续推进(Whitty, 1989; 2008)。

前文所讨论的布莱尔政府的自主学校政策试图利用自主学校的方式来优先替换或者提高那些弱势地区的失败学校,保守党领导的联合政府可能将这种方式几乎扩大到了所有学校。只要学校有强烈意愿,即使被教育标准局评定为优质学校,它们也可以轻易地取得自主学校地位。这种现象在较为富裕的地区也不成比例地存在。同时,家长、教师以及其他人鼓励开设公共资助的"自由学校"(free school),这种学校类似于自主学校,但独立于地方政府机构。究竟这些政策是否会有助于"消除"差距,这个问题的答案依然是开放的,或者就像一些批评家所说的那样,实际上再一次开放这个答案。

对于政府的课程政策是否将有助于消除差距这一问题,目前有大量的争论。例如,强调早期读写能力是正确的,但是却过度地推崇"原音拼合法"并将其视为教授阅读的唯一方法,尽管有证据表明对于弱势学生来说这确实是一种有效的措施,但是它不是万能的,使用更多元的方法才是正确的(Wyse & Parker, 2012)。

迈克尔·戈夫公布的另外一项政策是"英国文凭"(English Baccalaureate),这对学生来说是个好消息,同时也是中学成绩考核的新办法,它是基于学生在特定学科(例如英语、数学、科学、历史、地理或者外语)中所取得高分数的比例来计算的。起初,这可能对弱势学生产生了不利的影响,因为在大学入学方面,比起那些来自优势家庭的学生来说,弱势背景的学生更有可能接触到替代性课程。

一项相关政策的目的是减少"同等水平"资格证书的数量,这种证书被允许用作学校成绩单,作为16岁学生的普通中等教育资格证书的替代性证书。这将影响到学校所颁发的职业资格证书的数量,并进一步强调了向传统学业证书的回归。具有讽刺意味的是,在联合政府极力推崇的自主学校项目的情境下,一些新工党时期的自主学校也通过引入这些替代性资格进行了相似的改革,这些自主学校近几年在成绩表上的排名迅速上升(de Waal, 2009)。

政府对其传统主义者的课程政策的反馈一直以来都是:社会正义需要公平地获得高水平知识的机会,并且学生在课程上的成功几乎没有任何意义,因为不论是大学、雇主或社会大众都认为这些课程毫无价值。然而,有可能有一个好的理由来保证所有的学生都应该获得"最有用知识的机会"(Young, 2010),如果这确实是传统课程所能提供的,那么政府将需要投入比现在更多的精力来改变那些科目的教学方法(Whitty, 2010b)。埃克斯利等(Exley et al.,2011)认为一些现行的政策退步到了19世纪,并且我们需要明白,在那个年代几乎没有弱势背景的学生从这种类型的教育中获益。所以批评者们对于现行政策将会在多大程度上积极地促进缩小学校成绩上的差距这一问题尚持有保守态度——更不必说消除差距了。

更深层次的问题是联合政府在继续教育和高等教育方面的政策。他们废除了为16岁以上来自弱势家庭且接受全日制教育的学生所提供的教育维持津贴,取而代之的是一项不那么昂贵且使用范围广的计划。在大学中,他们引入了相当高的费用和按收入比例还贷的政策,学生需要在毕业工作后偿还贷款。虽然这意味着每个家庭都不需要提前支付这些钱,但是人们关心的一个问题是会有一些学生不愿意背负这种债务。早期的证据在某种程度上佐证了一些人的预测,他们认为学费上调会导致申请人数减少。然而,我们应该注意到这种下降即使在不同的社会经济阶层之间都是十分相似的,但是对于较为年长的学生尤为明显(UCAS[①], 2012)。我们需要数年的时间来了解,高等教育和各个专业的招生办法的变化能够带来多大影响以及这种影响的本质是什么。

终结"远大志向"工作的决定招致一些争议,但是政府承诺了要实施确保大学高

---

① UCAS,全称 Universities and Colleges Admissions Service,即大学入学申请服务处。——译者注

入学率的措施,并且承诺要办为民众负责任的大学。政府还倡导为学校提供更好的信息、建议和指导,并且建议将高等教育入学数据,包括进入顶尖大学的数据,作为衡量中学成绩的一个新指标。

这项政策明显地受到自民党的社会公平议程的影响,该党派给予联合政府在议会中大多数的选票。在其他受到自民党强烈影响的现行政策中,其思路是通过"中小学生奖励金"来处理成绩差异问题,中小学生奖励金是为每个公立学校享受免费校餐资格的学龄儿童发放的除常规拨款之外的款项。这项政策与先前的偏好是一致的,即将资源和每个有需求的个体联系起来,不受限于他们的入学地区。可惜的是,虽然这项拨款很受欢迎,但是拨款的水平却远远低于自民党在选举之前所设想的数额,并且这项政策还取代了一些其他的新工党政府给予的特殊福利。最严重的是,这项改革在一些地区执行时遇到财政支出削减,这意味着一些学校几乎感受不到政策的影响。进一步来讲,资金并未被限定用途,要确保这些资金确实被用来改进弱势群体的教育,那么主要途径就是由教育标准局对资金用途进行回溯性监测。萨顿信托(Sutton Trust, 2012)早期进行的一项关于教师的调查并不乐观。报告称,2012—2013学年,12.5亿英镑中,通过中小学生奖励金的方式分配给弱势儿童的部分寥寥无几,这些资金很有可能都花在了提高成绩的各项活动中。

还有一项改革措施是由政府的教育养老基金会(Education Endowment Foundation)发起的,即捐赠慈善基金并专门用于提高英国中小学弱势学生的成绩,其方式是挑战教育缺陷,分享彼此观点,并最终发现可行之道。这项措施将来可能在上述问题上有所助益。这项改革措施的其中一项做法是通过提供"学习与教学工具包"来提供独立且开放的咨询(EEF, 2012),通过对英国及其他地区的教育研究,指导学校如何最优地使用中小学生奖励金来提高本校学生的成绩。目前,基于强有力的证据,这项措施将有效反馈、元认知和同侪辅导视为高效率低成本的三种策略。这项改革认为,同侪辅导可能对弱势背景的儿童最有助益,另外改革还认为早年的干预产生过很大的影响,但同时付出的成本也很高。

但是可能所有这些的意义都十分微小。已经有证据表明微弱的成绩差距缩小可能正在逆转。这可能是由于经济衰退的广泛影响,而非该政府所实施的特定的教育政策。但是该政府认为现行政策实施过程中所面临的环境比1997年新工党所面临的境遇还要糟糕,也就是说即使新政策是正确的,那么缩小差距的任务也会更加艰难。

然而,这未必是一个死胡同。回顾长期以来的消除差距的政策,联合政府委托他人做了两份重要报告。这些报告都是由工党议会成员撰写,报告称消除差距是一项关键的跨党派的且应得到优先处理的事。两份报告都赞成改善学校的行动必须与支持弱势家庭的行动同时进行。第一份报告,即菲尔德报告(Field,2010),其成果是对贫困和人生机会这一主题的资料进行了综述。尽管部分款项要考虑如何减少民众的贫困,但是在学生一生的发展中,政策尤其关注其前五年发展的重要性。政策建议要特别关注早期基础阶段,并从其他教育阶段中逐渐转移一部分资金到早期阶段。然而政策还建议要用更加具有指向性的方式,通过诸如提高父母教养能力等项目来使用这些再分配的资金。本文关注的尤其重要的一点是,报告建议,要通过审查制度使学校为减小成绩差距负起责任,而非仅仅是提高成绩(Field,2010:64)。通过两项措施,这项建议已经被落实,第一个措施是通过最新的学校视察工作,第二是通过增加年度学校成绩表,在这个表中会呈现出学校在帮助三种不同能力水平的学生取得进步的工作中的效率。

另外两个受到特别关注的建议是引入新的"人生机会指标"来补充经济贫困指标,并且将那些随年龄增长逐渐增加的与儿童相关的社会福利改为改善早年的(福利)条款。

总的说来,这些代表了一个重要转向,即中心从由于缺乏资金导致的贫困转移到"幼儿的非财政因素,我们知道这些因素对于儿童的未来发展状况具有预测性"(Field,2010:9)。这一点有可能对意在减小成绩差距的政策的未来发展方向有重大意义。

艾伦报告(Allen,2011)特别考虑了政府应该如何向前推进其早期的干预策略。报告研究了儿童在三岁以前认知极度快速发展方面的文献,推论出如果儿童在年幼时不能有一个最好的起步,那么这会严重损害其社会和经济成就的后续发展。对于所有儿童,不论他们的社会经济背景如何,报告为他们发展的可能性描绘了一幅积极的图景,报告中写道"父母做什么比他们是谁更重要"(Allen,2011:23)。特别是,报告建议在早期基础阶段把入学准备作为目标,尝试保证消除就学儿童之间的社会经济差距(前文中对此有论述)。同时该报告也对未来政策走向提出建议。例如,根据这两份报告,我们似乎可以看到研究者越来越关注发展父母教养能力。

如果现任政府朝着这个方向果断前进,就标志着政府接纳了克尔和韦斯特的研究结论,即"对学校的改善措施必须伴随着对弱势家庭的支持"(Kerl & West, 2010:41)。正如我所讨论的前任政府,"社会大众应该更加明白,我们可以期待学校做什么和做不了什么"(Mortimore & Whitty, 1997:12)。这不是说学校无法发挥作用,或者说学校在缩小成绩差距和由此带来的提供弱势学生的人生机会方面所扮演的角色不重要。这句话的真正意义是说学校不能独自完成这项任务。更进一步地说,对本文所涉及的自1997年以来的英国教育政策的影响的分析在某种程度上迎合了拉维奇曾经对美国的相似的政策做出评论时所提出的"教育没有捷径,没有乌托邦,没有灵丹妙药"(Ravitch, 2010:3)。同时我认为,尽管最近上海在国际学生评估项目上取得了骄人的成绩,但是这句话同样适用于中国。

参考文献

[1] Allen, G. (2011). *Early Intervention: The Next Steps*. An Independent Report to Her Majesty's Government. London: Cabinet Office.

[2] Allen, R. (2012). How can London schools be so good, given the high cost of living for teachers? IoE Blog 22/05/2012. London: Institute of Education. Available from: http://ioelondonblog. wordpress. com/2012/05/22/how-can-london-schools-be-so-good-given-the-high-cost-of-living-for-teachers/.

[3] Anders, J. (2012). The Link between Household Income, University Applications and University Attendance, *Fiscal Studies*, 33(2), 185 – 210.

[4] Ball, S. J. (2003). *Class Strategies and the Education Market: The Middle Classes and Social Advantage*, London: Routledge.

[5] Barber, M., & Mourshed, M. (2007). *How the World's Best-performing School Systems Come Out on Top*. London: McKinsey & Co.

[6] Bernstein, B. (1970). Education cannot compensate for society, *New Society*, 26 February 1970, 344 – 347.

[7] Blatchford, P., Russell, A., & Webster, R. (2012). *Reassessing the Impact of Teaching Assistants: How Research Challenges Practice and Policy*. London: Routledge.

[8] Boliver, V. (2011). Expansion, differentiation, and the persistence of social class inequalities in

British higher education *Higher Education* 61(3), 229 – 242.

[9] Brighouse, T. (2007). "The London Challenge — a personal view", in Brighouse, T. & Fullick, L. (eds.). *Education in a Global City: Essays from London*. London: Institute of Education.

[10] Chowdry, H., Crawford, C., Dearden, L., Goodman, A., & Vignoles, A. (2010a). Widening Participation in Higher Education: Analysis using Linked Administrative Data. *IFS Working Paper W10/04*. London: Institute for Fiscal Studies.

[11] Chowdry, H., Crawford, C. & Goodman, A. (2010b). The Role of Attitudes and Behaviours in Explaining Socio-Economic Difference in Attainment at Age 16. *IFS Working Paper 10/15*. London: Institute for Fiscal Studies.

[12] Cook, C. (2011). Poorer children close education gap, *Financial Times*. London: Pearson. Available at: http://www.ft.com/cms/s/0/d82fc3cc-eab3-11e0-aeca-00144feab49a.html.

[13] Coyne, J. & Goodfellow, J. M. (2008). *Report to the Secretary of State*, DIUS, *on universities' links with schools in STEM subjects*. Available at: http://www.bis.gov.uk/policies/higher-education-debate [Retrieved 2 November 2009].

[14] Cummings, C., Dyson, A., Muijs, D, Papps, I., Pearson, D., Raffo, C., Tiplady, L., Todd, L., & Crowther, D. (2007). Evaluation of the Full Service Extended Schools Initiative: Final Report. *DfES Research Report RR852*. London: Department for Education and Skills.

[15] Curtis, A., Exley, S., Sasia, A., Tough, S. & Whitty, G. (2008a). *The Academies programme: Progress, problems and possibilities*. London: Sutton Trust.

[16] Curtis, A., Power, S., Whitty, G., Exley, S., & Sasia, A. (2008b). *Primed for Success? The Characteristics and Practices of State Schools with Good Track Records of Entry into Prestigious UK Universities*. London: Sutton Trust.

[17] Curtis, A. (2009). Academies and school diversity, *Management in Education*, 23(3), 113 – 117.

[18] DCSF [Department for Children, Schools and Families] (2007). *The Children's Plan: Building brighter futures*. London: The Stationery Office.

[19] DCSF [Department for Children, Schools and Families] (2008). Schools and Pupils in England: January 2007 (Final). Statistical First Release *30/2007*. Available at: http://www.dcsf.gov.uk/rsgateway/DB/SFR/s000744/index.shtml [Retrieved 9 March 2009].

[20] DfES [Department for Education and Skills] (2005). *London Schools: Rising to the Challenge*. London: Department for Education and Skills.

[21] DfES [Department for Education and Skills] (2006). Social Mobility: Narrowing Social Class Educational Attainment Gaps. *Supporting Materials to a speech by the Rt Hon Ruth Kelly MP Secretary of State for Education and Skills to the Institute for Public Policy Research*. London: Department for Education and Skills.

[22] DfES [Department for Education and Skills] (2007a). Secretary of State Announces Extension of the London Challenge Programme. Archived press release available at: http://webarchive.nationalarchives.gov.uk/20070603200104/http://dfes.gov.uk/londonchallenge/.

[23] DfES [Department for Education and Skills] (2007b). *City Challenge for World Class Education.* London: Department of Education.

[24] DfE [Department for Education] (2011a). Outcomes for Children Looked After by Local Authorities in England, as at 31 March 2011. *Statistical First Release SFR30/2011.* London: Department for Education.

[25] DfE [Department for Education] (2011b). The National Strategies 1997 - 2011. A brief summary of the impact and effectiveness of the National Strategies. *DfE Reference: 00032 - 2011.* London: Department for Education.

[26] de Waal, A. (2008). *School Improvement — or the "Equivalent".* London: Civitas.

[27] de Waal, A. (2009). *The Secrets of Academies' Success.* London: Civitas.

[28] Earl, L., Levin, B., Leithwood, K., Fullan, M., & Watson, N. (2001). OISE/UT Evaluation of the Implementation of the National Literacy and Numeracy Strategies. Second Annual Report. Watching & Learning 2. *DfES Report DfES - 0617/2001.* London: Department for Education and Skills.

[29] Earley, P. & Weindling, D. (2006). Consultant leadership—a new role for head teachers? *School Leadership & Management*, 26(1), 37 - 53.

[30] Edwards, T., Fitz, J. & Whitty, G. (1989). *The State and Private Education: An Evaluation of the Assisted Places Scheme.* Basingstoke: Falmer Press.

[31] EEF [Education Endowment Foundation] (2102). Teaching and Learning Toolkit. Available at: www. educationendowmentfoundation. org. uk.

[32] Exley, S. & Ball, S. J. (2011). Something old, something new... understanding Conservative education policy, in Bochel, H. (ed.). *The Conservative Party and social policy.* Bristol: Policy Press.

[33] Feinstein, L. (2003). Inequality in the Early Cognitive Development of British Children in the 1970 Cohort. *Economica*, 70(177), 73 - 97.

[34] Field, F. (2010). *The Foundation Years: preventing poor children becoming poor adults.* The report of the Independent Review on Poverty and Life Chances. London: Cabinet Office.

[35] Goldstein (2002). The national literacy and numeracy strategy (NLNS) evaluation: Part 2. Bristol: Centre for Multilevel Modelling, University of Bristol. Available at: http://www. bristol. ac. uk/ cmm/team/hg/oisereport2. html.

[36] Goodman, A., Sibieta, L., & Washbrook, E. (2009). Inequalities in educational outcomes among children aged 3 to 16. *Final report for the National Equality Panel.* London: National Equality Panel.

[37] Gove, M. (2012). *Michael Gove at the National College annual conference.* Available at: http:// www. education. gov. uk/inthenews/speeches/a00210308/michael-gove-at-the-national-college-annual-conference [Retrieved 12 July 2012].

[38] Hansard (2012). *House of Commons Hansard Written Answers for 12 July 2012.* London: Houses of Parliament. Available at: http://www. publications. parliament. uk/pa/cm201213/cmhansrd/ cm120712/text/120712w0003. htm.

［39］ Harris, M. （2010）. *What more can be done to widen access to highly selective universities?: A Report from Sir Martin Harris, Director of Fair Access*. Bristol：OFFA. Available at：http：//www. offa. org. uk/wp-content/uploads/2010/05/Sir-Martin-Harris-Fair-Access-report-web-version. pdf ［Retrieved 20 August 2010］.

［40］ HM Government （2010a）. *The coalition: our programme for government*. London：Cabinet Office. Available at：http：//programmeforgovernment. hmg. gov. uk/ ［Retrieved 1 July 2010］.

［41］ HM Government （2010b）. *Opening Doors, Breaking Barriers: A Strategy for Social Mobility*. London：Cabinet Office. Available at：http：//www. dpm. cabinetoffice. gov. uk/sites/default/files_dpm/resources/opening-doors-breaking-barriers. pdf ［Retrieved 1 July 2010］.

［42］ Hills, J. et al （2010）. *Anatomy of Economic Inequality in the UK （Report of the National Equality Panel）*, London：Government Equalities Office, 363.

［43］ Hutchings, M. , Greenwood, C. , Hollingworth, S. , Mansaray, A. , Rose, A. , Minty, S. & Glass, K. （2012）. Evaluation of the City Challenge programme. DfE Research Report DFE-RR215. London：Institute for Policy Studies in Education, London Metropolitan University.

［44］ Jerrim, J. （2011）. England's "plummeting" PISA test scores between 2000 and 2009：Is the performance of our secondary school pupils really in relative decline? *DoQSS Working Paper 11 – 09*. London：Department of Quantitative Social Science, Institute of Education.

［45］ Jerrim, J. （2012）. The Socio-Economic Gradient in Teenagers' Reading Skills：How Does England Compare with Other Countries? *Fiscal Studies*, 53（2）, 159 – 184.

［46］ Jerrim, J. & Vignoles, A. （2011）. The use （and misuse） of statistics in understanding social mobility：regression to the mean and the cognitive development of high ability children from disadvantaged homes. *DoQSS Working Paper 11 – 01*. London：Department of Quantitative Social Science, Institute of Education.

［47］ Kelly, K. , & Cook, S. （2007）. Full-time Young Participation by Socio-Economic Class：A New Widening Participation Measure in Higher Education. *DfES Research Report RR806*. Available at：http：//www. dcsf. gov. uk/research/data/uploadfiles/RR806. pdf ［Retrieved 21 October 2008］.

［48］ Kerr, K. & West, M. （eds. ）（2010）. *Social inequality: can schools narrow the gap?* Insight 2. Chester：British Educational Research Association.

［49］ Machin, S. & McNally, S. （2004）. The Literacy Hour. *CEE Discussion Papers 0043*, London：Centre for the Economics of Education, London School of Economics.

［50］ Machin, S. , McNally, S. & Meghir, C. （2007）. *Resources and Standards in Urban Schools*. London：Centre for the Economics of Education.

［51］ Machin, S. & Vernoit, J. （2011）. Changing School Autonomy：Academy Schools and their introduction to England's Education. *Centre for the Economics of Education. CEE DP 123*. Available at：http：//cee. lse. ac. uk/ceedps/ceedp123. pdf.

［52］ Maden, M. （ed. ）. （2002）. *Success against the odds five years on*. London：Routledge.

［53］ Milburn, A. （2009）. *Unleashing Aspiration: The Final Report of the Panel on Fair Access to the*

Professions. HMSO. Available at: http://www.cabinetoffice.gov.uk/strategy/work _ areas/accessprofessions.aspx [Retrieved 12 January 2010].

[54] Mortimore, P. & Whitty, G. (1997). *Can school improvement overcome the effects of disadvantage?* London: Institute of Education.

[55] Muijs, D., Chapman, C. & Armstrong, P. (2010). *Maximum Impact Evaluation: the impact of Teach First teachers in schools.* Final Report. Manchester: University of Manchester.

[56] NAO [National Audit Office] (2007). *The Academies Programme.* Report by the Comptroller and Auditor General HC 254 Session 2005 - 2007. London: The Stationery Office.

[57] NatCen [National Centre for Social Research] (2011). Evaluation of Every Child a Reader. *DfE Research Report DFE - RR114.* London: Department for Education.

[58] NESS [National Evaluation of Sure Start Team] (2010). The Impact of Sure Start Local Programmes on five year olds and their families. *DfE Research Report DFE-RR067.* London: Department for Education.

[59] NESS [National Evaluation of Sure Start Team (2011). The impact of Sure Start Local Programmes on seven year olds and their families. *DfE Research Report DFE-RR220.* London: Department for Education.

[60] ONS [Office for National Statistics] (2006). *Statistics of Education: Trends in Attainment Gaps: 2005.* London: Office for National Statistics.

[61] Ofsted (2010a). London Challenge. *Report number 100192.* London: Ofsted.

[62] Ofsted (2010b). The National Strategies: a review of impact. *Report number 080272.* London: Ofsted.

[63] Power, S., Whitty, G., Gewirtz, S., Halpin, D. & Dickson, M. (2004). "Paving a 'Third way'? A Policy Trajectory Analysis of Education Action Zones", *Research Papers in Education* 19(4), 453 - 475.

[64] PWC [PricewaterhouseCoopers] (2008). *Academies Evaluation: Fifth Annual Report.* London: Department for Education and Skills.

[65] Ravitch, D. (2010). *The Death and Life of the Great American School System: How Testing and Choice are Undermining Education.* New York: Basic Books.

[66] Robinson, P. (1997). *Literacy, Numeracy and Economic Performance.* London: Centre for Economic Performance, London School of Economics.

[67] Saunders, P. (2012). *Social Mobility Delusions.* London: Civitas.

[68] Schuller, T., Preston, J., Hammond, C., Brassett-Grundy, A., & Bynner, J. (2004). *The Benefits of Learning: the impact of education on health, family life and social capital.* London: Routledge.

[69] Starks, L. (2011). *The National Strategies — Evaluation of the Support and Resources for Narrowing the Gap.* Leeds: York Consulting LLP.

[70] Stewart, W. (2011). The challenge now is to hang on to this success, *Times Educational Supplement*, 25 March. Available at: http://www.tes.co.uk/article.aspx? storycode = 6074357.

［71］ Sullivan, A. , Heath, A. , & Rothon, A. （2011）. Equalisation or inflation? Social class and gender differentials in England and Wales, *Oxford Review of Education*, 37（2）, 215－240.

［72］ Sutton Trust （2004）. *The Missing 3000: State school students under-represented at leading universities.* London：Sutton Trust.

［73］ Sutton Trust （2011）. *What prospects for mobility in the UK? A cross-national study of educational inequalities and their implications for future education and earnings mobility.* London：Sutton.

［74］ Trust. Sutton Trust （2012）. The use of the Pupil Premium, NFER Teacher Voice Omnibus 2012 Survey, Slough：National Foundation for Educational Research.

［75］ Thrupp, M. & Lupton, R. （2006）. Taking School Contexts More Seriously：The Social Justice Challenge, *British Journal of Educational Studies* 54（3）, 308－328.

［76］ Tough, S. , Sasia, A. , & Whitty, G. （2008）. *Productive Partnerships? An examination of schools' links with higher education.* London：Sutton Trust.

［77］ Tymms, P. （2004）. "Are Standards Rising in English Primary Schools?" *British Educational Research Journal* 30（4）, 477－494.

［78］ Tymms, P. , Coe, R. & Merrell, C. （2005）. Standards in English schools：changes since 1997 and the impact of government policies and initiatives. *A report for the Sunday Times.* Durham：CEM Centre, University of Durham. April 2005.

［79］ Tymms, P. & Merrell, C （2007）. Standards and Quality in English Primary Schools over Time：The National Evidence. *Primary Review Interim Report Research Survey 4/1.* Cambridge：The Primary Review. October.

［80］ UCAS （2012）. How have applications for full-time undergraduate higher education in the UK changed in 2012? Available at：http：//ucas. com/documents/ucas_how_have_applications_changed_in_2012_executive_summary. pdf.

［81］ Vignoles, A. , & Crawford, C. （2010）. Access, participation and diversity questions in relation to different forms of post-compulsory further and higher education （FHEs）, in David, M. （ed. ）. *Improving Learning by Widening Participation in Higher Education.* London：Routledge.

［82］ Whitty, G. （1989）. *The New Right and the national curriculum: State control or market forces? Journal of Education Policy*, 4（4）, 329－341.

［83］ Whitty, G. （2001）. Education, social class and social exclusion, *Journal of Education Policy*, 16（4）, 287－295.

［84］ Whitty, G. （2006）. Education（al）Research and Education Policy Making：is conflict inevitable? *British Educational Research Journal*, 32（2）,159－176.

［85］ Whitty, G. （2008）. Twenty Years of Progress? English Education Policy 1988 to the Present, *Educational Management Administration & Leadership*, 36（2）165－184.

［86］ Whitty, G. （2010a）. Who you know, what you know or knowing the ropes? New evidence in the widening participation debate. Paper presented at the Festival of Education, Wellington College, July 4th.

[87] Whitty, G. (2010b). Revisiting School Knowledge: some sociological perspectives on new school curricula, *European Journal of Education*, 45(1), 28 – 45.

[88] Whitty, G. (2012). Policy Tourism and Policy Borrowing in Education: A Trans-Atlantic Case Study, in G. Steiner-Khamsi & F. Waldow (eds.). *World Yearbook of Education 2012: Policy Borrowing and Lending in Education*. New York: Routledge.

[89] Wyness, G. (2011). *London schooling: lessons from the capital*. London: CentreForum.

[90] Wyse, D. & Parker, C. (2012). *The Early Literacy Handbook*. London: MA Education Ltd.

[91] Young, M. F. D (2010). Alternative Educational Futures for a Knowledge Society, *European Educational Research Journal*, 9(1), 1 – 12.

致谢

本文基于本人与杰克·安德斯共同完成的论文修改而成,杰克·安德斯博士供职于英国伦敦大学教育学院定量社会学系。

Narrowing the Socio-economic Achievement Gap: The Recent Experience of England

Geoff Whitty   Jake Anders

(Institute of Education, University of London)

ABSTRACT: Since the education achievement has significant impact on the students in higher education participation and their life chances and the achievement gap between students from different socio-economic backgrounds exists, the New Labour Government and Coalition Government have always been trying to narrow or close the gap. This paper begins by looking briefly at the evidence on the performance of different social groups in the pre-school period and then concentrates on the compulsory phase of schooling before touching on differential levels of participation in higher education at the end of mainstream schooling. In so doing, it demonstrates the potential impact of early failure on later achievement throughout the life course, as well as identifying the sorts of interventions including national policy, academy, extended school, reading recovery, teach first and London challenge that the evidence suggests can begin to break the enduring link between social background and educational achievement. In the end, it suggests that the task of closing the gap cannot be fulfilled by schools alone but needs cooperation between schools and the society.

KEYWORDS: educational achievement gap, socio-economic background, policy, education

理论探讨

政府购买教育服务的

政策研究

政府购买教育服务的政策研究

周翠萍*

摘　要：论文在分析相关文献和对上海市一些区县政府购买教育服务的状况进行调查与访谈的基础上，阐述了政府购买教育服务的内涵、类型与内容、特点、政策实施初步成效等；并发现我国政府购买教育服务的实践过程中存在以下问题：政府对购买教育服务的认识和定位尚不清晰，尚未形成完善的购买教育服务的政策体系，教育中介组织的发展还较薄弱，还没有形成完善的教育市场等。

关键词：政府，购买教育服务，教育中介组织，教育市场

《国家中长期教育改革和发展规划纲要（2010—2020年）》中明确提出："各地可从实际出发，开展公办学校联合办学、委托管理等试验，探索多种形式，提高办学水平。"可见，政府以向教育中介组织购买学校管理服务（委托管理）、培训服务、教育评估服务等方式向社会公众提供教育服务，提高教育服务供给的质量和效益正在成为我国教育改革的一种发展趋势。本文在对上海市浦东新区、金山区等区县购买教育服务状况调查访谈的基础上，对政府购买教育服务的基本内涵做出界定，分析了目前国内政府购买教育服务的类型与内容、特点，并概括分析了目前政府购买教育服务政策的初步实施成效与存在的问题。这将有助于发展和丰富政府购买教育服务的相关

---

　*　周翠萍（1976—　　），女，山西左权人，教育学博士，上海市教育科学研究院民办教育研究所助理研究员，主要研究方向：民办教育政策研究。E-mail：zhoucuiping120@163.com。

理论知识,为政府购买教育服务政策的实践操作提供理论支持与指导。

一、政府购买教育服务的内涵

国内政府购买教育服务已有几种不同的形态。国外一些国家的"公校私营"、教育行动区、教育契约合同等也与政府购买教育服务概念具有一定的相似性。在国内外各种实践举措与现象中首先要厘清政府购买教育服务的内涵是什么。

（一）什么是政府购买教育服务

专栏 1   政府购买服务的定义和特征

要对政府购买教育服务做出准确的界定,首先需理解政府购买服务的涵义。政府购买服务目前在我国有以下几种主要说法:

一是"指政府部门为了履行服务社会公众的职能,通过政府财政向各类社会服务机构的直接购买而实现政府财政效力最大化的行为。政府购买服务,是政府遵循市场的基本原则最有效地满足社会公共需求的重要途径"。(李慷,2001)

二是"政府向营利、非营利组织或其他政府部门签订契约,由政府界定服务的种类及品质,向受托者支付费用以购买全部或部分公共服务"。(虞维华,2006)

三是"政府将原来由政府直接举办的,为社会发展和人民日常生活提供服务的事项交给有资质的社会组织来完成,并根据社会组织提供服务的数量和质量,按照一定的标准进行评估后支付费用,是一种'政府承担、定项委托、合同管理、评估兑现'的新型政府提供公共服务方式"。(吴红萱,江大纬,2006)

国内一些学者对政府购买服务的理解,为界定政府购买教育服务内涵提供了参照。从专栏 1 中对政府购买服务的定义中可以看出:政府是购买服务的主体,通过公共财政向社会组织(包括营利组织、非营利组织)购买服务,目的是实现政府财政效力最大化,有效满足社会公众的需求。从政府购买教育服务与政府购买服务的概念范畴上来说,购买教育服务是从属于政府购买服务的一种具体类型,政府购买教育服务也符合政府购买服务的本质特征。因此借鉴政府购买服务的相关定义,将政府购买教育服务界定为政府与各类社会组织签订契约,根据对社会组织所提供教育服务的评估,以公共财政全部或部分支付其费用,目的在于向社会公众提供优质、高效、可选择的教育服务。政府购买教育服务有三个本质内涵:

第一,政府在教育服务提供中实现了"生产者"与"提供者"的分离。与"政府购买教育服务"概念相对的是"政府生产教育服务"。向社会公众提供教育服务是政府基本公共职能之一。但政府向社会公众提供教育服务的形式可分为两种:一是政府直接生产教育服务并提供给社会公众,二是政府向社会组织购买教育服务提供给社会公众。在政府购买教育服务过程中,政府仍是教育服务的提供者,但不是"直接生产者",而是向社会组织购买教育服务(如图1所示)。

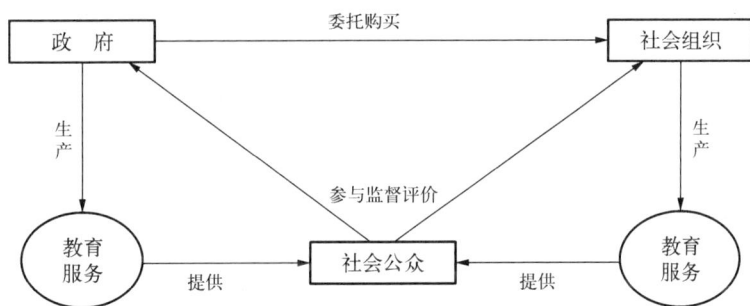

图 1　政府购买教育服务各主体的关系

第二,政府与社会组织之间的关系在本质上是一种以"契约"为基础的商品交换关系。"契约"即合同。广义的合同泛指一定权利义务关系的协议,狭义的合同专指当事人之间设立、变更、终止民事关系的协议。① 政府购买教育服务是政府与社会组织之间具有法律效力的合同购买行为,是政府与社会组织之间以"契约"为基础的购买过程。"购买"使政府与社会组织之间形成平等、互利的商品交换关系。在"契约"框架下,政府和社会组织明确各自的权利和义务。在"契约"框架下,政府部门和社

---

① 辞海编辑委员会.辞海(上)[M].上海:上海辞书出版社,1999:911.

会组织之间不再是行政隶属关系,而是一种民事法律关系。因此,政府购买教育服务得以实现的一个前提条件就是社会组织具有独立的法人地位,能独立地承担民事法律责任。

第三,政府购买教育服务的本质特征在于政府以公共财政部分或全部支付社会组织生产教育服务的费用。

(二)政府购买教育服务的基本特征

政府购买教育服务的基本特征在于作为购买主体的政府,为了更好地实现对公共教育服务供给的责任,为了满足社会公众多元的、可选择的教育需求,而向教育中介组织(购买客体)购买教育服务。

1. 购买主体、购买客体和购买内容是政府购买教育服务的三要素

政府购买教育服务的三要素分别是购买主体、购买客体和购买内容。购买主体是政府,具体指中央政府和各级地方政府。购买客体是各类社会组织,具体而言,就是主要在教育领域内承担教育服务供给的教育中介组织。购买内容是指政府向社会组织购买的各种类型的教育服务。

2. 政府购买教育服务以满足社会公众多元的、可选择的教育需求为目的

政府购买教育服务的目的是为了满足社会公众多元的、可选择的教育需求,向社会公众提供优质、高效的教育服务,提高政府履行服务公众职能的效率和效益。新世纪,我国教育改革发展的目标已经从满足社会公众基本的教育需求转向满足社会公众公平、优质、多元化的教育需求。

3. 政府购买教育服务通过"掌舵"实现政府对公共教育服务供给的责任

政府购买教育服务并不是教育私有化和教育市场化,并没有推卸政府对公共教育服务供给的责任。教育私有化是指政府退出某个教育领域的服务,对此领域不负责任。政府通过向社会组织购买教育服务,实现了生产者和提供者的分离。政府仍然是教育服务的提供者,但为了更有效地向社会公众提供更优质的教育服务,政府将不该管、管不好、无力管的教育服务交给具有专业资质的社会组织来管理。政府不再因"划桨"而事务缠身,而是致力于教育事业规划、政策设计、资源配置、质量监控等的"掌舵"职能。

（三）与教育民营化、教育私有化之间的关系

教育民营化、教育私有化的英文原文都为"the privatization of education"，有的学者将其译为教育民营化，有的学者倾向于将其译为教育私有化。

对教育民营化可从广义或狭义两个方面来理解："广义的教育民营化并不是指公有财产的私有化，而是一种政府与民间/社会之间权力和责任的重新安排，即不是指从'公有'到'私有'，而是从'官营'到'民营'"，因此教育民营化的过程是将提供教育服务的机构、活动和责任由政府转向民间的过程。① 而狭义的教育民营化是政府将商业性资产或职能让渡给市场或社会，是政府的退出行为，其运用会随着政府资产存量的减少而式微。②

同样，教育私有化也有广义与狭义之分，广义的教育私有化是指通过减少或限制政府当局在使用社会资源、生产产品和提供服务中的职责来增加私营企业在这些事务中的职责的一切行为和倡议。③ 而狭义的教育私有化是要清除或取代公立教育，完全由私人拥有和管理学校。④ 民营化大师萨瓦斯（Savas, E. S.）认为，民营化就是更多依靠民间机构，更少依赖政府来满足公众的需求，在产品/服务的生产和财产拥有方面减少政府的作用，增加社会其他机构的作用，整个民营化概念的核心是要对政府的服务提供或安排与服务的生产之间进行区分。⑤

从不同学者对教育民营化和教育私有化概念的理解，可以发现，无论是教育民营化还是教育私有化，都是相对传统意义上政府作为教育产品的单一提供者兼生产者而言的。在概念的内涵上，广义的教育民营化或教育私有化概念认为政府不让渡责任，而让渡生产职能，教育民营化的目的是为了更好地提供教育服务产品，因此，广义的教育民营化或教育私有化的概念内涵与政府购买教育服务是相同的。但狭义的教育民营化或教育私有化与政府购买教育服务有着本质的区别，即

---

① 文东茅.走向公共教育：教育民营化的超载[M].北京：北京大学出版社，2008：15—16.
② 敬义嘉.美国政府对民营化的管理[M].顾丽梅.公共政策与政府治理.上海：上海人民出版社，2006：191.
③ [德]魏伯乐，[美]奥兰·扬，[瑞士]马塞厄斯·芬格.私有化的局限[M].周缨，王小卫，译.上海：上海人民出版社，2006：5.
④ 卢海弘.当代美国学校模式重建[M].广州：中山大学出版社，2004：39.
⑤ [美]萨瓦斯.民营化与公私部门的伙伴关系[M].周志忍等，译.北京：中国人民大学出版社，2002：4,68.

在政府购买教育服务中政府对教育服务产品的提供仍负有责任,只是改变了提供的方式。

二、政府购买教育服务的类型与内容

目前国内的许多地区开始了政府购买教育服务的相关探索,比如上海市浦东新区在 2005 年率先委托上海市成功教育管理咨询中心管理东沟中学,四川郫县教育局向成都树德联合学校(私立学校)购买学生的入学位置,湖南省郴州市教育行政部门将政府原来直接举办的教育系统奖优扶困事项以购买服务的方式交给郴州市教育基金会办理等。从购买教育服务的范围来说,目前购买教育服务的范围已经覆盖了幼儿园、小学、初中和高中基础教育的各个学段。从其购买的内容来说,可具体分为购买"学位"(学生的入学位置)、学校管理服务(委托管理)、教育评估服务、特殊人群的服务、师资培训服务、教育设施服务等(如表 1 所示)。

表 1　国内政府购买教育服务的内容

购 买 内 容	说　　　明
学校管理服务	政府委托教育中介组织管理学校等。
教育评估服务	向社会评估机构购买对民办学校的评估,对教育中介组织的评估等。
学生的入学位置	向民办农民工子弟学校购买农民工子女的入学位置。
特殊人群的服务	政府通过购买服务的方式,为智障儿童等特殊人群服务。
师资培训服务	委托教育中介组织实施师资培训。
教育设施服务	政府对体育场等相关设施向社区非营利性开放的各公办中小学发放补贴。

(一)购买学校管理服务

购买学校管理服务,也称为委托管理,指政府以公共财政向教育中介组织购买学校管理方面的服务。目前国内政府购买学校管理服务的目的主要有两个:一是提升区域内农村学校、薄弱学校的办学质量;二是促进区域内一些学校的特色发展。相比较而言,第一个目的占到委托管理的大部分份额。就购买客体——社会组织的地域而言,有的是购买区域内教育中介组织的学校管理服务,有的则是突破区域,购买区域外教育中介组织的学校管理服务。比如,在国内率先进行委托管理探索的上海市浦东新区政府就突破区域的限制,引入上海市成功教育管理咨询中心来管理东沟中学(见专栏2)。

专栏2　浦东新区委托管理学校的实践探索

2005年6月,浦东新区政府率先委托上海市成功教育管理咨询中心管理该区的东沟中学,旨在以委托管理形式推进薄弱学校改进,通过发挥优质教育资源机构的服务潜能,促进郊区薄弱学校的内涵发展,并从中培育出服务质量较高的专业性社会中介结构。迄今为止,浦东教育行政部门与相关教育类社会组织签约并实施的委托管理项目达到49个,其中包括委托社会中介机构管理中小学和幼儿园的项目46个,委托行业协会承担部分行政管理事务的项目3个。委托管理项目不仅以新的方式去提高学校的发展,同时在探索政府从管理学校向治理学校转变的道路上迈出了积极的一步,既促进了政府职能转变,也初步形成了教育资源的跨区域配置机制,同时聚集了一批优质教育资源,提高了教育的效能。

资料来源:上海市浦东新区教育局.浦东二次创业与教育发展战略选择[M].上海:上海教育出版社,2011.

(二)购买教育评估服务

购买教育评估服务就是政府向具有专业资质的教育评估机构购买教育评估服务。比如,在委托管理项目中,项目之初政府需要确定哪家教育中介组织提供学校管理服务;项目实施过程中,政府需要定期评估教育中介组织履行学校管理服务的状况如何,是否按照委托管理协议正在履行其权利和义务,实现程度如何;在项目结束之时,需要评估教育中介组织实施学校管理服务的状况等。因此在委托管理过程中,购买具有专业资质的、中立的教育评估机构对教育服务进行公正的、客观的、专业的评估就尤为重要。

作为第三方的教育评估机构在实施教育评估时,具有以下一些特征:第一,具有"委托再委托"的特征。对于管理者(政府)来说,它是受委托的主体;对评估对象来说,它又是评估的主体,具有中间人的角色。① 第二,相对于政府、评估对象而言,具有专业资质的教育中介组织的立场更为客观、公正。第三,作为第三方,教育中介组织可以代替政府深入评估现场中,掌握多方面信息,对评估现场、评估对象作出较为客观公正的判断。

（三）购买学生的入学位置

购买学生的入学位置（以下简称为购买"学位"）,就是政府向民办学校（幼儿园）购买学生的入学位置。目前国内基础教育阶段购买"学位"主要有以下两种情况：第一,政府向民办幼儿园购买地段生的"学位"；第二,政府向民办农民工子弟学校购买农民工子女的"学位"。

一些地区政府为了缓解学前教育"学位"紧张的局面,向民办幼儿园购买地段生的"学位"。处于民办幼儿园地段内的学生,实行公办幼儿园的收费,但政府以两种形式给予民办幼儿园补贴,一是减免其校舍的租金,二是直接给予一定的办学成本补贴。针对公办学校无法在短时间内完全解决进城农民工子女的入学"学位",上海市等一些城市通过向民办农民工子弟学校购买"学位"的方式来解决农民工子女的义务教育"学位"问题。专栏 3 中的四川郫县也面临同样的问题,政府根据当地的生均事业费标准,向民办学校购买学生的入学位置,来解决本地区学生的入学位置不足的问题。

专栏3　四川郫县政府购买教育服务　帮娃娃进课堂

由于四川郫县经济发展比较快,外来人口和投资人员越来越多,百姓对教育资源的需求越来越高,特别是团结、红光、安靖等镇的"学位"相对不足。为了让更多的学生能够有学上,能够享受到优质的教育,同时为了更好地用好、用活民办学校的资源,一定程度缓解学位紧张的矛盾,郫县政府决定掏钱向民办学校购买教育服务。

---

① 汤赤.教育评估在政府购买教育服务中的作用——上海市浦东新区的探索与实践[J].教育发展研究,2007(4).

四川郫县教育局"埋单",向树德联合学校购买"学位",帮助学生入学,保证学生能够接受义务教育。树德联合学校是一所民办性质的学校,学费相对比较高。这次由郫县教育局为学生"埋单",减轻了家长的负担,而且确保了部分学生能够入学读书。郫县政府的这一举措受到了家长的欢迎,一些家长纷纷把孩子送到该校。

资料来源:政府购买教育服务 帮娃娃进课堂[EB/OL]. (2006 - 09 - 06) [2013 - 02 - 20]四川新闻网,http://news. sohu. com/20060906/n245183302. shtml.

(四)购买针对特殊群体的服务、培训服务和设施服务

除了向教育中介组织购买学校管理服务、教育评估服务、地段生和农民工子女的入学位置外,一些地区政府还在其他一些教育服务方面进行了探索。比如,湖北省通过政府购买教育服务来解决本地区农村教师缺乏、优秀教师缺口大的问题(见专栏4);上海市浦东新区政府本着义务教育"零拒绝"的理念,通过政府购买服务的方式,为重度残疾或智障儿童提供老师送教上门服务,让这些特殊儿童在家接受义务教育。比如,湖南省郴州市教育行政部门将政府原来直接举办的教育系统奖优扶困事项以购买服务的方式交给郴州市教育基金会办理,政府根据教育基金会实施服务的数量和质量按一定的标准进行评估后支付费用;再比如,政府向一些社会中介机构购买师资培训服务;还有一些地区的学校向社区免费开放各类体育设施器材,政府给予一定的补贴,也可看作是一种购买服务。

专栏4 政府出面购买阶段性服务岗位

2004年年初,由湖北省教育厅副厅长陈安丽牵头,对全省农村教师队伍状况进行了调查,结果发现几大矛盾非常突出:在区域分布上,城区学校超编,乡镇学校缺编,农村教师数量严重不足;在年龄结构上,整个教师队伍年龄偏大;在学历层次上,高质量的合格教师实在太少;在学科分布上,新学科的教师少,特别是外语、计算机教师的缺额极大,很多学校因此根本开不出课来。经过反复研究和论证,湖

北省教育厅党组作出了一个从未有过的决定:从2004年起,教育厅每年从财政拨出专项经费,通过政府出面购买阶段性服务岗位的方式,吸引一批大学优秀应届毕业生到贫困县农村乡镇学校去任教,以缓解农村教师缺口问题,提升农村的教育质量,促进教育公平。

2004年正式启动,全省28所学校455人报名,306名有志青年奔赴29个贫困县(市)120余个乡镇学校任教;2005年全面铺开,原计划招收500—800名,33所高校2 380名大学毕业生踊跃报名,1 029名优秀学子前往50个农业县(市、区)的310所乡镇学校任教;2006年进一步深入,计划再招收1 000名"资教生"。

资料来源:节选自谢湘,李斌.这里,大学生排队赴乡镇——湖北省"农村教师资助行动计划"实施报告[N].中国青年报,2006－04－19.

三. 国内政府购买教育服务的特点

国内政府购买教育服务的基本方式为合同制和直接资助制,购买的基本模式为非竞争式购买,其政策价值取向优先体现教育公平。

(一) 基本购买方式为合同制和直接资助制

全球范围内政府向社会组织购买公共服务所使用的工具可分为两大类:第一类,给予生产方补助,即给服务生产方提供优惠,再由他们将服务提供给受益人;第二类,给予消费方补助,即以某种形式的支付或报销直接提供给项目受益人,让受益人自行选择提供方。具体而言,所使用的工具有给予提供方的整笔拨款、分类资助、整笔资助和合同;给予消费方的服务消费券、税收优惠和贷款或贷款保证。[1] 从笔者所调查了解到的国内政府购买教育服务的实践探索来看,其购买方式主要是向教育中介组织提供补助,即生产方补助,具体形式如下(如表2所示):

---

[1] 王浦劬,[美]萨拉蒙.政府向社会组织购买公共服务研究:中国与全球经验分析[M].北京:北京大学出版社,2010:210—215.

表 2　国内政府购买教育服务的基本方式

购 买 类 型	购买方式	备　　注
购买学校管理服务	合　同	与教育中介组织签订合同。
购买教育评估服务	合　同	与教育中介组织签订合同。
购买培训服务	合　同	与教育中介组织签订合同。
购买项目研究等服务	合　同	项目进行招投标，并与中标单位签订项目合同。
购买"学位"	合　同	对民办学校、民办幼儿园给予差额补贴、租赁校舍优惠。
购买特殊人群的服务	直接资助	对送教上门的教师给予财政补贴。
购买设施服务	直接资助	对向社区开放体育设施的公办中小学给予补贴。

1. 合同

合同是政府购买教育服务的基本方式。合同的基本做法是政府与承担教育服务供给的教育中介组织签订具有法律效力的合同，合同中明确规定教育中介组织提供的教育服务所需达到的质量与数量标准、政府和教育中介组织双方的权利和义务、购买教育服务经费的支付数额等。双方签订合同后，根据合同来履行双方的权利和义务，如果出现纠纷，根据合同约定解决。国内一些地区的委托管理项目，购买评估服务、培训服务、项目研究服务等，都采取了合同的形式。但不同的是，有的项目采取了招投标的方式，有的项目因教育中介组织较少，采取的是定向招标或没有进行招投标。

2. 直接资助

直接资助是政府向承担某种类型教育服务的机构和个人给予各种形式的财政补贴或政策优惠。比如，对为特殊儿童送教上门的教师直接给予补贴，对向社区开放体育设施的各公办中小学给予一定的财政补贴等。

（二）基本购买模式为非竞争性购买

政府购买教育服务的购买模式可分为四种，即根据教育中介组织相对于政府是否具有独立性，可分为独立性购买与依赖性购买；根据购买程序是否具有竞争性，可分为竞争性购买与非竞争性购买。在此基础上可区分出独立关系竞争性购买、独立关系非竞争性购买、依赖关系竞争性购买和依赖关系非竞争性购买四种购买模式(如表 3 所示)。①

表 3　政府购买教育服务的四种购买模式

		教育中介组织相对于政府是否具有独立性	
		独　立　关　系	依　赖　关　系
购买程序是否具有竞争性	竞争性	参与购买的双方主体相互独立;购买选择程序是公开的竞争方式;双方主体按照协议共同承担责任;教育中介组织能结合组织优势提供公共服务;可能按照组织发展的需求提供其他公益服务,与政府建立起"合作"关系。	竞争性购买的模式没有依赖关系。
	非竞争性	已有的教育中介组织具有独立的法律地位,不依赖于购买资金生存;购买是双方相互选择和协商的结果,没有公开竞争;教育中介组织在服务提供过程中承担独立责任,政府只充当监管的角色,双方在权责上较明晰。	双方主体之间是依赖关系;购买程序不规范,没有体现竞争、公平等政策采购的原则;政府完全承担公共服务的责任,难以实现职能转移、多方参与等制度目标。

目前国内政府购买教育服务的模式从总体上而言,在教育中介组织与政府的独立性方面,正在从依赖关系走向独立关系;在购买程序是否具有竞争性方面,大多数的购买教育服务都属于非竞争性的购买模式,只有少数项目实施了竞争性购买模式。

在参与提供教育服务的中介组织中,民办学校与政府之间的关系是独立的。虽然民办学校得到了政府的大力扶持,但民办学校的人事、资源等方面并不完全依赖于政府,只是在政府的扶持下民办学校会发展得更快。而新兴成立的民办非企业单位和一些社会团体,与政府"母体"之间还藕断丝连,还没有在资金、人事、办公经费、业务来源等方面完全脱离政府,可以说民办非企业单位和社会团体还处于"细胞分裂期",与政府之间的关系正在从依赖走向独立,从"哺乳"走向"断奶"。在竞争性和非竞争性的购买模式方面,由于区域内的教育中介组织太少,无法有效展开竞争,也无法展开有效的招投标,因此一些购买教育服务项目的政府直接与教育中介组织进行定向的协商与签约,并没有按照公开的招投标程序进行。但伴随政府购买教育服务实践的不断发展,以独立关系竞争性购买模式来进行购买教育服务已发展成为一种趋势。

---

① 此分类及表 3 中的特征描述,参考:王名,乐园.中国民间组织参与公共服务购买的模式分析[J].中共浙江省委党校学报,2008(9):5—13.

（三）政策价值选择优先体现教育公平

制定教育政策的过程也是政策制定者进行价值选择的过程。国内政府购买教育服务的政策实践体现出两个鲜明的价值选择：一是促进基础教育均衡发展，二是实现教育公平。

比如，国内率先进行委托管理实践的上海市浦东新区，当时启动这一项目的主要原因之一就是要借力于区域外的优质教育资源，来迅速改造一批区域内相对薄弱的初中，促进区域内基础教育的均衡发展。通过一轮的委托管理表明，东沟中学的办学质量得到了整体提升。"在同类学校中教育质量名列前茅，社会认可的合格学校"的委托管理目标已经全面达成，家长对学校委托管理的满意度达到100%，社区居民对委托管理后学校的变化、学校校风、校貌变化认可度也高达95%，学校在社区内已形成了良好的口碑；2009年学生毕业考试成绩合格率达到了100%，中考优秀率达30%以上；绝大多数学生喜欢学校（96%），表现得更加自信和阳光，"三相信"的成功教育理念，点燃了学生成功的希望，促进学生获得成功体验，学生在原有基础上的学习自信心增强了，学习兴趣提高了，良好的学习习惯逐步形成，学业水平在原有基础上得到了提高。2007年、2008年连续两年有学生被评为"市三好学生"，2009年有学生被推选为"市少代会代表"，四年来学生在各类团体和个人竞赛活动中获奖达近百项；调查问卷反映家长对学校与家长、社区的沟通方式，家庭教育指导的满意度分别为95%、96%。[①]

而购买农民工子女、民办幼儿园地段生的入学位置，如专栏5所示，购买教育服务政策体现出鲜明的教育公平的政策价值导向。

专栏5　政府购买教育服务政策体现教育公平

一位从四川来沪工作的杨先生说，"来上海让他最担心的问题就是孩子上学能否得到妥善的解决"。现在杨先生的孩子在浦东的一所民办学校就读，但并没有增加他的经济负担。他对孩子现在的受教育现状感到比较满意。

---

① 摘自：上海市成功教育咨询管理中心委托管理东沟中学四年"终期绩效"评估报告[Z].上海：上海浦发教育评估中心，2010.

杨先生孩子所在学校就是新区政府购买学生的入学位置的一所民办学校。民办学校以公办收费标准来招收农民工子女，政府向其拨付一定的生均经费补贴，扶持民办学校的发展。政府向民办学校购买农民工子女的"学位"，既解决了目前公办学校在师资、教育资源配置等方面短期内无法满足农民工子女入学需求的问题，缓解了公办学校资源不足与农民工子女入学难之间的矛盾，又在客观上向农民工子女提供了平等、经济、普惠的教育服务。

资料来源：上海市浦东教育发展局.中国教育改革前沿报告——浦东新区教育公共治理结构与服务体系研究[M].上海：上海教育出版社，2009：265—266.

四、政府购买教育服务政策实施的初步成效

全国各地对政府购买教育服务不同形式、不同内容的探索，已经呈现出阶段性的政策实施成效。具体而言，一方面，对政府购买教育服务的实践与探索，促进了政府职能的转变，提高了政府教育服务供给的效率与质量。另一方面，政府以"购买"的方式促进了区域间教育资源的合理配置与流动，吸纳了更多的优质教育资源、民间力量参与办教育，也更好地满足了社会公众多元的、多层次的教育需求。

（一）提高了政府教育服务供给的效率与质量

政府直接生产教育服务，会产生直接管理的官僚成本，而政府购买教育服务会产生政府与教育中介组织之间的交易成本。两者相比较，哪个更有效率是决定政府直接提供还是购买教育服务的主要影响因素之一。正如一位教育中介组织负责人所言：

"政府每年支付给教育中介组织的托管经费，与政府直接管理学校时所需的经费（人员编制工资、福利、日常管理费用等）是差不多的，但将学校交给教育中介组织托管，使政府可节省出更多的精力和时间进行宏观管理。教育中介组织凭借其拥有优质教育资源的优势可以将学校办得更好。"比如，政府一年给的

托管经费是 50 万,教育中介组织运用这笔经费把学校办好。教育行政部门直接对学校进行管理,需要至少 2—3 个人员编制,一年的费用也在 50 万左右,但如果将学校委托给中介组织来管理的话,就可以解放行政部门的一些精力,又能运用优质教育资源,相对较快地把学校管好。

"'管学校'与'办学校'是可以分离的,管学校的一方,不需要办学校的水平。而办学校的一方则需具备管理好学校的专业水平。政府可以将一些管不好、不该管的教育服务交由社会组织来进行。政府购买教育服务将成为改善公共服务质量的一条道路。"①

也就是说,政府花同样的钱或花更少的钱,可使公众获得更加优质、高效的教育服务,而政府也可从事务缠身中解脱出来,做好政府应该做好的事。

政府通过向教育中介组织购买教育服务,实现了"管、办、评"的分离,即政府管教育、办教育和评教育的分离。在传统模式下,政府集学校的管理者、办学者和评价者于一身,政府自己管理学校、举办学校、评价学校,因而无法有效地解决在管理、办学过程中出现的问题,往往是"成绩看到得多,问题看到得少"。政府购买教育服务,实现了"管教育"、"办教育"、"评教育"的分离,引入"第三方"——教育中介组织来评教育,使教育中介组织跳出教育行政体制的圈子以独立的法律身份,公平客观的标准来"评教育",发现教育中的问题,将更加有利于教育实践问题的解决,增加社会公众对教育服务供给的满意度。

政府购买教育服务的本质在于引入市场机制,政府作为"管"教育者,借助市场机制,通过公开、公正的招投标机制在市场中寻找最适合的"办"教育者和"评"教育者;通过对众多教育中介组织的比较、鉴别和遴选,选择出质优价廉的教育服务生产者。教育服务的单一提供易导致服务价格的垄断、改进动力不足,从而降低教育服务的效率和质量。以市场机制、竞争机制来降低政府教育服务供给的成本,提高教育服务供给的质量。

---

① 摘自笔者对某位教育中介组织负责人的访谈材料。

（二）吸纳了更多的社会教育资源进入教育领域

目前我国教育发展的主要矛盾是人民群众日益增长的对多元的、优质教育资源的需求与政府供给优质教育资源不足之间的矛盾。优质教育资源不仅包括了教育教学活动的顺利开展所必需的现代化的校舍、教育设施设备等，而且包括了办好一所学校所需要的优质的教师和学校管理人员，而且从某种意义上说，学校的内涵发展更加需要优质的教师和校长。但目前基础教育发展的困境在于：第一，具有丰富办学经验和先进办学思想的校长、优秀的教师总量不足，难以抑制的择校需求在很大程度上是对这些优质教育资源追逐的结果；第二，已有的优质教育资源，难以实现有效的区域内和区域间的互动交流和辐射推广，使优质教育资源的总量不能迅速增长。对政府购买教育服务的探索，正是尝试将更多的社会教育资源吸引到教育领域中来，突破教育管理中的条块分割，引入区域外的优质教育资源促进本区域基础教育办学质量的整体提高。

在委托管理的项目中，深入托管学校中承担学校管理和教育教学任务的人员主要有两类：一类是来自教育中介组织所依托的公立学校的教师和管理人员，另一类是返聘的一些从教育岗位上退休下来的老校长、老教师。随着社会经济科技的发展，人类的寿命延长，六十岁退休后的许多老校长、老教师大多赋闲在家，他们从教多年所积累的丰富的教育管理和教育教学经验就没有用武之地了。"中心返聘了许多已经退休的老校长、老教师。这些老校长、老教师有着丰富的学校管理经验和教育教学经验，热爱教育事业。他们重新返回教育岗位，并不是为了金钱和名利，而是抱着热爱教育事业的信念和追求，对待工作就就业业。"[1]这些老校长、老教师参与到学校教育教学中来，对迅速提高托管学校的学校管理水平和教育教学质量具有重要的意义。另一方面，在教育领域内条块分割的管理模式，使区域之间的优质教育资源很难实现分享与辐射。而政府以购买教育服务的方式正在试图打破区域间的条块分割，寻找适合本区域的优质教育资源，促进跨区域优质教育资源的辐射与推广。

（三）更好地满足了社会公众多元的、多层次的教育需求

改革开放前，中国社会是由农民、工人、干部和知识分子四大阶层组成的"社会

---

① 摘自笔者对某位教育中介组织负责人的访谈材料。

聚合体"。改革开放以后,农民阶层分化成为留在乡镇企业工作的农民、在大中城市打工的农民、成为个体经营户的农民和依然留在农村的农民;工人阶层的范围不断扩大,包括了具有城市户籍的工人、在乡镇企业打工的工人和到大中城市打工的农民工等;干部队伍被大大泛化,企业经营管理者和许多专业技术人员均被视为国家干部。①社会阶层的日趋复杂化和多元化,必然带来教育需求的多元化和多层次化。政府作为教育服务的主要提供者,受国家财力、政府精力等综合因素的影响,只能向社会公众提供基本的、普惠的教育服务,无法有效地满足人民群众日益增长的多元的、多层次的、个性化的教育需求,造成了政府在教育服务供给中的低效、无效现象:教育行政部门直接管理学校,大量的时间和精力被许多具体事务消耗;有些社会公共服务领域,政府无力触及;对一些需要特殊关照的弱势群体、特殊领域政府无法提供灵活、周到的服务供给。政府公共教育服务的质量和满意度都受到了严重质疑。

专栏6 通过购买教育服务实现义务教育"零拒绝"

14岁的莹莹因患重度脑瘫无法坐立、行走,却始终梦想能上学读书。"要不是区残联派老师上门,莹莹根本不可能读上书。"浦东新区通过政府购买服务的方式,为重度残疾或智障儿童送教上门,让他们接受义务教育。截至目前,浦东新区已为208名残疾儿童上门送教,其中有6名残疾儿童被送进特殊学校继续学习。目前,接受送教服务儿童的学籍已全部挂靠到就近的辅读学校或特殊教育学校,他们的受教育程度与辅读学校或特殊教育学校相接轨,完全能得到社会认可。

资料来源:浦东新区购买服务送教上门,残疾儿童义务教育"零拒绝"[EB/OL].[2010-7-5]. http://sh.xinmin.cn/shizheng/2008/06/07/1185055.html.

正如专栏6中的情形,满足莹莹这样的特殊儿童义务教育的基本需求,就需要政府突破现有的体制机制框架,以购买教育服务的方式,来满足其接受义务教育的基本权利。尤其在基础教育阶段,政府购买教育服务完全可以成为政府提供基础教育基本公共教育服务,更好地满足人民群众的教育需求的有益补充。

---

① 李强.改革开放30年来中国社会分层结构的变迁[J].北京社会科学,2008(5).

五、购买教育服务政策实践中存在的问题

通过查阅政府购买教育服务的相关文献资料,对上海市一些相关教育行政部门工作人员、教育中介组织负责人、受托学校校长及相关教师、家长的深入访谈,发现目前国内政府购买教育服务实践尚存在以下一些问题。

（一）政府对购买教育服务的认识和定位尚需明晰

作为教育服务的提供者,作为购买教育服务政策的设计者,作为购买教育服务过程中的购买主体,政府对购买教育服务这一政策工具的认识、定位将直接影响到购买教育服务在实践中的价值取向、功能形态及其政策的发展态势。但目前政府对购买教育服务这一政策工具的认识尚不清晰,定位尚不明确,由此带来了购买教育服务在实践过程中并不规范等问题。具体表现在:

1. 社会组织的性质定位有待厘定

政府可向什么性质的社会组织购买教育服务,这是一个在理论上和实践中都必须要有清晰定位的问题。在理论上,政府可向三类组织购买教育服务:第一,向其他政府部门购买教育服务。比如,某地方政府可委托另一地方政府培训教师,并向其付费;第二,可向市场中的社会组织购买教育服务,市场中的社会组织为营利性组织;第三,可向公民社会领域中第三部门购买教育服务。第三部门的性质为非营利性组织。在国外,政府向三类组织购买教育服务,第一,政府部门与政府部门之间的教育服务合同,称为内部合同;第二,政府向营利性机构购买教育服务,比如,美国的爱迪生公司就是一家营利性的教育管理公司;第三,政府向非营利性机构购买教育服务。就笔者在调查和访谈中所了解的情况,目前我国政府购买教育服务的社会组织主要包括:第一,政府向一些高等院校和公立中小学购买教育服务。比如,上海市浦东新区与同济大学合作共建陆行中学;浦东新区政府与建平中学、杨园中心小学等中标单位签订教育内涵项目的购买合同。① 第二,政府向民办非企业单位购买教育服务。比如,上

---

① 上海市浦东教育发展局.中国教育改革前沿报告——浦东新区教育公共治理结构与服务体系研究[M].上海:上海教育出版社,2009:271—272.

海市浦东新区委托上海市成功教育管理咨询中心管理东沟中学,上海市成功教育管理咨询中心就是一家民办非企业单位。公立高等学校和公立中小学其性质为事业单位法人,并作为法律、法规授权组织承担一定的行政职能。对于公立中小学而言,与签订合同的教育行政部门之间存在行政上的隶属关系。政府向公立中小学购买教育服务,可以认为是体制内教育服务提供方式的改变,体制内的招投标,在国外称为"内部合同"。在上海市一些区县试行的政府购买教育服务中,政府既有向教育中介组织(其性质是民办非企业单位)购买教育服务的案例,又有向办学质量高、社会声誉好的公办学校购买教育服务的案例。总体上呈现出承担教育服务供给的社会组织性质不一、形态较混乱的状况。因此,政府向什么性质的社会组织购买教育服务,才能称为政府购买教育服务呢? 对这个问题的思考与认识是在理论上界定政府购买教育服务和在实践中操作购买教育服务必须明确的问题之一。

2. 政府对委托管理学校的对象定位有待明晰

每一项政策实施都应有清晰的政策目标,不同的政策目标会带来不同的政策实施策略。在有限的财力、物力下,政策目标清晰是提高政策实施成效的重要途径之一。在"上海市以委托管理推动郊区义务教育学校内涵发展项目"中,各区县对委托管理受援学校的选择定位是不一致的,有的区县试图通过委托管理来形成特色学校,有的区县试图借助委托管理来提高受援学校的教育教学质量。有的受援学校已与支援学校有一定的合作基础,有的受援学校教育质量处于本区县的中等水平,有的受援学校教育质量低下,排名在全区靠后。① 正如接受访谈的 L 校长所言:"目前托管的状况还是不统一。在我们区,接受委托管理的学校既有在全区属于优质的学校,也有在全区排名靠后的教育质量低下的学校。比如,G 学校原本就是一所准优质学校,现由上海市 S 学校托管;G 小学是一所优质的小学,现由 F 教育管理咨询中心托管;而上海市 C 教育管理咨询中心托管的 S 学校办学质量则处于中等水平。"

如果原本就是一所办学水平相对较高的学校,在政府财力、物力有限的情况下,通过政府额外追加委托管理相关费用来提高其办学质量和办学水平就值得研究与商

---

① 上海市教育评估院基础教育评估所."上海市以委托管理推动郊区农村义务教育学校内涵发展项目"简报(第四期)〔Z〕.2007 - 10 - 20.

权了。针对不同发展阶段、不同办学水平的受援学校,就会产生不同的委托管理策略。因此,在委托管理项目中,如果政府对受援学校缺乏清晰的定位与思考,就难以发挥委托管理的最佳效益。

3. 政府委托管理尚需规范

在政府委托管理的过程中,也存在一些混乱、无序的状态。以下对 Y 校长的访谈材料就说明了这一点。"某区的 XG 中学由本区内的一所公办 N 中学进行托管,教育局向 N 中学每年下拨托管经费,但在托管的过程中,教育行政部门因教育经费紧张等原因而随意更改了托管经费的数额。"首先,政府直接让一所公立学校来托管另一所公立学校,这说明各区县政府之间对委托管理的认识并不相同,操作策略也不相同;其次,委托管理的制度设计是以教育行政部门与托管方签订具有法律效力的委托管理合同为基础,合同具体规定了托管经费的数额、托管方要达到的学校管理目标等。换言之,具有法律效力的合同所规定的托管经费是不可随意更改的。但在实践操作过程中,教育行政部门利用其在委托管理过程中的强势地位,擅自更改了委托管理的经费数额。而对此托管方也毫无办法。访谈中这位校长说:"作为公立学校的校长,与教育行政部门之间是教育行政隶属关系。即使有一份具有法律效力的合同在手,但在托管过程中需要教育行政部门的鼎力支持,而且下一个周期能不能托管也基本是教育行政部门说了算,因此是不会因这件事而得罪教育行政部门的。"在理论上,以委托管理合同为基础的政府与托管方教育中介组织是一种平等的民事法律关系。在委托管理的过程中,双方发生纠纷时,托管方可以拿起法律的武器来保障自己的权利和利益。但在实践操作过程中,由于委托管理的法律法规、操作制度等还很不健全,面对教育行政部门的强势地位,托管方很难在委托管理过程中保障其合法权益。正如诺曼·弗林(Norman Flynn)所言,市场的引入并不必然包含公平交易的创造。在很多情况下,在公共部门中建立起来的是一种"行政市场"(administrative markets),即一方完全依赖于另一方,占支配地位的一方事实上处于与其他方的等级关系之中,并且会运用命令而非交易的方式去告诉其他方该怎么做。[1]

---

[1] [英]诺曼·弗林.公共部门管理[M].曾锡环,钟杏云,刘淳,译.北京:中国青年出版社,2004:115.

（二）购买教育服务的政策体系亟待完善

1. 实践先于政策

据笔者所掌握的材料来看,目前我国中央政府层面专门规范政府购买教育服务的政策文本还没有;在地区层面,一些地区和城市已经出台了关于政府购买公共服务的行政规章,比如,上海市浦东新区出台了《浦东新区关于政府购买公共服务的实施意见(试行)》、上海市闵行区出台了《关于规范政府购买社会组织公共服务的实施意见(试行)》等,但专门针对政府购买教育服务的政策文本还没有。这些关于政府购买公共服务的政策文件中大多规定了公共服务的购买范围、购买方式、服务供应方的资质、评估标准、资金拨付方式等。从理论上说,教育服务属于公共服务中的一种类型,但公共服务包含的范围甚广。这样笼统的政策规定,难以为公共服务中的具体领域提供具有操作性的政策实施指南。教育服务具有不同于其他公共服务的特殊性和复杂性,这就要求购买教育服务不能完全照搬或套用企业界的招投标机制,要形成适合教育服务产品的购买服务的制度体系。因此,如果没有专门针对购买教育服务的相关政策和制度来规约的话,将直接影响到政府购买教育服务这一政府工具实施的有效性、合法性和推广实施的可能性。

2. 区域购买教育服务缺乏统一规范

由于目前国内政府购买教育服务尚处于"点上试行"阶段,中央政府层面尚没有专门针对购买教育服务的政策文件,导致了各区县政府购买教育服务的实践各自为政,制度规定并不统一,具体表现在:① 托管经费的监管和审计制度不统一。在访谈中一位教育中介组织负责人说:"目前上海市不同区县委托管理的经费拨付和监管方式是不一样的。在'上海市以委托管理推动郊区农村义务教育学校内涵发展项目'中,市教委是将托管费用打入受援学校的账户上,而不是打入托管方教育中介组织的账户上。但有的区县则是直接将托管经费打入教育中介组织的账户上。"可见,对教育中介组织托管经费使用的监管是一个较敏感的问题,教育行政部门对此较谨慎。同时,通过访谈得知,"上海市以委托管理推动郊区农村义务教育学校内涵发展项目"的托管经费是由市教委统一拨付的,但对于这些经费使用情况的审计则由各区县负责。而各区县对托管经费的审计则又出现了各自为政的局面。如果在实践中不能形成较统一、完善的经费监管和审计制度,将阻碍购买教育服务的持续发展。

② 促进和扶持教育中介组织发展的税收优惠政策还不完善,各地也不统一。比如,同样是民办非企业单位,在上海市浦东新区可免交企业所得税,而在上海市的另一些区县则须交企业所得税。不同地区间税收等相关政策制度的不统一,不利于跨区域教育市场的形成,也不利于政府购买教育服务的进一步发展。

3. 购买教育服务政策尚未形成长效机制

目前,上海市各区县的政府购买教育服务多以项目方式进行运作。比如,上海市教委启动的"上海市以委托管理推动郊区农村义务教育学校内涵发展项目",就是以项目的方式运作的。以项目方式来运作购买教育服务,其优势在于比较灵活,可以灵活地调动各种人力、物力等资源。但其不利之处在于,无法形成长效的政府购买教育服务机制,比如,不能建立专门负责购买教育服务的职能机构,无法配备和培训专门负责的工作人员,不利于形成政府购买教育服务的长期发展规划与设计等。可见,各地政府在试行购买教育服务的实践过程中还较谨慎,尚未形成对购买教育服务的长远规划。

(三) 教育中介组织的发展比较薄弱

教育中介组织力量的发展壮大是实现政府购买教育服务的基础。目前我国教育中介组织发展尚处于初步发展阶段,主要表现在:许多教育中介组织的发展壮大有赖于政府的资助与扶持,"公"、"私"还不分明,教育中介组织发展的内动力不足等。

1. 教育中介组织的发展有赖政府扶持

在政府购买教育服务的初始阶段、教育中介组织发展的初级阶段,教育中介组织离不开政府的扶持是很正常的。如果教育中介组织的发展始终依赖于政府的发展,而无法离开政府这根"拐杖"的话,就无法真正形成独立且有一定资质的教育中介组织,无法形成完善的教育服务市场。以下是根据调查访谈所整理出来的案例,可以较清晰地反映目前市场中的教育评估组织的发展态势。

A 评估机构是从某市的教育行政部门脱钩出来之后,成为教育评估的社会组织。但从其脱钩到现在,其工作人员的工资福利仍由教育行政部门负责。其所承担的评估项目也基本上是教育行政部门直接给予的,并没有经过严格意义上的招投标等环节。因此,现在 A 评估机构的工作人员待遇很好,一方面有政府行政部门按时拨发的工资福利,另一方面还有承接评估项目所能拿到的劳务费等酬金。

B 评估机构也是从某市的教育事业单位脱钩出来后,成为教育评估的社会组织。其脱钩之后,其办公地点仍在原来的教育事业单位内,其工作人员的工资仍由教育事业单位拨发,其办公费用、水、电、煤等费用也是由教育事业单位支付的。但其领导忧心忡忡,因在脱钩后,其承接的评估项目并不多。其能接到评估项目主要也是来自教育行政部门的直接委托,在社会上自主承接的评估项目几乎没有。该评估机构的工作人员曾主动联系过,但目前对教育评估的市场需求很小。该机构负责人苦叹,如果没有政府的扶持,评估机构很难维系。

C 评估机构是一所由私人兴办的教育评估机构。该评估机构是完全自负盈亏的,其租赁办公地点、水、电、煤等费用全部自己解决。但幸运的是,该评估机构所承接的项目源源不断,因此其发展势头良好。细问其原因才知,原来该评估机构的负责人是一位退休的教育行政部门的负责人,其在退休后开办了这家教育评估机构。由于其教育行政部门的人脉,因此,该评估机构总是能承接到教育行政部门的评估项目。

目前教育评估类的教育中介组织主要有两种类型:第一类是从公办的教育事业单位脱钩出来成为社会组织的教育评估类组织,第二类是由私人兴办的教育评估类机构。以第一种类型居多。据笔者所了解到的材料,目前无论是市级的上海市教育评估院还是上海市各区县的教育评估组织都已完成了和教育事业单位脱钩,成为独立的社会组织的转型,但目前的状况是,几乎所有从教育事业单位脱钩出来的教育评估机构,其员工的工资福利都由政府财政承担。正如案例中的 A、B两类评估组织,其生存发展都得到了政府的大力扶持。A、B 两类教育评估组织作为独立的具有独立法人地位的社会组织,如果脱离开政府财政的支持,其能不能继续生存发展就难以预测了。正如 B 教育评估组织的领导对其前景与发展的担忧一样,其主要依赖于政府所给予的教育评估项目而维持生计,其通过组织的能力在市场中所承揽的教育评估项目几乎没有。因此,教育评估组织何时才能以其雄厚的专业资质、独立的组织面貌,屹立于教育市场的惊涛骇浪之中,还时日尚远。

2. 教育中介组织的专业资质有赖公立学校"母体"

正如教育评估组织无法脱离教育事业单位的母体一样,目前无论是浦东新区还是上海市范围内,承担购买管理项目的教育中介组织,其背后都有一个强大的公立学校作为其生存发展的"母体",至今仍然"母子连体,难以分离"。比如,上海市成功教育管理咨询中心的母体是闸北八中,而福山教育文化传播与管理咨询中心是以福山外国语小学为母体整合各方资源而成立的。现在的教育中介组织可以说既是"公"的,又是"私"的,所谓"公"是指教育中介组织在提供教育服务时离不开"公"的教育资源,对于承担委托管理的教育中介组织来说,其托管的团队来自公立学校的教师,其托管的办学理念和管理模式也是来自公立学校。对于提供教育评估的教育中介组织来说,其生存发展的办公经费、人员工资,包括组织的办公地点等都来自政府财政的支持。所谓"私"是指其在法律性质上属于具有独立法人地位的自负盈亏、独立运作的民办非企业组织。

专栏7 英国政府和志愿及社会部门关系的协议

1998年,英国政府与非营利组织的代表共同签署了一份《英国政府和志愿及社会部门关系的协议》。协议确立了政府和志愿及社会部门各自相对应的5项责任。其中,政府的责任主要包括:承认和支持志愿及社会部门的独立性;以参与、明确、透明的原则提供资助,并需要就融资方式、签署合同、承包等方面征询志愿及社会部门的意见;对可能影响志愿及社会部门的政策制定需征询其意见;促进互惠的工作关系;政府和志愿及社会部门一起建立评估系统;每年对协议的实施情况进行评估。相应地,志愿及社会部门的责任包括:保持高度的治理与责任;遵守法律和相应规范;在参与政策制定过程中与服务对象和其他利益相关者进行协商;促进互惠的工作关系;同政府一起对协议的实施情况进行评估。

资料来源:张勤.中国公民社会组织发展研究[M].北京:人民出版社,2008:295.

3. 教育中介组织的发展缺乏内在动力

教育中介组织的性质为非营利组织,在法律性质上为民办非企业组织,其不以私人利益为追求目标,因此教育中介组织往往容易缺乏内在发展的动力。在访谈过程中,笔者曾问过教育中介组织负责人这样的问题:"民办非企业组织发展的内在动力在哪里?"他们的回答是:"没有相关政策的动力,全凭教育中介组织的觉悟和责任。"如果教育中介组织缺乏自我改进与发展的内在动力的话,必然影响到其提供教育服务的质量与绩效的增长性和稳定性。

教育中介组织的生存与发展需要政府对教育中介组织进行清晰的定位,在此基础上,通过相关政策措施大力扶持教育中介组织的发展。目前我国教育中介组织的发展还处于初级起步阶段,从教育中介组织发展的内部而言,组织的发展还依赖于政府的政策扶持,与政府部门、公立学校之间还存在着"藕断丝连"的关系,组织内部缺乏改进与发展的内在动力。从教育中介组织发展的外部环境而言,政府对教育中介组织在教育治理中的角色、功能等还没有清晰的认识与定位。从专栏7可知,英国早在1998年就与非营利组织的代表共同签署了《英国政府和志愿及社会部门关系的协议》,确立了政府和非营利组织各自对应的责任。而且我国长期以来以政府为主导的社会体制所形成的文化背景、观念背景乃至体制模式,对社会的改革与发展正产生着深刻而久远的影响。因此,教育中介组织的发展与强大绝不是一朝一夕的事。

(四)尚未形成完善的教育市场

澳大利亚学者西蒙·马金森(Simon Marginson)认为,教育的市场生产应具有五大特点:市场涉及一种稀有商品或多种商品的生产;存在着一个明确的生产领域;存在生产者和消费者之间的货币交换;生产者之间存在竞争关系;存在市场主体性,即适应市场生产、消费和交换的态度和行为,所有这些特点对于充分开发教育市场来说都是必要的。① 正如马金森所言,笔者认为一个完善的教育市场,必须有能提供教育服务的生产者,即教育中介组织,有产品,这是教育市场中生产者和消费者货币交换的前提;而且教育中介组织不只有一两家,因为较少的教育中介组织无法使教育服务的"生产者"之间展开有序、公平的竞争。而存在市场主体性,具有适应市场生产、消费和交换的态度和行为,则是指在教育市场中,对生产者而言,首先是能生产出市场所需的产品,并且产品质量能在竞争中取胜;其次能独立地生产和交换,能承担在市场中生产、竞争和交换的

---

① [澳]马金森.教育市场论[M].金楠,高莹,译.杭州:浙江大学出版社,2008:22.

法律责任。对于消费者而言,首先是具有对一定教育产品的需求;其次具有在市场中鉴别、选择教育产品满足其教育需求的能力,同时也具有独立地选择、竞争、交换的资质与能力,并能独立地承担相应的法律责任。除了生产者和消费者所具有的主体性之外,市场本身的主体性则表现为市场能为生产者和消费者的交换提供一种健全、公平、公正地促进市场交换的规则和制度,并随着市场的不断发展而完善和改变。从这个意义而言,目前浦东新区、上海市乃至国内的教育市场还不完善,因为:

1. 教育中介组织规模有限,尚未形成公平竞争的市场机制

正如前所述,教育市场中的中介组织还处于初级起步的发展阶段,正在"蹒跚学步",教育中介组织离开政府的扶持无法在市场中独立地生存发展下去。市场中的教育中介组织较少,无法形成生产者之间的良性竞争局面。在访谈中多名教育中介组织的负责人说:

"现在社会组织的发展还处于'细胞分裂期',还处于社会组织的萌芽发展阶段。当一个行业的教育市场走向成熟时,应形成一个开放的、竞争的教育市场。应包括外国人、外地人和本地区的来自不同区域的竞争者,在众多的竞争者中政府才能真正选择到质优价廉的教育服务产品。"

资料来源:摘自对一位教育行政部门工作人员的访谈材料

"目前市场中教育中介机构太少,不能用招投标的方式来进行,不能形成公平竞争的态势,进而实现公共教育服务质量的提高。"

"对于委托管理的中介组织来说,服务对象太多了,不计其数,国内的市场需求是很大的,但市场中可以进行委托管理的中介组织则太少了。"

"目前各区县的教育评估机构往往只有一两家,因此有教育评估项目时,往往是直接指定哪个评估机构来承担,可以说是坐吃皇粮。"

资料来源:以上摘自对三位教育中介组织负责人的访谈材料

一方面,由于市场中的教育中介组织太少了,无法形成招投标时多家教育中介组织参与、公平竞争的局面,这样招投标就可能形同虚设;另一方面,在浦东新区探索政

府购买教育服务的过程中,也碰到了许多的难点问题,比如,如何设计符合教育服务自身特点的招投标机制,招投标过程中教育服务产品的价格如何估算以及购买教育服务如何在财政上予以保障等问题。①

2. 教育市场的制度规则尚待完善

一个真正意义上的教育市场,除具备生产者、消费者和产品这几大要素外,维持、维护、发展教育市场中生产者和消费者之间产品交换的市场规则和制度也是形成教育市场的必要条件之一。虽然在政府购买教育服务的实践过程中,一些地区已初步建立了关于政府购买教育服务的各项具体制度。但伴随政府购买教育服务实践的推进,维护教育市场,提高和保证政府购买教育服务政策实施有效性的制度规则有待完善。如果不能尽快通过制度供给来解决这些政策实践过程中出现的问题,将直接影响到政府购买教育服务政策的继续推行与推广。一位教育行政部门负责人在访谈时对政府购买教育服务的继续推进表示忧虑,"虽然我区政府购买教育服务已经实施了一段时间,但目前政府购买教育服务的继续推进,也碰到了一些难题,比如,教育服务产品的购买价格该怎样确定,为什么是 20 万,而不是 15 万;教育中介组织提供教育服务产品的准入标准是什么,如果不确定教育中介组织的准入标准,就无法保证政府购买教育服务的质量和效益"。可见,政府购买教育服务所需的完善的教育市场及其秩序还需在实践中不断完善发展。

A Study on the Policy of Chinese Government's Purchasing Educational Services

Cuiping ZHOU

(Shanghai Academy of Educational Sciences, Shanghai, 201103)

ABSTRACT: The paper expounded the concept of Government's Purchasing Educational

---

① 上海市浦东教育发展局.中国教育改革前沿报告——浦东新区教育公共治理结构与服务体系研究[M].上海:上海教育出版社,2009:272—278.

Services, the content and features of Purchasing Educational Services, and its results based on surveys and interviews. The paper found that there were some problems in the implementation of government purchasing educational services. These problems were discussed as follows: the government was not clear about the conception and the framework of purchasing educational services, the policy system has not been formed, the development of education intermediary organization was relatively weak, a sound education market has not been shaped.

KEYWORDS: government, purchasing educational services, education intermediary organization, educational market

焦点分析

上海市增加教育经费投入的必要性与可行性分析

董圣足　方建锋*

摘　要：2012 年，上海市确定了当年教育经费投入总额 700 亿元的目标。加大教育经费投入有其必要性和可行性：其必要性体现在完成国家硬性任务，保持上海整体教育"创新驱动、转型发展"，实现义务教育高位均衡发展，解决历史遗留问题和进城务工人员随迁子女入学问题；其可行性体现在有充分的政策可依，有稳定的财力保障，有明确的使用方向和严格的监管措施。

关键词：教育经费投入，必要性，可行性

根据《国家中长期教育改革和发展规划纲要（2010—2020 年）》和《上海市中长期教育改革和发展规划纲要（2010—2020 年）》（以下分别简称"国家教育规划纲要"和"上海教育规划纲要"）的总体部署，按照中央要求，年初市政府确定了 2012 年教育经费的投入目标，全市教育经费总额预计将达到 700 亿元，其中区县基础教育经费投入为 470 亿元，市本级教育经费为 230 亿元，均较上年有较大幅度增长。为何要大量增加教育经费投入？怎样保证充足的经费来源？如何用好管好这笔巨额教育经费？这些都是各级党委、政府和社会各界普遍关心的问题。下面，就增加教育经费投

---

*　本文系全国教育科学"十二五"规划 2011 年度教育部重点课题"地方政府民办教育制度创新研究"（DFA110218）、上海市政协 2012 年度重点课题"上海市教育经费合理使用与有效监督专题调研"的阶段性成果。董圣足（1969—　），上海教科院民办教育研究所所长、研究员，教育学博士，研究方向：教育法规政策、民办高等教育。方建锋（1976—　），上海教科院民办教育研究所副研究员，教育学博士，研究方向：民办教育政策、教育发展规划。

入的必要性与可行性做简要分析。

一、加大教育经费投入的必要性分析

(一)加大教育经费投入,确保 2012 年全国财政性教育经费支出占 GDP 的比例达到 4%,是国务院及各级地方人民政府所共同面临的一项硬性任务

"教育投入是支撑国家长远发展的基础性、战略性投资,是教育事业的物质基础,是公共财政的重要职能。"早在 1993 年 2 月 26 日,国务院颁布实施的《中国教育改革和发展纲要》,就提出到 2000 年国家财政性教育经费支出占 GDP 的比例要达到 4%。1995 年 9 月 1 日起实施的《中华人民共和国教育法》,进一步确立了我国教育经费投入的"三个增长"原则,即中央和地方政府财政预算内教育拨款的增长要高于同级财政经常性的收入增长,在校学生人均教育费用要逐步增长,保证教师工资和学生人均公用经费逐年增长。虽然近年来我国教育经费每年都以较快的速度增长,教育财政状况也得到了明显改善,但由于基础差以及历史欠账太多,教育财政投入占国内生产总值比例至今没有达到国家规定的 4% 的目标。我国教育经费投入不仅远低于发达国家水平,甚至还低于世界平均水平(参见表 1)。这严重影响了我国人口素质的提升和人才培养的质量,大大制约了国民经济和社会的发展。

表 1　相关国家教育经费投入情况

国　　别	教育经费占 GDP 的比例	其中:财政性教育经费占比
美　国	7.5%	
韩　国	7.5%	
以色列	8.5%	
马来西亚	8.1%	
泰　国	6.8%	
中等偏上国家(平均)	5.7%	
中　国	4.7%	3.32%

资料来源:国家教育规划纲要领导小组办公室。

为了改变这种局面,《国家中长期教育改革和发展规划纲要(2010—2020 年)》明

确提出"要健全以政府投入为主,多渠道筹集教育经费的体制,大幅度增加教育投入",2012 年要实现国家财政性教育经费支出占国内生产总值4%的目标。为此,国务院于 2011 年 6 月 8 日召开常务会议,专门制定并出台了《国务院关于进一步加大财政教育投入的意见》(国发〔2011〕22 号),要求各级财政部门始终把教育摆在公共财政的突出位置予以重点保障,持续不断地加大教育投入。随后,财政部核定了全国各省(自治区、直辖市)2011 年、2012 年财政教育支出占财政一般预算支出的比例,其中明确 2012 年上海市财政教育支出占财政一般预算支出的比例要达到15%(参见表2)。这是国家从实现教育发展目标的全局高度,下达给上海市的一个刚性指标,也是一项硬性任务。作为地方政府,我们不能讨价还价,必须服从国家战略大局,不折不扣地加以完成。

表2　财政部核定的部分省市财政教育支出占财政支出的比例目标

省　市	2010 年财政教育支出数（亿元）	2011 年财政教育支出占财政支出比例（%）	2012 年财政教育支出占财政支出比例（%）
北　京	505	15.5	16.3
天　津	225	15.7	17
江　苏	877	17.5	18
浙　江	639	19.9	21
广　东	1 033	19.8	20
山　东	670	19.3	20
上　海	435	13.8	15

资料来源：上海市教育委员会财务处。

(二)加大教育经费投入,加快教育改革发展步伐,是保持上海整体教育全国领先优势和推进区域经济社会"创新驱动、转型发展"的客观需要

"十二五"期间,上海要继续推进"四个率先",加快"四个中心"和社会主义现代化国际大都市建设,构筑发展新优势,提升发展新能级。理论和实践都表明,"只有坚持优先发展教育,在率先基本实现城市教育现代化基础上进一步率先实现教育现代化,才能真正把上海的人才优势和教育优势转变为城市核心竞争力,才能为处在发展关键期的上海实现创新驱动、转型发展提供强有力的支撑和强大的动力。"①

　　教育要优先发展,投入是根本保障。近年来,受各方面因素影响,上海教育投入增速不快、总量有限,而且结构不尽合理。随着各地对教育投入力度的持续增强,上海教育在全国的领先地位面临着前所未有的挑战。上海教育尤其是高等教育传统学科优势有所弱化(参见本书 P79 专栏 1),不仅与北京的差距有拉大趋势,而且与江苏等地的差距正逐步缩小。在相关机构所发布的国内大学排行榜中,上海高校排名在前 10、前 30、前 50 和前 100 等的各个方面均远远落后于北京(见表 3)。而在地方高校一级学科博士点数量上,江苏仅苏州大学一所高校,就超过了上海全部地方高校一级学科博士点总量的半数(见表 4)。对于上海的高等教育而言,可谓"前有标兵,后有追兵",亟待采取措施,迎头赶上。

表 3　网大国内大学排行榜

省　份	前 10	前 30	前 50	前 100
北京	清华(1) 北大(2) 人大(9) 北师大 (10)	北航(12) 中国农大(23) 北科大(29) 北理工(30)	北交(34)中国政法(37) 中音(44)北化工(46) 北邮(50)	北中医(52)地大(52) 北工(52)首医(52) 首师(76)外经(85) 北林(91)北外(91) 外交(91)北体(96)
江苏	南大(6)	东南(23)	南航(34) 南理工(46)	南农(56)苏州(56) 南师大(56)南医(56) 河海(71)中矿大(71) 南工(85)江南(91) 中药(96)江苏(96)
湖北	华中科(10)	武大(12)	华中师大(39)	地大(52)武汉理工(56) 华中农(65)中南财经(76)
陕西		西交(12) 西工大(21)	西北(44) 西电(46)	陕师(56)西北农林(82) 长安(96)
广东		中山(16)	华南理工(31)	暨南(56)南医(65) 华南师大(76)广中医(85)
上海	上交(4) 复旦(5)	华东师大(23) 同济(28)	华东理工(41) 上财(43)	上大(71)东华(76)

　　资料来源:印杰.高等教育的社会功能和学科建设[Z].2012(3).

---

① 上海市教育决策咨询委员会秘书处,上海市教育科学研究院.2011 年上海教育发展报告:迈向现代化的上海教育[M].华东师范大学出版社,2011:8.

表4　苏州大学与本市地方高校一级学科博士点比较

高 校 名 称	一级学科博士点	高 校 名 称	一级学科博士点
苏州大学	19	上海海洋大学	2
上海大学	16	上海音乐学院	1
上海师范大学	5	上海体育学院	1
上海理工大学	5	上海戏剧学院	1
上海中医药大学	3	华东政法大学	1
上海海事大学	2	上海市属高校合计	37

资料来源：上海教育卫生党委研究室。

专栏1　上海高校在全国的学科地位有下滑趋势

据教育部学位中心公布的"2007—2009年度学科整体水平评估"学科排行榜，上海16所高校的200个学科点参加了评估，分布在67个一级学科中。从评估结果看，上海高校在全国的学科地位继续靠前，排名前四的有44个学科(8个排名全国第一，13个排名全国第二，11个排名全国第三，12个排名全国第四)，涵盖了除军事学以外的所有11个学科门类，一些传统优势学科继续保持领先位置(交大机械工程和船舶与海洋工程、同济土木工程、东华纺织科学和工程等保持了全国第一的位置)，上海医学学科在全国继续保持较大的领先优势(复旦基础医学、交大临床医学、上海中医药大学的中医学都排名第一)。过去上海高校的学科排名是全国第二，而这次落后于江苏，排列第三。除了前三名的学科数，上海比江苏多1个以外，江苏在第一名、前五名、前十名的学科数量都超过了上海，这在一定程度上反映出江苏高校的学科实力已经全面超越上海高校(全国排名第一的学科共有90个，其中北京47个，江苏11个，上海8个；排名前三的学科共有263个，其中北京98个，江苏31个，上海32个；排名前五的学科共有431个，其中北京123个，江苏52个，上海50个；排名前十的学科共有811个，其中北京164个，江苏91个，上海79个)。而在上海之后的湖北、陕西、天津、浙江等省，虽然数量少于上海，但差距不大。

全国高校学科排行也凸显了上海市属高校与部属高校之间的落差。虽然市属高校也有好的成绩(上海中医药大学有1个第一和1个第二,上海体育学院和上海海洋大学各有1个第二),但总体上学科实力与部属高校存在较大差距。相比之下,江苏省有5所高校进入前五名全国50强。

资料来源：上海教育卫生党委研究室

就教育经费投入状况而言,以2005年和2010年的数据为例,上海市预算内教育经费占财政支出的比例分别为14.24%和13.19%,在相关参照省份中是最低的(参见表5),不仅大幅度低于京、苏、浙、粤等地,甚至也低于全国平均水平。以2005年、2010年北京和上海各级教育生均预算内教育事业费投入数据为例(参见表6),可以发现,在2005年时,上海只有在普通高校上低于北京(11 500∶17 036),而在普通小学(7 940∶4 619)、普通初中(8 421∶5 515)、普通高中(8 131∶6 587)及职业中学(6 188∶5 338)等方面都超过北京;而在2010年时,上海只有在普通小学上略高于北京(16 143∶14 482),其他方面则被北京全面赶超或拉开差距。其中,普通高校生均预算内教育事业费差距从2005年的5 536元扩大至2010年的13 288元(21 258∶34 546)。此外,在各级教育生均预算内公用经费投入上,到2010年时北京也已全面超越上海。

表5　2005/2010年预算内教育经费占财政支出比例情况

地　区	预算内教育经费（亿元）			预算内教育经费占财政支出比例（％）		
	2005 年	2010 年	增长比例%	2005 年	2010 年	增减百分点
全国总计	4 946.04	14 163.90	186.37	14.58	15.76	8.09
北京市	208.42	505.78	142.67	19.69	18.61	−5.49
天津市	78.50	225.28	186.98	17.76	16.36	−7.88
上海市	234.44	435.75	85.87	14.24	13.19	−7.37
江苏省	319.33	877.82	174.89	19.08	17.86	−6.39
浙江省	275.23	639.27	132.27	21.75	19.93	−8.37
广东省	449.17	1 033.70	130.14	19.62	19.07	−2.80

注：表中预算内教育经费含城市教育费附加,数据来自教育部发展规划司有关统计资料。

表6 2005/2010 年上海、北京各级教育经费投入比较

| | | 生均预算内教育事业费(元) | | | 生均预算内公用经费(元) | | |
		上 海	北 京	差 距	上 海	北 京	差 距
小学	2005	7 940.77	4 619.52	+3 321.25	1 865.70	1 235.38	+630.32
	2010	16 143.85	14 482.39	+1 661.46	4 264.69	5 836.99	-1 572.30
	增长率(%)	103.30	213.50	-110.20	128.58	372.49	-243.91
初中	2005	8 421.50	5 515.76	+2 905.74	2 114.13	1 794.44	+319.69
	2010	19 809.98	20 023.04	-213.06	5 298.45	8 247.66	-2 949.21
	增长率(%)	135.23	263.02	-127.79	150.62	359.62	-209.00
高中	2005	8 131.85	6 587.17	+1 544.68	2 285.87	2 372.61	-86.74
	2010	20 346.58	20 619.66	-273.08	5 485.57	8 864.84	-3 379.27
	增长率(%)	150.21	213.03	-62.82	139.98	273.63	-133.65
中职	2005	6 188.90	5 338.43	+850.47	1 703.35	1 444.79	+258.56
	2010	12 609.79	15 583.79	-2 974.00	4 553.20	7 962.78	-3 409.58
	增长率(%)	103.75	191.92	-88.17	167.31	451.14	-283.83
高校	2005	11 500.73	17 036.50	-5 535.77	6 865.05	10 688.17	-3 823.12
	2010	21 258.08	34 546.43	-13 288.35	15 438.48	19 896.42	-4 457.94
	增长率(%)	84.84	102.78	-17.94	124.89	86.15	+38.74

注：本表基础数据来源于教育部发展规划司有关统计资料。

虽然近年来本市教育经费投入总量不断增加,但受到人力资源保障和财政等部门面上政策的制约,经费增量主要为专项经费,而人员、公用经费等经常性经费支出增长有限。经常性经费与专项经费、硬件经费与人员经费配置的不合理,造成高校专项经费结余较为普遍[①],一些院校不得不挤占专项经费以补充人员经费不足。而人员经费投入不足,教师收入水平不高,则相当程度上影响了高校教师教学科研的积极性,加大了高校师资队伍建设的难度,不利于各类优秀人才的引进、培养和使用。这是造成部分高校教育教学质量下滑的重要原因,也是制约本市高等学校高水平发展的重要因素(专栏2)。为此,需要深入推进高校"085"工程建设,切实加大对高等教

① 专项经费投入硬件建设过多,也造成了一些院校教学硬件条件超标配置和科研设备设施相对过剩的局面,这实际上是一种浪费,亟须从经费投入制度上加以调整。

81

育的经费投入（2012年拟安排159亿元），同时要优化经费投入结构和方向，引导高校真正将精力和资源转向以学科建设和质量提升为重点的内涵建设，尤其是要强化师资队伍建设。

专栏2　中国香港高校教师工资制度

香港在英国的殖民统治时期，其高校管理与英国高校差不多，高校的教师属公务员系列，工资收入非常高，生活很优越。1997年7月1日，中国政府收回了香港的主权，设立香港特别行政区，经济制度不变，高校教师的待遇也保持不变。其工资制度的特点如下：第一，工资水平高，居世界高校工资水平前列，教师的待遇在香港各行业中居中上水平，经济和社会地位较高。第二，学历与工资挂钩。对于教师的学历、资格和薪酬，港府有一套严格的鉴定制度，除去特殊情况，学历高，工资则高；学历低，工资则低。第三，各级职务之间差距不大，尤其是教授与副教授之间，起点工资仅差1档。第四，工资的弹性较大，随市场波动而调节。加薪也要依据财政收入和企业加薪的数目等情况确定。

香港高校教师收入远高于内地大学。根据香港大学教育资助委员会的资料，香港的大学教授每月平均薪酬为12.6万多港元，平均薪酬最高达17万港元。据英文杂志《亚洲新闻》的亚太区大学教授薪酬调查，香港的大学高级讲师，每月工资最高达7万多；升为副教授，月薪达到10万多；如果是知名教授，工资更高；如果是院长，月薪一般超过20万，至于大学校长的工资有些已经超过40万港币。香港高校教师的工资主要是依据职务、学历等因素确定的，体现了知识的价值和市场的劳动力供求关系。高校教师工资水平非常高，在国际人才市场具有较高的竞争优势，许多优秀人才流向香港。

资料来源：根据中顾法律网有关信息整理。

http：//news.9ask.cn/ldjf/laodongzhishi/gongzibaochou/201011/962089.shtml.

综上所述，为了保持上海教育尤其是高等教育在全国的领先位置和比较优势，进一步加大对教育经费的投入，同时优化教育经费支出结构，合理配置各类教育资源，较大幅度增加教师的收入待遇，已势在必行，刻不容缓。

（三）加大教育经费投入，是补充基础教育资源严重不足，实现义务教育高位均衡发展，适应人民群众不断增长的教育需求的现实需要

"十一五"时期，上海基础教育贯彻落实科学发展观，全面实施教育综合改革，坚持事业发展与改革创新同步，教书育人与服务社会相互促进，着力突破瓶颈，突出内涵发展，注重公平均衡，实现了"率先基本实现教育现代化"的目标。但同时也应清醒看到，面对新形势，上海基础教育还不能很好适应人民群众和经济社会发展的需要，突出表现在以下三大方面：

一是原有按户籍人口配置的基础教育资源总量严重不足。按照中央有关要求，从 2012 年起，要将常住人口全部纳入区域教育发展规划，各地都要根据常住人口总数来配置基础教育资源。目前上海市常住人口已超过 2 300 万人，其中非沪籍人口近 900 万人（非沪籍的随迁子女高达 47 万人）。本市原有按照户籍人口配置的基础教育阶段"学位"，已经无法满足逐年快速增长的入学人口需求。为保证现有常住人口子女在基础教育阶段"有学上"和"上好学"，据有关方面测算，"十二五"期间，本市需要规划建设的中小学项目多达 1 035 个（其中 80% 在郊区）；另外，在规划公建配套学校覆盖不到的城郊结合地区，还需增建 150 所左右的义务教育学校和幼儿园，总建筑面积近 160 万平方米（参见表 7）。据初步匡算，这些项目基本建设的资金需求高达 450 亿元之巨，需要从每个教育财政年度里较为均衡地安排专项经费予以解决。

表 7　"十二五"末本市学前教育与义务教育阶段预计需增加"学位"数

地　　区	幼　儿　园		小　　学		初　　中	
	需增"学位"（万人）	需增班级（个）	需增"学位"（万人）	需增班级（个）	需增"学位"（万人）	需增班级（个）
市　　区	1.18	393	1.97	493	1.46	325
郊　　区	11.41	3 804	14.70	3 675	14.62	3 250
全　　市	12.59	4 197	16.67	4 167	16.09	3 575

资料来源：市教委基教处"上海市区县基础教育'十二五'基本建设规划调研报告"。

二是促进区域基础教育均等化发展的压力仍较大。近年来，本市加大了向区县的财政转移支付力度，市区与郊区的教育经费生均差异控制在 1.5 倍左右。但因人口持续导入，郊区和近郊一些财政相对困难区县（主要是金山、松江、青浦、崇明）的生均教育经费,仍然明显低于全市平均水平,与黄浦、静安等中心城区的差距悬殊。以 2010 年为例,在财政拨款生均经费方面,高中阶段静安区达到 48 199.65 元,是金山区的 4.79 倍;初中阶段卢湾区达到 44 070.97 元,是青浦区的 2.99 倍;小学阶段卢湾区达到 40 836.95 元,是松江区的 3.24 倍。实际生均经费方面,全市不论高中、初中还是小学,最高区县均为最低区县的 3—4.5 倍。而生均公用经费方面的差异最为突出,达到 7—15 倍(参见表 8)。为了缩小基础教育阶段各区县之间教育经费的明显差距,未来几年,本市需要进一步加强市级教育经费统筹,切实加大财政转移支付力度,以全面推进全市基础教育均衡化发展。

表 8　2010 年上海区县间教育经费的差异比较

		高　中				初　中				小　学		
	区县	财政拨款生均	实际生均	生均公用经费	区县	财政拨款生均	实际生均	生均公用经费	区县	财政拨款生均	实际生均	生均公用经费
最高	静安	48 199.65	61 101.06	36 062.62	卢湾	44 070.97	43 355.58	19 191.23	卢湾	40 836.95	39 581.57	18 495.47
最低	金山	10 072.54	13 541.13	2 373.49	青浦	14 758.5	14 572.7	2 506.21	松江	12 611.27	11 811.55	1 952.04
倍率		4.79	4.51	15.19		2.99	2.98	7.66		3.24	3.35	9.47
市区		25 135.16	31 117.52	9 457.17		26 985.85	26 904.17	7 564.35		20 937.93	21 134.21	5 521.71
郊区		17 016.58	20 856.39	5 549.42		18 609.57	17 146.91	4 991.08		14 271.47	13 954.78	3 619.92
倍率		1.48	1.49	1.70		1.45	1.57	1.52		1.47	1.51	1.53

三是现有教育资源仍难以满足人民群众多样化的教育需求。随着人民群众生活水平的不断提高,其对子女接受优质教育服务的愿望也日趋强烈。就整体而言,目前本市基础教育阶段优质资源还比较有限,校际之间的差距仍比较明显,尚难以满足人民群众日益多样化的选择性教育需求,突出表现在"择校热"愈演愈烈。为此,今后一段时间必须下大力气,继续推进基础教育高位、均衡、优质发展。一方面,需要继续加大基础教育阶段的基本教学投入,重点是要较大幅度提高生均公用经费拨款标准,大力推进基础教育阶段学校的转型发展和内涵建设,切实加大学校实验室建设、教师培养、学生创新能力培养方面的经费投入,着力提高每一所学校的办学水平和教育质量。另一方面,在积极推进公办高中多样化发展和特色化建设的同时,要切实加大对民办中小学的经费扶持力度,引导和鼓励民办学校举办者及办学者,主动顺应人民群

众接受更多更好优质教育的新期盼,合理布局、准确定位,错位竞争、差异发展,办好一批高质量、有特色的民办学校。

此外,今年上海继续推进中小学及中职学校"校安工程"建设,加快推进现代职业教育体系及能力建设,积极构建学习型社会及丰富扩展终身教育资源,以及深入推进上海教育规划纲要所部署的十大工程和十大改革项目的实施等,这些都需要较大的经费投入。

(四) 加大教育经费投入,完善部分院校的基础设施建设和改善基本办学条件,是弥补历史欠账、解决过去遗留问题的迫切需要

第一,本市部分高校办学条件尚不达标,急需改善。本市实施高校布局结构调整后,整体上办学条件有了明显改善,2000—2009 年期间,全部高校总占地面积增长192%,校舍总建筑面积增长了 119.3%。但同时地方高校承担了全市高校扩招任务的 81.2%,在校生增长了 240%。故如按照教育部"92"指标对照,本市 66 所高校中仍有 31 所高校的校舍建筑面积不达标(参见表 9),其中地方高校建筑面积缺额高达80 万平方米,校园土地面积缺额近 2 000 亩(主要是民办高校)。因此,"十二五"期间市属高校基建投入任务仍较繁重,资金需求量大。

表9　上海各类高校校舍建筑面积表

单位: 万平方米

	总　　量	部属高校	教委直属高校	行业高校	民办高校
现有校舍建筑面积	2 034.23	836.16	742.88	198.76	256.43
达标学校所占比率	53%	100%	55%	56%	30%
校舍总量富裕或缺额率	4.7%	21.4%	−5.5%	−8.8%	−9.7%

资料来源:上海市教育委员会财务处

第二,本市部分高校学生宿舍紧缺,亟待解决。近年来建设成本不断攀升,而高校住宿费标准不变,原有"学校提供土地、政府政策支持、企业贷款建设、收费偿还贷款"的建设模式已行不通。本市高校化债时,学生公寓未被纳入化债范畴,高校化债后,财政部、教育部专门发文严控高校贷款建设。因此,高校学生公寓建设陷入了停顿状态。目前部分高校学生宿舍床位极为紧张,需要安排专项资金尽快加以解决。

第三，高校青年教师的住房问题也急需解决。当前本市高校青年教师的住房问题十分突出，已经成为影响高校青年教师队伍稳定的重要因素之一，必须在政策和财政投入上考虑解决青年教师的过渡性住房困难问题。

第四，部分高校历史债务问题仍需妥善解决。由于一些主客观因素，在高校布局结构调整中，上海工程技术大学、华东政法大学、上海电力学院、上海海洋大学、上海师范大学等高校的历史债务问题仍未得到解决，今年预计需要安排近 7 亿元资金用于解决这些学校的历史债务问题。

（五）加大教育经费投入，着力解决进城务工人员随迁子女就学问题及做好教育对口支援帮扶工作，是上海响应中央号召、服务全国大局的需要

面对外地农民较大规模流入上海市务工，如何保障其随迁子女平等接受义务教育，不仅事关教育及社会公平问题，也事关政治大局稳定问题。本市必须按照中央"两为主"原则（即以流入地政府为主和以公办学校为主），着力解决好进城务工人员随迁子女平等接受义务教育问题。从 2012 年起，要将常住人口全部纳入区域教育发展规划，将随迁子女全部纳入财政保障范围；同时，还要着手研究制定进城务工人员随迁子女接受义务教育后在本市参加升学考试的办法。为此，教育经费增量中的相当比重要用在这个上面。根据有关方面统计，截至 2011 年 9 月，义务教育阶段在沪就读的外来人口子女数已达 50.17 万人。其中，36.89 万余人在公办学校就读，占总数的 73.53%；另有13.28 万余名在现有 158 所农民工子女小学免费就读，占总数的 26.47%。如按 2011 年全市义务教育阶段公办学校生均财政拨款 16 000—18 000 元和 2012 年调整后的民工子弟学校生均补贴数 5 500 元来测算，本市每年要为此承担的教育经费约在 70 亿元以上。如果再考虑到安置外来人口随迁子女的就学需要，对公办学校校舍的改扩建以及对民工子弟学校办学条件改善等专项投入，财政实际支出数还要大大增加。

此外，根据中央要求，本市还承担着对西藏、新疆等少数民族地区的教育对口支援和帮扶工作，每年需要安置为数不少的少数民族学生来沪就读，为此也需要额外支出不少的教育经费。

最后，需要特别指出的是，由于统计口径变化等原因，实际教育经费增量可能要略低于财政部门核准的预算数据（尤其是市教委可直接控制的教育经费增量有限），

但就整体而言,2012 年度全市教育经费总额达到 700 亿元,确实是相当庞大的一个数据。财政、教育、发改、人保等相关部门及系统,务必要在市委市政府的统一领导下,站在全局和战略高度,强化主人翁意识,确立大教育观念,分工协作、统筹兼顾、精打细算,在深入调研和充分论证基础上,认真制定好资金筹措、分配及调拨方案,建立健全经费使用、监管及评估制度,用好用足用活各项资金,实现教育优先发展、科学发展,对人民群众负责,让社会各方满意。

二、加大教育经费投入的可行性分析

对于上海来说,逐步加大对教育的财政投入,不仅是必要的,而且也是可行的。这种可行性主要体现在以下四大方面:一是加大教育经费投入有充分的政策依据;二是加大教育经费投入有稳定的财力保障;三是加大教育经费投入有明确的使用方向;四是加大教育经费投入有严格的监管措施。

(一) 加大教育经费投入有充分的政策依据

1. 2000 年以来至 2010 年之前,上海市采用国际上的通行做法,在若干重大文件中确立了"财政性教育经费支出占地区生产总值比重达到 4%"的目标。

在国际上,通常用"公共教育经费占国内生产总值(GDP)的比例"作为衡量政府教育投入的重要指标。一个国家或地区的公共教育经费占该国 GDP 或地区生产总值比重的大小反映这个国家或地区政府对教育的重视程度。由于教育投资具有正的外部性,所以各国政府普遍都很重视对教育的财政投入(参见下页专栏 3)。2000 年以来,上海市在若干重大文件中均采用了这一国际通行指标,并确立了"财政性教育经费支出占地区生产总值比重达到 4%"的目标①:

(1) 2004 年 9 月,《中共上海市委、上海市人民政府关于全面实施教育综合改革率先基本实现上海教育现代化的若干意见》提出,"要推进教育投资体制和机制改

---

① 陈国良. 2008—2020 年上海教育财政投入及绩效研究[R]. 上海市教育科学研究院课题组,2009:14—15.

革,放大投资效应,建立政府教育投入持续增长机制。坚持财政性教育经费的'三个增长',加强对特色学校、重点学科等的政府投入。到2007年,全市财政性教育经费支出占国内生产总值(笔者注:地区生产总值)比重达到4%"的投入目标。

(2)2005年12月7日,《中共上海市委关于制定上海市国民经济和社会发展第十一个五年规划的建议》明确将"政府财政性教育投入相当于国内(地区)生产总值比重达到4%"作为约束性指标。

专栏3　教育投资具有很高的社会回报率

教育在国民经济的各行各业中,具有基础性和先导性的作用。20世纪60年代,美国经济学家舒尔茨在研究美国教育投资对经济增长的贡献时,得出物质资本投资获得的利润增加了3.5倍,而教育投资获得的利润却可以增加17.5倍。因此,舒尔茨认为人同机器、厂房等物质资本一样,也是一种资本,是一种人力资本,对人进行投资,将获得长期的回报,因此,学校教育具有巨大的价值,"学校教育除使学生获得利益而外,也使其他人受益,也使作为邻里及纳税人的家庭成员均沾其惠,还有些利益则广为社会所得。"同理,儿童受到的教育不仅有利于儿童自己或者家长,而且社会上的其他成员也会从中得到好处。当社会民众掌握了最低限度的文化和知识时,才能广泛地接受一些共同的价值准则,促进社会民主和文明的进程。正是由于教育的这些正外部性,使世界各国均将教育纳入公共产品或准公共产品的范畴,由政府来投资与管理教育,已成为世界各国办好教育的一个共识。

近期,经济合作与发展组织(OECD)对其国际学生评价项目(PISA)的测试成绩与该组织成员国的国内生产总值总量之间的关系进行了测算,结果显示:如果OECD国家在下个20年里平均提高PISA测试25分,那么在2010年出生的一代人一生中OECD国家的国内生产总值总量将增加115万亿美元。如果所有国家都达到最佳表现国家芬兰的成就水平,那么将增加260万亿美元。如果所有国家都达到400分最低限度达成水平,则增加200万亿美元。学习成就增加一个标准差,即PISA量表中的100分,经济年增长率可提高1.74%。如果美国平均提高1分测试成绩,可带来16 259.8亿美元财富的增加。英国提高1分可增加2 549.6亿美元,澳大利亚提高1分可增加1 010.8亿美元。理论与实践证明,教育投入是最有效益的,投资教育不仅有利于教育事业的发展,更有利于国计民生,提高本国的国际竞争力。

资料来源:OECD. The High Cost of Low Educational Performance[R]. Paris: OECD,2010. 转引自:教育部新闻办公室,中央教育科学研究所.对话教育热点(彩色版)2010[M].北京:教育科学出版社,2011.

(3) 2007年8月,上海市政府印发的《上海市教育事业发展"十一五"规划纲要》提出,"上海要加快推进教育经费投入机制改革,在'十一五'期间,确保教育投入'三个增长',政府财政性教育投入相当于全市生产总值的比例达到4%,新增部分重点向郊区倾斜。"

(4) 2007年5月24日,时任中共上海市委书记的习近平同志在上海市第九次党代会上的报告中有关今后五年的指导思想和奋斗目标部分明确,"各类基本社会保障基本实现全覆盖,教育、文化、卫生等基本公共服务体系进一步完善,政府对教育的投入占全市生产总值的4%"。

我们认为,历年来市委、市政府在若干重要文件中都提出"财政性教育经费支出占国内(地区)生产总值比重达到4%"的奋斗目标,有其相当的合理性和国际通用性,政策制定本身也有其严肃性。未来5—10年,上海要在全国率先实现教育现代化目标,必须不断加大对教育经费的投入力度,使得财政性教育经费占地区生产总值的比例不断得到提升。

2. 2010年,《上海市中长期教育改革和发展规划纲要》颁布之后,本市将衡量地方政府教育投入的关键指标,修改为"财政性教育支出占一般预算支出的比例",并明确2012年该比例要达到15%。

(1) 2011年年初,以上海市人民政府名义颁布的《上海市教育改革和发展"十二五"规划》,在强调"坚持教育优先发展,切实保证经济社会发展规划优先安排教育发展,财政资金优先保障教育投入,公共资源优先满足教育和人力资源开发需要"的同时,明确提出要强化政府教育投入的责任,"结合《上海市中长期教育改革和发展规划纲要》的实施,2012 年全市财政性教育支出占一般预算支出的比例达到 15% ,以后逐年增加"。

（2）2012 年 1 月,韩正市长在向上海市第十一届人大第七次会议所作的《政府工作报告》中,也明确提出"坚持育人为本,真正体现'为了每一个学生的终身发展'这一核心理念,落实教育中长期规划纲要。加大财政教育投入,全市财政教育支出占地方公共财政支出的比重达到 15% "。

无论是《上海市教育改革和发展"十二五"规划》还是《政府工作报告》,其所提出的目标,都是一级政府向全体市民所作出的庄严承诺,具有政策权威性。经过上海市人大会议审议通过的 2012 年本市财政教育支出占地方公共财政支出的比重达到 15% 这一目标,既是上海市权力机关集体意志的体现,也是本届政府最后一年任期所必须完成的硬任务。

（二）加大教育经费投入有稳定的财力保障

1. "十一五"以来,上海经济保持平稳较快发展,财政状况逐年改善,积累了坚实的物质基础,为各级各类教育实现全面、协调、可持续发展提供了支撑和保障。

"十一五"以来,本市积极应对国际金融危机冲击和自身发展转型的挑战,把举办上海世博会作为实现科学发展的重大契机,坚持把经济增长质量和效益放在首位,大力推进"创新驱动、转型发展",实现了全市经济的平稳较快发展。"十一五"期间,全市生产总值年均增长 11% 左右,2010 年全市生产总值达到 1.7 万亿元左右,人均生产总值达到 1.18 万美元左右,第三产业增加值占全市生产总值比重达到 57% 左右,高技术产业产值占工业总产值比重达到 23.2% 。[①] 城市和农村居民家庭人均可支配收入分别达到 3.62 万元和 1.56 万元,均比上年增长 13.8%（扣除物价因素高于经济增幅）。

本市经济持续快速发展,促进了地方财政收入水平的稳步提高（参见表 10）。2010 年,本市地方财政收入达到 2 873 亿元,比上年增长 13.1% 。2011 年,虽然受宏观调控等多重因素影响,房地产业增加值同比呈现负增长,但由于经济结构调整和产

---

① 参见:上海市国民经济和社会发展第十二个五年规划纲要。

业结构优化,上海市地方财政收入仍比上年增长19.4%,其中来自第三产业的地方财政收入增速快于第二产业9个百分点。预计2012年本市地区生产总值增速将保持在8%以上,财政收入仍将继续保持两位数增长。

表10　上海市2007—2011年财政收支变化情况一览表[①]

单位:亿元

年　度		2011	2010	2009	2008	2007
地方财政收入	全　市	3 429.8	2 873.6	2 540.3	2 382.3	2 102.6
	较上年增长(%)	19.4	13.1	7.7(6.6)	13.3	—
	市本级	1 675.8	1 393.2	1 257.1	1 220.6	1 083.1
	较上年增长(%)	21.5(20.1)	10.8	5.0(3.0)	12.7	—
可安排使用的财政收入[②]	全　市	4 021.9	3 397.4	2 977.7	2 646.6	2 346.5
	较上年增长(%)	18.4	14.1	12.5	12.8	—
	市本级	1 579.9	1 339.0	1 157.2	994.5	876.1
	较上年增长(%)	18.0	15.7	16.4	13.5	—
财政支出总计[③]	全　市	4 017.1	3 393.2	3 048.9	2 645.5	2 315.4
	较上年增长(%)	18.4	11.3	15.2	14.3	—
	市本级	1 579.9	1 338.3	1 232.3	994.5	875.1
	较上年增长(%)	18.1	8.6	23.9	13.6	—
财政收支结余	全　市	4.8	4.2	4.8[④]	1.1	31.1
	市本级	0	0.7	0.9[④]	0	1

说明:

①　本表数据来源于历年上海市财政局向市人大会议的报告,括号内数据为调研组根据统计数所作的修正数。

②　"可安排使用的财政收入"系指地方财政收入加(减)中央财政与本市结算余额、中央财政专款结转、调入(出)资金、调入预算稳定调节基金以及动用历年结余等的财政总收入。

③　"财政支出总计"系指地方财政支出加(减)中央财政专款结转、市级和部分区县安排预算稳定调节基金等之后的财政实际支出总数。

④　2009年全市及市本级财政收支结余数,为冲抵通过财政部代理发行的本市地方政府债券收入76亿元以后的结余数。

在财政收入状况持续改善的同时,财政支出同期也实现了较快增长,这为进一步提高教育投入水平和加大政府投入力度提供了良好的经济基础。如表10所示,2011

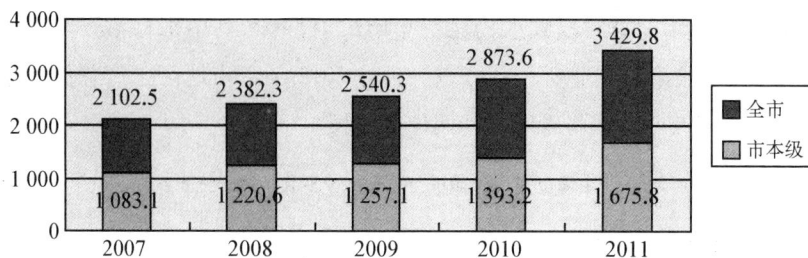

图1　地方财政收入年度增长情况（单位：亿元）

年上海市全市及市本级财政支出总数分别达到4 017.1亿元和1 579.9亿元，同比分别增长了18.4%和18.1%。2012年，预计本市财政一般预算支出将达到4 170亿元，其中按照财政教育支出占财政一般预算支出的比例为15%测算标准，预算内财政教育经费将达到620亿元（2012年本市教育经费总体构成情况见表11）。

表11　2012年本市教育经费总体构成情况

单位：亿元

经 费 类 别	计 提 比 例	政 策 依 据	预计数
预算内财政教育经费（含教育费附加）	财政一般预算支出的15%（含"三税"税额3%）	国发〔2011〕22号文，财政部、国税总局财综〔2010〕98号文，财政部、教育部财综〔2011〕62号文，沪府发〔2011〕2号文	620
地方教育费附加	"三税"税额2%		60
土地出让收益教育资金	土地出让净收益10%		20
合　计			700

注："三税"系指增值税、消费税、营业税。

2. 近年来，上海市按照政策规定的"三个增长"要求，在逐步加大财政性教育经费投入力度的同时，市区两级政府对除教育之外的各项社会事业的绝对投入也在逐年稳步增加。

根据有关统计数据，2008年、2009年、2010年连续三年，本市公共财政预算教育拨款本年分别比上年增长30.53%、6.15%和15.90%，同期财政经常性收入本年比上年增长比例分别为21.65%、5.87%、13.11%，分别高出8.88、0.28、2.79个百分点。2008—2010年上海公共财政预算教育经费分别为358.86亿元、375.07亿元和435.75亿元，增长比例分别为12.77%、4.52%和16.18%，公共财政预算教育经费占公共财政支出比例分别达到 13.83%、12.55% 和 13.19%。同期,全市地方财政总支出数分别为 2 645.5 亿元、3 048.9 亿元、3 393.2 亿元,同比增长 14.3%、15.2%、11.3%。地方财政总支出数扣除公共财政预算教育拨款后的余额分别为 2 286.64 亿元、2 673.83 亿元、2 957.45 亿元,同比分别增长 25.83%、16.93%、9.59%。

数据显示,2008—2010 年间,在本市公共财政预算教育拨款数呈现逐年增长的情况下(其中 2008 年较 2007 年大幅增长,主要原因是义务教育阶段教师全面实施绩效工资,而 2009 年的增长率则不仅显著低于全市地方财政支出总数的年度增长速度,也显著低于当年其他社会事业经费总支出的增长率),财政用于其他社会事业的总经费也在逐年增长(虽然总体增长速度不及教育经费增长速度)。换言之,本市按照政策规定的"三个增长"要求,在逐步加大财政性教育经费投入力度的同时,由于整体财政收支状况的改善,市区两级政府对除教育之外的各项社会事业的绝对投入也在逐年稳步增加,没有因为政府对教育投入的增加,而影响其他社会事业的发展(表 12)。从某种意义上讲,未来一段时间,按照国家和上海教育规划纲要的基本精神,本市财政教育经费投入还有一定增长空间。

表 12 2009—2011 年全市财政支出及公共财政预算教育拨款情况

单位: 亿元

年 份	(1) 地方财政支出总数		(2) 公共财政预算教育拨款		(1)—(2)	
	数 额	同比增长(%)	数 额	同比增长(%)	数 额	同比增长(%)
2008	2 645.5	14.3	358.86	30.53	2 286.64	25.83
2009	3 048.9	15.2	375.07	6.15	2 673.83	16.93
2010	3 393.2	11.3	435.75	15.9	2 957.45	9.59

注:表中相关数据来源于上海市教育委员会财务处。其中公共财政预算教育拨款包括教育事业费、科研经费、基建经费和其他经费。

(三) 加大教育经费投入有明确的使用方向

1. 从现在开始到今后 5—10 年,逐年加大教育经费投入,总的方向是努力完成《上海市中长期教育改革和发展规划纲要》和《上海市教育改革和发展"十二五"规划》所提出的各项战略性和阶段性任务,确保到 2020 年时上海在全国率先实现教育现代化的目标。

《上海市中长期教育改革和发展规划纲要(2010—2020 年)》提出本市未来教育改革发展的总体目标是:"到 2020 年,上海要率先实现教育现代化,率先基本建成学习型社会,努力使每一个人的发展潜能得到激发,教育发展和人力资源开发水平迈入世界先进行列。"据此,《上海市教育改革和发展"十二五"规划》所确定的 2015 年上海教育的发展目标是:教育基本公共服务水平显著提升,教育管理体制机制更加完善,各级各类教育结构持续优化,教育国际化和信息化水平明显提升,创新人才培养质量不断提高,为每一个学生的终身发展创造良好环境,为率先实现教育现代化、率先基本建成学习型社会奠定坚实基础(具体指标详见表 13)。

表 13 上海市"十二五"时期教育发展和人力资源开发主要指标

序 号	指 标	2010 年	2012 年	2015 年
1	学前三年毛入园率(%)	96.0	97.0	98.0
2	义务教育阶段毛入学率(%)	99.6	99.7	99.9
3	残疾儿童义务教育阶段入学率(%)	95.8	96.5	97.5
4	高中教育阶段毛入学率(%)	91.7	95.0	97.0
5	每 10 万人口在校大学生数(人)	4 580	5 100	5 140
6	普通高校在校生中留学生比例(%)	7.0	9.0	11.0
7	义务教育专任教师中本科以上学历人员比例(%)	73.4	80.0	85.0
8	新增劳动力平均受教育年限(年)	14.1	14.5	14.7
9	25—64 岁大专及以上人口比例(%)	25.7	29.0	35.0

注:大学生数包括普通高校和成人高校的在校学生数,留学生数包括接受学历学位教育和短期学习的人数。

根据上述总体目标及阶段性任务要求,为推进上海各级各类教育又好又快发展,"十二五"期间,本市财政性教育经费的重点投向要聚焦在以下八大方面:(一)加强理想信念、公民素质和健全人格教育,引导学生形成正确的世界观、人生观和价值观;(二)推动基础教育均衡、多样、优质发展,促进城乡教育一体化;(三)推进高等教育开放、特色、卓越发展,提高人才培养质量、科学研究水平和社会服务能力;(四)促进职业教育做精、做特、做强,提升服务经济社会发展的水平;(五)加快继续教育向多层次、多类型、多渠道方向发展,满足市民多元学习需求;(六)加强师德师风建设和创新素质培养,造就高水平师资队伍;(七)创新教育合作与交流机制,建设国际教育交流中心城市;(八)构筑实用便捷和服务改革的信息化环境,提高教育现代化水平。

　　从贯彻落实教育规划纲要、实现教育科学发展的战略需要出发,未来一个时期,本市要进一步加大对各级各类学校内涵建设的投入力度,稳定和提升教育教学质量,坚持把钱用在学生培养和人才队伍建设上,坚持把钱用在教育体制机制创新上。根据 2012 年 2 月 22 日市政府专题会议精神,今后在教育使用安排上拟采取"三个打通"的办法①,向教师队伍建设倾斜,着力打造一支高水平的师资队伍,鼓励和吸引更多专业人才安心从教、终身从教。

　　2. 本着"科学投入、保障公平、内涵发展、提高效益"的原则,2012 年新增教育经费将重点投向推进基础教育高位均衡发展和高等教育内涵建设,保障职业教育和终身教育健康发展,落实教育规划纲要规定的改革发展项目,以及用于其他专项配套和弥补历史欠账投入②。

　　(1)推动基础教育高位均衡发展。大力加强基础教育师资队伍建设,促进教师专业发展,推动教师改革教学方法和教学模式,不断提高培养创新人才的能力。进一步加大对财政困难区县的教育经费转移支付力度。在城乡结合部补建 27 所幼儿园、37 所义务教育学校。同时,安排市级专项资金改善以招收进城务工人员随迁子女为主的民办小学办学条件等。以上各项及教育费附加(市集中使用部分)存量常规项目费用合计,市本级需投入教育经费 45 亿元。

　　(2)推进高等教育内涵建设。在维持对高校常规投入基础上,2012 年拟实施"高等教育教师队伍质量提升工程",设立"东方教席"岗位,实施"骨干教学教师"激励制度,实施中青年教师进修和培训制度,重新构建"青年教师助教"制度,建立"博士后师资"培养制度,建立以提高教学质量为导向的教师考核评价制度。同时,较大

---

　　① 第一个打通:在部门预算中,统筹考虑生均经费与经常性专项经费,提高各级各类生均公用经费定额标准,建立生均经常性经费综合定额拨款制度。逐步降低专项经费拨款比例,逐步由以专项投入为主转向经常性投入为主。第二个打通:在"十大工程"建设项目中,打通与地方高等教育内涵建设(085 工程)相关的经费投入,重点是"高水平大学和一流学科专业建设工程"、"高等学校知识服务平台建设工程"和"教育国际化重点建设工程"。由学校在"分类指导、特色发展"框架内统筹使用,允许高校根据自身实际发展需要对项目方案进行调整,报市教委备案。第三个打通:根据教育经费投入向院校教师队伍建设倾斜的原则,统筹使用"高校教师队伍质量提升项目"与"十大工程"建设项目中"教师专业发展工程"的经费,主要用于教师队伍建设。

　　② 上海市教育委员会.关于 2012 年本市财政教育支出占财政支出比例达到 15% 的经费安排的汇报[Z].2012 - 1 - 31.

幅度提高市属高校生均公用经费标准(拟从 3 000—5 000 元/年调高至 6 000—8 000 元/年)。以上各项需投入近 30 亿元。

(3) 保障职业教育和终身教育健康发展。2012 年计划投入 12 亿元左右,用于提高中等职业教育学生资助力度,扩大中等职业教育免费范围;支持职教品牌学校建设和职教实训基地建设,推进职业教育布局调整、校安工程,提高职教生均公用经费补助标准,以及加强职教师资培训、职教教材建设,做好职教体育、卫生及德育工作等。此外,拟安排市民终身学习促进工程经费 7 000 万元。

(4) 落实教育规划纲要规定的改革发展项目。运用全市教育工作会议明确的"十二五"期间的 140 亿专项资金,稳步实施《教育规划纲要》提出的"十大重点发展项目"、"十项教育综合改革重点试验项目"和"27 项国家教育体制改革试点项目"(简称"10 + 10 + 27")。2012 拟投入专项资金 30 亿元左右。

(5) 其他专项配套投入及弥补历史欠账投入。2012 年,需要安排专项资金 45 亿元左右,用于保障对 4 所部属高校"985 工程"三期建设配套投入和对 3 所部属高校"985 工程"创新平台的配套投入;同时做好 2012 年国家启动的"211 工程"四期建设配套投入准备工作和上海浦东科技大学(暂定名)、上海数学中心建设等共建项目的投入保障。此外,尚需安排 20 亿元左右资金用于改善部分市属高校的基本办学条件和补助高校师生公寓建设,以及解决高校布局结构调整遗留的土地储备置换问题。

(四) 加大教育经费投入有严格的监管措施

1. 加大教育经费投入,要建立健全各项常规性监管制度,提高公共教育经费使用的规范性、安全性和有效性。

(1) 全面实施教育经费使用预决算制度。进一步强化教育行政部门在预算编制、执行与调整中的主体地位,发挥学校主管单位的监督审核职能,层层落实,要求教育系统各单位对本单位财政资金使用的全过程承担责任。同时,积极推进部门单位预算信息和决算情况公开,接受人民群众和社会各界广泛监督。

(2) 深入推进国库集中支付制度。进一步扩大公务卡及国库单一账户体系改革范围,逐步做到全覆盖。完善"公务卡"支付管理和国库单一账户建设,全面实行网上记账,加强对账机制及信息网络配套服务,实现财政部门对预算单位支付信息的动态监控,进一步提高财政资金透明度,确保监督有效到位。

(3)强化财务专项审计监督。市、区教育主管部门应着力加强内控制度建设,与财政、审计、纪检等部门形成合力,对经费预算单位开展定期或不定期的专项监督检查,规范教育经费的使用,确保各项教育经费落到实处。

(4)向高等学校派驻总会计师。市教委要按照教育部总体部署,分期分批向市属高校派驻总会计师,进一步加强高校财经管理。高校总会计师为学校副校长级行政领导成员,由学校主管部门负责选聘、委派,依照干部管理权限任免,并实行统一管理(高校总会计师职权范围参见本页专栏4)。

2. 加大教育经费投入,要发挥政府、人大、政协各方联合监管职能,确保经费及时足额到位,使用规范有序高效。

专栏4　高等学校总会计师的职责和权利

——总会计师按国家有关法律、法规、规章和制度的要求组织领导学校的财经管理和会计核算工作;参与学校重大财务、经济事项的决策并对执行情况进行监督。主要职责如下:(一)负责会计核算和财务报告,确保会计信息的真实和完整;(二)负责财务管理,包括预算管理、筹资管理、资本管理(包括投资管理)、资金管理、成本控制、绩效评估等;(三)参加学校重大财经管理活动和重要经济问题的研究与决策;(四)加强会计监督,负责或参与财务风险管理、偿付能力管理,保护学校财产安全完整;(五)结合学校实际情况,加强校内财务会计管理基础工作和基层建设,组织制定有关财务会计制度的实施细则和内部控制制度,并检查执行情况;(六)组织清产核资,加强资产管理,保护国有资产完整和保值增值;(七)组织落实审计意见,监督执行审计决定。

——总会计师具有以下履行职责的工作权利:(一)参加重大经济事项决策;(二)对重大决策和财经法规的执行情况进行监督,对内部控制制度实施监督检查;(三)对学校财务部门负责人的任免、考核提出意见;(四)学校按规定对大额资金的使用,建立由总会计师与学校主要负责人联签制度,总会计师拥有大额资金流动联签权;(五)对违反国家法律、法规、方针、政策、制度和有可能在经济上造成损失、浪费的行为,有权制止或纠正,并报告学校主要负责人。制止或纠正无效时,应及时向学校主管部门报告。

摘自:《高等学校总会计师管理办法》第10条、第11条(教育部、财政部2011年4月1日印发)

(1)加强市级政府对区县政府依法履行教育投入情况的督导工作,同时积极开展对各区县教育投入占财政支出比重完成情况的检查,杜绝迟拨、缓拨、挤占、挪用和弄虚作假行为,切实落实区县政府教育投入责任。

(2)切实加强市、区人大对市、区两级政府落实教育投入和新增教育经费使用方向及使用管理情况等的监督检查工作,进一步发挥人民政协及各民主党派对教育经费使用情况的民主监督职能,确保投入足额到位,使用规范有效。

3. 加大教育经费投入,要引入绩效管理理念,积极推进教育经费绩效评价,逐步实施绩效问责制度。①

(1)建立行政性绩效评价及问责制度

建立行政性财政绩效支出评价及问责制度,是强化部门预算责任、改善财政支出管理、优化资源配置以及提高公共服务水平的重要手段。各级财政部门、预算主管单位和预算单位是落实绩效评价的责任主体。

实施财政支出绩效目标管理。由预算部门对项目支出进行梳理,选择目标清晰、一个预算年度可以完成并能充分体现本部门职能的项目进行试点。待预算批复后,将项目绩效目标在本部门公开,接受监督检查。

推行财政支出绩效跟踪监控管理。在项目实施中,预算部门要持续地监控项目各项活动的进展情况,财政部门将根据单位制定的项目绩效目标,结合项目预算拨款管理,对财政支出绩效进行跟踪监控。根据项目落实情况、执行进度和绩效目标实现情况进行检查,提出改进意见和措施。

将评价结果运用于预算管理。财政部门和预算主管部门通过及时整理、归纳、分析绩效评价结果,将其作为改进预算管理和安排以后年度预算的重要依据,并推动绩

---

① 普陀区财政局."教育专项经费使用效益评估"调研汇报材料[Z].2012-4-10.

效评价结果公开。

（2）探索构建第三方绩效评估参与制度①

随着新公共管理理论与实践的发展,各国政府的绩效评估由原来的政府主导逐渐向多元化转变。评估主体的多元化是绩效评估结果有效性的重要保证,第三方独立机构作为政府绩效评估主体组成的一部分,有优于政府内部评估和民众评估的属性。加快发展第三方独立评估机构,构建科学合理的第三方绩效评估参与制度对推进政府绩效改进,推动政府职能转变,构建服务型政府具有非常重要的现实意义。

积极培育第三方绩效评估组织。教育经费绩效评估是一项专业性很强的活动,需要由专业机构来组织实施。第三方专业评估组织参与评估,一方面可以加强评估的科学性,另一方面也可通过非政府组织(NGO)的参与增加评估的合法性。当下,政府可以通过委托代理制,把一些涉及财政教育经费的绩效评估项目,外包给有关科研院所(如教育科研机构、教育评估院)及专业性社会中介组织(如教育行业协会、会计师及律师事务所)来承担和组织实施。从长远看,借鉴境外经验,则应利用市场力量,通过制定有关政策(如税收政策),大力培育包括教育经费评估在内的政府绩效评估项目的代理人市场,鼓励和扶持民间志愿性政府绩效评估组织的发展(参见专栏5)。

专栏5　香港特区的"大学教育资助委员会"

香港政府与大学的关系可以用"政府掏钱、教授治学"来概括,即政府要为教育埋单,而政府不干预大学管理。港府对高等教育的主导作用主要体现在制定发展策略和一系列配套措施上,对高校的管理并不是运用行政权力,而是经由"大学教育资助委员会"(简称"教资委",UGC)对院校实施评估后对其进行财政资助,间接影响院校。教资委是港府委任的一个非法定的顾问组织,既不是政府机构,也不是法定的拨款机构,它负责对接受政府资助大学的发展和资源需求问题,向港府提出意见和建议。

教资委自1995年起对所属高等院校进行定期或不定期的评估,从事"教与学质量过程评审",对高等院校内部质量保证体系进行审核,并依据审核结果向政府

---

① 田鲁露.加快发展第三方绩效评估,促进我国政府绩效评估科学化[N].经理日报,2009－6－26(B3).

提出资源分配方案,港府也据此向各大学投资(拨款)。1994年,教资委组织的审核评估改变了以前仅依据历史背景和学生人数投资的办学模式,取而代之以绩效为本的投资(拨款)模式,鼓励各所大学在竞争中发展,在发展中竞争。大学要想得到政府更多的投资(拨款),就必须努力把学校办得更好,更具竞争力。

资料来源:龙小农.生态环境及发展战略:私立大学研究[M].北京:中国传媒大学出版社,2011:96.

建立权责明确的第三方参与制度。第三方独立评估机构参与政府教育经费绩效评估必须有制度化的保证,明确评估主体的权利义务。即要规范评估主体参与环节、参与途径、参与方式、参与程序;赋予评估主体知情权、监督权、评估权、决策权;规定评估主体信息收集的真实性和对评估结果承担责任等,以切实保障第三方独立评估机构的有效运行和健康发展。

建立便捷真实的信息公开制度。绩效评估信息是政府绩效评估的事实依据,收集绩效信息是绩效评估活动的重心,如果收集到的绩效信息和数据失真,评估结果就不可能真实。在我国传统官僚体制影响下,外部评估主体难以获取某些信息,评估双方存在信息不对称。同时,对外部评估主体而言,因为缺乏横向比较或跨时间段的纵向比较基准,难以对政府部门的绩效确定科学合理的评价标准。因而,建立规范、及时、便捷、真实的信息公开制度,对于促进第三方准确评估具有非常重要的作用。

鸣谢:

本文写作得到上海市教育评估院王奇院长和上海教科院胡卫副院长的悉心指导,并获上海教科院民办教育研究所周翠萍、谢锡美、何金辉等同志的友情支持,在此一并谨表谢忱!

The Analysis of Necessity and Feasibility of Increasing Education Funds by Shanghai Government

Research Group of the Institute of Non-governmental Education,

Shanghai Academy of Educational Sciences, Shanghai, 200032

ABSTRACT: Shanghai aimed at increasing the investment of 70 billion Yuan into education in 2012. This paper explored the necessity and feasibility of raising the funds for education. With more budgets being allocated in education, Shanghai can keep its pace for balancing the development of compulsory education by helping migrant children access schools. In this regard, Shanghai overall education's strategy of "innovation for driving, transformation for developing" can be realized. The paper also depicted the feasibility of inputting more funds in education which relies on the related policies, stable financial support, clear requirement for expenditure and strict audit measures.

KEYWORDS: education funds investment, necessity, feasibility

城乡中小学教师流动体制机制研究

——基于博弈论视角的模型建构*

韩玉梅　李　玲**

摘　要：城乡中小学教师流动是缩小城乡师资条件差距、促进教育均衡与公平发展的重要途径。然而，当前各级政府所推行的城乡教师流动体制机制存在诸多问题，如缺乏规范的制度保障等，因而难以顺利执行。本研究基于对我国西部某省部分县（区）所进行的问卷调查和访谈，采集来自教育行政机构、学校及教师的数据和资料，诊断城乡中小学教师流动体制机制中存在的问题及影响因素。继而，采用博弈论的视角和博弈模型的手段来探究教育行政机构、城乡学校与城乡教师三方的博弈关系和实现各自效用最优及博弈均衡的条件。最终在制度建设、组织管理、经费投入、激励机制、选派机制和流动模式等方面为构建城乡一体化的中小学教师流动体制机制提供建议和参考。

关键词：城乡一体化，中小学教师流动，体制机制，博弈

＊　本文系 2010 年度教育部哲学社会科学研究重大课题攻关项目"构建城乡一体化的教育体制机制研究"（10JZD0041）、2011 年度西南大学研究生科技创新基金优博项目"基于城乡一体化的中外基础教育制度改革模式研究"（kb2011003）、重庆市教育科学"十二五"规划 2011 年度"统筹城乡教育综合改革试验研究"专项课题"统筹城乡教育视域下的城乡教师交流体制机制研究——基于博弈模型的构建"（2011－TC－028）的成果。

＊＊　韩玉梅，西南大学教育学部博士研究生，主要研究方向：教育政策，比较教育。李玲（1964—　），重庆万州人，教育学博士，西南大学教育学部基础教育研究中心和国际与比较教育研究所教授、博士生导师，通讯作者。主要研究方向：教育政策，比较教育。E-mail：lingliswu@gmail.com.

师资条件的差距是导致城乡教育质量差距,阻碍教育公平与均衡发展的重要制约因素。长期以来存在的农村和薄弱地区优秀师资向城市优质学校单一上位流动的现象加剧了城乡师资配置的进一步恶化。要缩小城乡教育差距,实现城乡教育一体化,必须重点解决城乡师资无序流动与失衡配置的问题。而要解决这一问题,制度建设是关键。① 因此,改革和重构一套符合当前城乡教育公平和一体化发展诉求的城乡一体化的教师流动体制机制便成为一项具有重大现实意义的举措。2010 年颁布的《国家中长期教育改革和发展规划纲要(2010—2020 年)》(以下简称《纲要》)特别提出,要建立健全义务教育学校教师和校长流动机制,将城乡教师流动体制机制的构建提上了议事日程,指明了行动方向。至今,我国各地各级政府教育部门持续进行着大量探索和尝试,力图通过向农村和薄弱地区学校实施师资倾斜与帮扶刚性地来推动城乡教师流动体制机制的构建和运行。一些地区的流动实践取得了成功,却有更多地区遭遇了流动难的困境。本文选取城乡师资条件差距显著的西部某省部分县(区)为典型案例,来考察我国城乡教师流动政策运行的现状、存在的体制机制问题和影响因素,继而采用博弈论的视角和博弈模型的方法来探索建构城乡一体化的教师流动体制机制的路径与对策。

一、城乡中小学教师流动现状

教师流动是根据社会经济、政治和文化教育事业发展的客观要求,以及教师自身的状况,在不同地域、不同学校之间使教师资源在教育系统内外进行合理配置,实现教师劳动力优化组合的行为过程。② 从外延上看,教师流动既包括增量式的教师培养、聘入、补充和流出等,也包括总量不变情况下的教师晋升、培训、调动、轮岗和交流等。本研究中的城乡中小学教师流动特指在我国城乡义务教育阶段师资条件差距悬殊、教育不均衡发展的现状下,政府采用宏观调控和行政干预来推动城乡中小学现有师资进行规定性的、定期的、双向流动的政策行为。其主要形式为城市优质师资向农

---

① 田慧生.用制度保障教师队伍建设[N].中国教育报,2007－9－18,(1).庞丽娟.加强城乡教师流动的制度化建设[J].教育研究,2006(5).
② 韩淑萍.我国教育均衡背景下教师流动问题的研究述评[J].教育导刊,2009(1).

村薄弱学校的输送与帮扶,以及农村薄弱学校教师向城市学校的输入与进修。其主旨是加强农村师资队伍的建设,促进城乡间教师在一定时空范围内的均衡配置和专业发展,建立城乡一体化的教师共同体系统,并在系统内部构建良性、合理的流动体制机制。

近几年,国家政策对农村师资队伍的建设与调配做出了很多倾斜,不少地方出台了鼓励城市教师到农村学校支教、轮岗,晋职与支教捆绑,及扶植农村教师到城市学校学习进修等城乡教师流动措施,在一定程度上提高了农村教师队伍的素质。[1] 从一些地区的实践探索来看,教师流动从地区的主观愿望到政府的刚性规定,由理念层面上升到政策层面,又由政策层面上升到法制层面,[2]建立起了较为成熟的模式并取得一定的流动成效。例如,沈阳、哈尔滨、铜陵、石家庄、晋中、成都等市都形成了成功的模式与经验,实现了每年约10%—15%的流动率,较为有效地推进了城乡师资的良性流动,为我国其他地区城乡教师流动制度的建构提供了宝贵的借鉴与启示。但同时它们作为成功的个案尝试,具有显著的特殊性,事实上还有大部分地区在城乡教师流动体制机制中存在诸多问题,难以顺利执行下去。

本研究选取西部某省部分县(区)为样本地进行现状调查,发现城乡教师流动政策并未实现制度化、规范化,使得政策在许多地区停滞在文本阶段,难以大力度地、有效地推行下去。本研究将每年参与城乡中小学教师交流的人数与该县(区)城乡在编中小学教师总数之比设为城乡教师年流动面。2010年度数据显示,在调查的5个区县中,D县在城乡中学的流动面最低,为2%;B县城乡小学的流动面最高,为7%;各县(区)城乡中小学教师流动面平均为4.5%,从平均水平来看,城乡小学教师流动面(5.4%)高于中学流动面(3.6%)(见表1)。这一指标距离沈阳、哈尔滨、晋中等成熟模式设定的至少10%—15%的年流动率标准尚有较大差距。这种城乡中小学教师流动面低的现状反映出被调查地区乃至我国其他地区当前城乡中小学教师流动政策难以执行的困境,同时也投射出城乡中小学教师流动政策背后的深层体制机制及其影响因素。

---

① 庞丽娟.加强城乡教师流动的制度化建设[J].教育研究,2006(5).
② 蔡明兰.教师流动:问题与破解——基于安徽省城乡教师流动意愿的调查分析[J].教育研究,2011(2).

表1 西部某省五县(区)城乡中小学教师流动面

区县 指标	A		B		C		D		E	
	小学	中学	小学	中学	小学	中学	小学	中学	小学	中学
城乡中小学教师年流动面	0.05	0.03	0.07	0.06	0.05	0.04	0.05	0.02	0.05	0.03

二、城乡中小学教师流动体制机制问题与影响因素的实证分析

教育体制是教育机构和教育规范这两个要素的结合体;教育机制是教育现象各部分之间的相互关系及其运行方式;二者紧密相连,在任何教育改革中应配套进行,不可顾此失彼。[①] 城乡教师流动作为我国当前缩小城乡师资与教育差距、促进城乡教育一体化的重要举措之一,既是新型城乡一体化教育体制机制构建的保障和必要条件,其自身也具备体制机制的属性;既指向用来规范和保障城乡中小学教师流动的制度和机构——城乡中小学教师流动体制,也指向确保教师流动活动有序、有效运行的方式——城乡中小学教师流动机制。现行城乡教师流动体制机制决定着城乡教师流动率低下的现状及这一政策的未来走向和成效。要挖掘我国城乡中小学教师流动执行困难的根源,厘清教师流动实施道路上的障碍,确保城乡教师流动持续有序的进行,就需要深入探究体制机制层面的问题及影响其执行的因素。本研究以西部某省为样本地,采用政策形成性评价和问卷调查的方法分别从教师流动政策制定者和一线中小学教师的视角检视城乡中小学教师流动体制机制的深层根源,以及体制机制运行的影响因素。

(一)城乡中小学教师流动体制机制问题的实证调查

政策是体制机制的组成部分和行政化反映,可以通过政策分析来透视体制机制的问题所在。政策的形成性评价指的是在特定政策形成过程中从政策制定者等内部人员的视角审视政策目标、内容、执行等方面存在的问题,从而更好地改善政策以取得更好的效果。本研究在西部某省五大县(区)的教委等部门中随机抽样五十位相

[①] 孙绵涛. 我国城乡教育一体化体制改革与机制创新研究[J]. 教育理论与实践,2011(8).

关工作人员,进行了城乡中小学教师流动政策的形成性评价调查。评价量表由政策目标、政策内容、组织机构、管理和监督机制、运行机制五大维度共 26 项正态表述条目构成,以 1—5 级逆向评级打分方式进行测量,总体评价结果及分析如下。

表 2　城乡教师流动政策五大维度评价的描述性统计

	样本数	最小值	最大值	均　值	标准差
政策目标	50	1.00	5.00	3.259 3	.603 75
政策内容	50	1.00	5.00	3.457 7	.741 54
政策机构	50	1.00	5.00	3.525 3	.791 36
管理监督机制	50	1.00	5.00	4.115 4	.673 64
运行机制	50	1.00	5.00	4.016 8	.740 86

当前阶段,政府是促进师资均衡的第一推动力,城乡中小学教师流动的刚性特征使流动成为一种政府选择,甚过市场选择。因此,当教师流动的市场性被行政化时,就更加要强调政策的决策科学化和相关制度保障的完善化。基于表 2 的数据显示,被访者对政策五大维度全部条目所做出的认可均分平均数为 3.674 9,普遍趋近于“比较不符合”,认可度较低。结合对五十位被试的访谈,发现:第一,从流动政策的目标来看,教育行政人员普遍认为流动政策的目标目的混淆,往往由促进城乡师资均衡配置的目标转化成了地方行政性的流动指标达标,政策的目的理性严重缺失,流动目标与需求之间没有建立有效的逻辑关系。第二,从流动政策的组织机构保障来看,一方面,城乡教师流动的职权归属于教育行政机构的人事部门,缺乏对城乡师资系统的宏观把握和实际供需的调查和考核;另一方面,教师作为流动的主体人员,其主体性和自主性往往被行政化的指标任务所掩盖,导致政策的主体理性缺失。第三,从流动政策的配套制度保障来看,被试人员认为城乡教师流动制度不能单一地从其自身内部的完善来求变,城乡二元经济制度与城乡人文环境背景下人事制度、编制制度、户籍制度、住房制度、社会医疗保障制度等的配套缺失都是制约教师流动的体制机制问题所在。第四,从流动政策的管理与监督机制来看,教师流动的监管往往停留于指标的下达和兑现,并没有系统的过程性管理与评价机制,及总结性效度评价和反馈机制。第五,从流动的运行机制来看,流动程序的运作机制、人员的派送机制、激励机制与奖惩机制等并未建立健全,使得流动停留在理想的文本阶段,导致实际流动率低下。

（二）城乡中小学教师流动体制机制运行影响因素的实证调查

城乡中小学教师流动是政府行为与市场选择的张力决策，在考察体制机制和宏观政策的同时不能忽视教师作为人力市场资本要素而进行的个体化利益权衡和抉择。本研究通过对西部某省五个县（区）随机抽样的450位教师进行了问卷调查和访谈，聆听城乡教师流动政策实施主体的声音，以发现阻碍城乡中小学教师流动体制机制运行的个人因素。调查问卷由教师城乡流动意愿、影响流动意愿的因素，以及对流动政策的评价与建议三个分问卷共44个正向表述项目组成，以1—5级逆向评分来测量教师对表述的认同度。研究结果及分析如下。

城乡中小学教师流动政策中教师作为被政府部门调配的人力资本要素而被赋予了缺失主体理性的工具属性，而实际上教师的主体意愿恰恰是决定城乡中小学教师流动体制机制运行效果的最重要的利益相关方。[①] 在关于教师流动意愿的问卷中发现，任教于农村的教师中约占53%的教师有意愿从农村学校流动到城市学校工作，或从农村较差的学校流动到较好的学校工作；在所调查的教师中，约占74%的教师对流动没有强烈的意愿，或从未有过流动意愿；24%的教师表示无所谓；另外有个别几位教师表示无论如何都不想流动到其他学校。研究中以性别、年龄、学段、任教地区、职称等为变量，考察各个变量影响下教师流动意愿的差异分布（见表3），发现男性教师的意愿程度高于女性；中学教师的流动意愿高于小学教师；来自农村、乡镇、县城和城市的教师流动意愿依次递减；25—35岁年龄段的教师流动意愿最为强烈；初级职称教师与中、高级职称教师相比有更高的流动意愿。

表3　城乡中小学教师流动意愿的人口学变量差异分布

变　　量		样本数	均　值	标准差	标准误差
性　别	男	150	2.637 5	.523 22	.073 99
	女	204	3.072 8	.696 36	.085 07
学　段	小学	231	3.033 5	.695 96	.082 59
	中学	132	2.664 8	.507 77	.076 55

---

① 蔡明兰.教师流动：问题与破解——基于安徽省城乡教师流动意愿的调查分析［J］.教育研究，2011（2）.

续　表

变　　量		样本数	均　　值	标准差	标准误差
任教地区	省城	45	3.383 3	.886 99	.229 02
	县城	63	2.942 5	.619 26	.078 02
	乡镇	29	2.646 6	.495 59	.092 03
	农村	9	2.583 3	.537 65	.179 22
年　龄	25 岁以下	4	3.000 0	.872 02	.436 01
	25—35 岁间	39	2.788 5	.685 35	.109 74
	36—45 岁间	65	2.953 8	.657 58	.081 56
	46 岁及以上	10	2.825 0	.517 74	.163 72
职　称	初级职称	2	2.750 0	.176 78	.125 00
	中级职称	14	2.875 0	.814 53	.217 69
	高级职称	60	2.866 7	.649 26	.083 82
	未定级	41	2.945 1	.653 74	.102 10

关于城乡中小学教师流动的影响因素调查发现,在涉及的 13 个因素类型中,影响教师城乡流动意愿的最为主要的五大因素分别为:个人专业发展空间(46.6%)、教学条件与环境(46.6%)、家庭因素(34.2%)、职称(21.9%)、物质待遇(19.8%)(见图1)。教师的个体因素是影响教师的流动意愿,继而影响城乡教师流动体制机制顺利推行的重要因素和基本因素。合理有效的城乡教师流动体制机制应该充分体现对教师的个性化关照,确保教师工具理性向主体价值理性的转变。

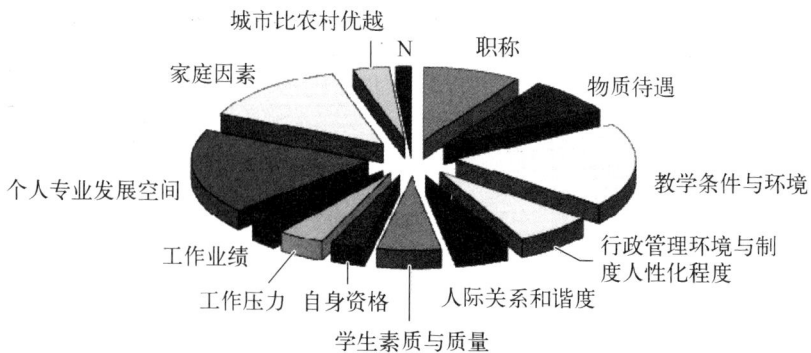

图 1　城乡中小学教师流动意愿影响因素比重分布

城乡教师流动政策目标的达成,在很大程度上取决于交流教师对该项政策的认同和教学效能的发挥。[1] 在对城乡中小学教师流动政策的评价与建议调查中,发现教师们普遍认同该政策对解决城乡师资差距和教育差距具有重大社会价值和现实意义(81.3%),相信参与城乡流动和对口帮扶能够有益于他们的职业生涯发展和个人专业成长(64.1%),能够在城乡校际传播优良校风和先进办学理念与方法(41.2%),能够克服教师职业倦怠和更新教师队伍血液(33.4%),优化教师队伍组合和建设(25.3%)。但同时,教师们认为,城乡教师流动并不能从根本上解决城乡师资配置和城乡教育差距的问题,需要与其他配套制度改革同时进行(78.5%);流动政策应该更加人文化地关注教师自身利益和意愿(80.1%),应该更加规范化、制度化,以保障教师的权益在流动中不受损害和削弱(75.6%)。

三、博弈论视角下的城乡中小学教师流动模型建构

博弈论是根据信息分析及能力判断,研究多决策主体之间行为相互作用及其相互平衡,以使收益或效用最大化的一种决策理论。它主要研究公式化了的激励结构间的相互作用,是运筹学的一个重要学科。博弈论考虑游戏中的个体的预测行为和实际行为,并研究它们的优化策略。概括来说,博弈论是研究决策主体的行为在直接相互作用时,人们如何进行决策以及这种决策如何达到均衡的问题。[2]

基于上文的实证调查和分析,我们认为城乡教师流动从本质上说,是一个教育利益再分配的社会过程,关乎教师、学校和教育主管部门三方的利益,存在着复杂的利益博弈关系。[3] 且这种博弈关系交织贯穿于整个教师流动的执行过程和体制机制构建过程,是不容忽视的内在机理。它可以阐释政策执行困境的根源,也可以指导体制机制的构建。从博弈论的视角看待城乡中小学教师流动这一系统,进行教师流动决策和管理的教育行政机构、实施教师流动政策的主体即城乡学校和城乡教师可被视

---

①　鲍传友,西胜男.城乡教师交流的政策问题及其改进——以北京市 M 县为例[J].教育研究,2010(1).

②　王贤.博弈论视角下城乡义务教育均衡发展中的效率与公平关系[J].现代教育管理,2009(2).

③　蔡明兰.教师流动:问题与破解——基于安徽省城乡教师流动意愿的调查分析[J].教育研究,2011(2).

为对弈的三方;城乡教师流动即为三方在博弈各自的付出成本与收益效用而做出决策后形成的一种行为状态。在这一博弈过程中,对弈三方各自做出决策或在对抗间相互影响、相互作用,各自期望实现自身效用的最大化,避免效用的损失和减少。三方在各自效用有所削减或增补的条件下达到效用均衡就成为城乡中小学教师流动博弈顺利维持和推进下去的前提和必要条件,也成为城乡教师流动体制机制构建需遵循的逻辑起点。基于上文中对城乡教师流动体制机制影响要素的探究,我们提取出与三方效用相关的核心要素并进行组合形成变量,来建立三方博弈的效用函数(见图 2)。

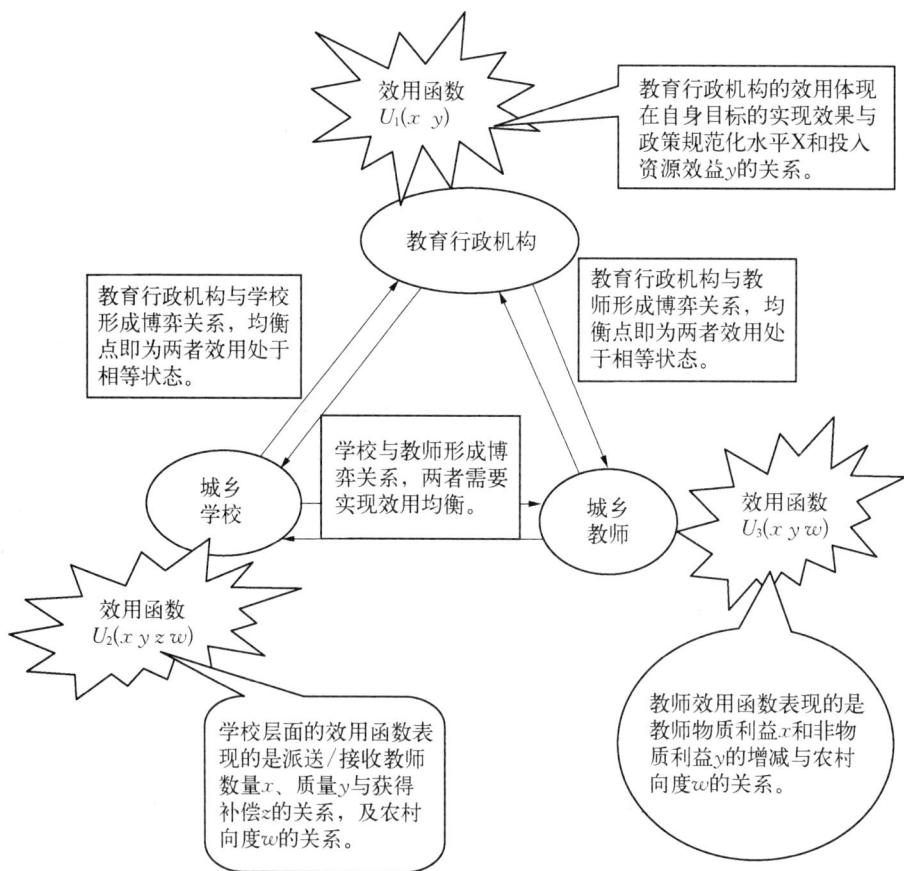

图 2 教育行政机构、城乡学校、城乡教师间的三方博弈模型

首先,教育行政机构为了实现缩小城乡师资差距以促进教育均衡和城乡教育一体化的政府职能,而设置出一些鼓励性,甚至强制性的决策,规定城乡间教师的交流互动,同时付出一些成本,包括给参与流动活动的学校与教师提供的补偿性经费支出、奖励性晋职名额等。在此,以 $U_1(x\ y)$ 表示行政部门的职能效用与目标实现,那么 x, y 分别表示其决策的规范化水平和投入资源的成本规模这两个变量。当该部门决策越科学化、合理化、规范化、制度化,即规范化水平越高,而投入资源越低,那么它越能推动城乡教师流动系统的有效运行,越能实现其行政职能和目标,且同时越能保全自身的利益。用效用函数表示,即为:

$$U_1(x\ y) = U_1(0\ y) + U_1(x\ 0) = k_1 x^\alpha + k_2 y, k_1 > 0, k_2 < 0, 0 < \alpha < 1$$

[1]

其次,城乡中小学校在博弈三方中作为中间方联结着另外对弈两方的利益,同时自身利益也因对弈两方做出的决策而受到削减或增补。学校既是教育行政部门决策的直接执行者,又是教师资源的直接调配和管理者,在城乡教师流动系统中起到关键的纽带作用。教育质量是学校的立足之本,而教师是学校教育质量的核心要素,因此无论城市还是农村的学校,它们的利益都会受到派送与接收教师的数量与质量的影响。在此,以 $U_2(x\ y\ z\ w)$ 来表示城乡学校的效用,其中 x 代表派遣与接收教师的数量变量,y 代表派遣与接收教师的质量变量,选取职称为可量化的指标带入公式,z 代表学校执行任务而得到教育政府部门补偿与激励的变量,w 代表城乡向度变量,若 1 表示城市,0 表示农村,那么 $w(1 \to 0)$ 表示从城市派往农村,反之就表示从农村派往城市。当城市优质学校派出优质教师的数量越多、质量越高,接收来跟岗农村教师的数量越多、质量越差,却没有得到补偿与激励的情况下,学校在资源和收益方面的损耗度越高,效用也就越低,学校势必不愿意参加城乡教师流动,针对政府决策进行消极对抗,使政策在该校难以有效执行,或在强制执行下引起强烈不满。反之,则情况相反。用效用函数表示,即为:

$$U_2(x\ y\ z) = -c_1 \ln \theta x - c_2 x^\beta + c_3 z, 0 < \beta < 1, c_i > 0, i = 1, 2, 3 \qquad [2]$$

第三,教师是城乡中小学教师流动系统中的主体,也是博弈三方中决定整个系统运行的最为基本的要素。城乡教师作为政策实施的对象,会根据自身的利益针对教育行政机构和学校所提出的决策而做出相应的对抗性决策。教师是人力资本市场中的一种人力资本类型,因此教师流动会受到内部人力市场中供求关系原则和人力资本论的制约与引导,但城乡教师流动的举措同时是一种政府行为,被赋予了一种非市场化的社会责任感和使命感。因此,在应对这一政策时,如何有效处理政府行为和市场约束力间的张力就成为城乡教师在这一系统的三方博弈中给出决策的基本立场和逻辑起点。基于上文调研发现,将影响教师流动的因素归纳为两类:物质性要素(如薪金报酬、津贴、住房、交通补贴等)和非物质性要素/精神要素(如晋职、教育环境与条件、社会荣誉、个人专业发展空间与机会、家庭因素等)。在此,以 $U_3(x \quad y \quad w)$ 来表示参与流动的城乡教师的效用。其中,x 代表物质类补偿变量,y 代表精神类补偿变量,w 同于城乡学校效用函数中的区位向度变量,城市用 1 表示,农村用 0 表示,w 取值($w:1{\to}0$)表示从城市到农村,从农村到城市则反之。当城市教师被调配到农村学校,获得的物质类和精神类补偿越多,且能够足值抵消 w 值引起的效用削减时,城市教师的效用实现平衡,达成可以参与城乡教师流动的前提条件,超出的值越多,城市教师有愈加强烈的意愿参加流动政策。反之,城市教师则做出对抗性决策,拒绝参加城乡教师流动项目。用效用函数表示,即为:

$$U_3(x \quad y \quad z) = U_3(x \quad 0 \quad 0) + U_3(0 \quad y \quad 0) + U_3(0 \quad 0 \quad z) \qquad [3]$$
$$= a_1 x^{\gamma} + a_2 \ln y - a_3 z, 0 < \gamma < 1, a_i > 0, i = 1,2,3$$
$$(z \text{———} w)$$

基于以上对城乡教师流动系统中博弈三方各自效用的分析,以及对其各自推动或参与城乡教师流动政策以实现效用最大化的预测行为和实际行为的解析,我们可以对博弈三方的相互关系进行系统整合,并找出现行教师流动体制机制困境的根源和有效推行下去的均衡点与出路。

教育行政机构、城乡学校、城乡教师是城乡教师流动游戏中紧密的、相互关联又相互对抗的三位局中人。教育行政机构是率先对游戏的规则进行约束,并做出带有强制性政府意志策略的决策人;城乡学校是被动的、行动滞后的,对决策人的策略做出反应的对抗者,是游戏规则的实施者;城乡教师直接应对城乡学校做出的对抗政策,根据自身利益与处境做出被动的或对抗或默认的决定。在这一游戏中隐现着政府意志与人力资本市场间的张力,社会与个人价值的对决,以及工具理性与人本主义价值取向间的协商。显然,当各方权衡利弊,发现决策人所做出的决定难以使个人收益获取平衡时,即采取消极对抗的立场。而不论学校方的对抗抑或教师个人方的对抗,都能够造成整个游戏陷入困境,无法继续运行下去。由以上的效用分析来看,当教育行政部门没有制定规范合理的、科学系统的、符合市场规律和人本主义的制度,且没有对对弈者做出足够的成本投入时,当城乡学校需要被动地派出一批优质师资而引进一批资质较差的师资来学习,却又得不到足够补偿时,当城乡教师需要被动地离开熟悉的教学环境和家庭等社会环境,到新的环境中重新积累信息,却得不到充足的物质和精神补偿与激励时,城乡教师流动的政策必然只能是一个美好的愿景,而在执行中陷入僵局。而这与我们所进行的问卷与访谈调查所得到的结果是相符的。由此可见,缺乏制度化的规范保障以及成本收益间的失衡是造成现行城乡教师流动体制机制困境的根源所在。

根据以上构建的三方博弈模型,要实现公式[1][2][3]各自的最大值及相互均等,就需要根据教育区划的供需状况和个体实际情况,确定各个具体变量值的区间,并找寻到区间范围内使三方均等的均衡点:

$$
\begin{aligned}
U_1(x \quad y) &= U_1(0 \quad y) + U_1(x \quad 0) = k_1 x^\alpha + k_2 y = U_2(x \quad y \quad z) \\
&= -c_1 \ln \theta x - c_2 x^\beta + c_3 z = U_3(x \quad y \quad z) \\
&= U_3(x \quad 0 \quad 0) + U_3(0 \quad y \quad 0) + U_3(0 \quad 0 \quad z) \\
&= a_1 x^\gamma + a_2 \ln y - a_3 z, 0 < \gamma < 1, a_i > 0, i = 1, 2, 3
\end{aligned}
$$

当教育行政机构遵循市场规律和当地教育发展现状、城乡教师供需现状,充分地以人本主义的取向考虑教师个体利益,继而制定出科学、合理、规范的城乡教师流动制度,并在当地教育经费预算中划拨临界点以下的足额专项流动经费时;当学校担当帮扶弱校的社会使命,根据学校师资配置现状和需求现状做出具体的、合理的人员流动安排与规划,并取得相应的荣誉和补偿时;当教师个人充分彰显其奉献精神,并能够得到足够的物质补偿和精神激励来弥补其在各方面所损耗的有形或无形成本时,城乡教师流动政策才能顺利地在均衡状态下有效实施下去。

四、城乡一体化的教师流动体制机制构建对策

从博弈论的视角出发,基于模型中影响三方效用函数值优化与均衡的主要变量,结合前文的实证研究和西部某省地方现状,本研究认为一套城乡教师流动体制机制的建构要具备并遵循以下几大原则:一是合理性原则,即确保城乡流动教师在数量、质量、结构上的对口,以需求为导向,以满足需求为方针,避免"一刀切"刚性流动造成的教师人力资本浪费;二是有效性原则,确保流动不只是停留在形式上而要确有其效;三是有序性原则,确保流动由静止的、单一的、无序的、利益偏颇的流动转换为动态持续的、双向的、有规约的、多方共赢的流动;四是人文性原则,确保流动由工具理性向人本主义的转向,由外力型刚性流动向可持续的内力型流动的转向,[①]强调教师个体意愿与自我发展的价值取向;五是公正性原则,确保流动建立在利益均衡的协商基础上,平等地选派、差异地配置、充足地补偿所需和损益。此外,城乡教师流动并非解决城乡师资差距的唯一治本途径,就教师个体来说,如何发展是一个核心问题。[②]因此教师流动体制机制的建构应与其他造血式农村师资队伍建设措施相结合,如师范生免费教育、"国培计划"、农村教师培训和顶岗支教等项目。针对现阶段城乡一体化战略下的中小学教师流动体制机制的构建,提出以下具体建议。

首先,建立一套科学、合理的制度和规范是城乡中小学教师流动体制机制构建的立命之本。其一,规范制度约束力的前提是其科学性和合理性。进行大量实地调查和师资供求考察是制定政策和制度的前提依据,缺乏科学制度保障,违背了客观市场规律、教育发展规律和博弈规则的政策必然会陷入困境。其二,法制层面的保障将确保城乡教师流动体制机制的效力和规约力。立法的缺失使得教师在刚性的城乡流动政策下难以保障个人权益。一些地方模式的成功验证了法规设立的必要性和可行性,如沈阳市(沈教发〔2005〕122号)[③]、石家庄市(石教〔2007〕155号)[④]等。同时立

---

① 蔡明兰.教师流动:问题与破解——基于安徽省城乡教师流动意愿的调查分析[J].教育研究,2011(2).

② 朱旭东.论"国培计划"的价值[J].教师教育研究,2010(6).

③ 沈阳市教育局.关于进一步推进中小学干部教师交流工作的意见[Z].(沈教发〔2005〕122号).

④ 石家庄市教育局.关于规范中小学教师流动秩序的意见[Z].(石教〔2007〕155号).

法便于在人事制度层面强化对教师的合同或契约形式的规约,使教师流动合理、合法。其三,目标和内容的合理将确保城乡教师流动体制机制的价值理性和实践效果。在目标方面,城乡教师流动体制的规范需要符合缩小城乡教育差距、实现城乡教育一体化的总体目标与阶段性目标,要设定符合地区教育发展现状的城乡教师流动指标和科学合理的年流动率指数;在内容方面,要切实关涉教师个体和学校在参与城乡教师流动系统过程中的职责和权益,并对配套的权益保障措施和评价体系做出规定。其四,鼓励合理的制度创新与突破。与流动密切相关的利益是教师人事聘任关系的调动。一些地方实行的"人动关系走"①的制度,取得了一些根本性地推动教师流动和促进师资均衡配置的成效,另一些地方实行的"人走关系留"②的制度却也保障了教师流动的积极性,消除了他们的后顾之忧,促进了流动成效。可见,依据地域现状和特色以及具体教育发展水平,进行适度的、有效的制度创新是突破流动难困境的关键。

其次,建立专门的城乡中小学教师流动管理组织和"县(区)管校用"的管理模式来确保政策的执行。独立的组织机构是教育体制中的另一大核心要素。要建立城乡教师流动体制机制就需要改善当前教育行政机构人事部门对教师流动职责的管理现状,建立权责分明的问责机制。本研究建议,在县(区)政府机构人事部门内部组建一个独立的委员会或小组,专门从事县(区)域内城乡教师系统内流动的组织与管理,确保教师流动政策的执行效率和效果。《纲要》中提出加快缩小城乡差距,率先在县(区)域内实现城乡均衡发展,逐步在更大范围内推进。这也为我们建立城乡教师流动县(区)管校用的模式确立了指针和范畴,指导我们率先在县域内建立城乡一体的教师队伍共同体系统,打破城乡学校的优质教师人才保护壁垒,缩小师资在县域内的校际差距,推动学校在师资相对均衡中求竞争,逐步使教师个体由"学校人"、"单位人"转变为"系统人"、"职业人"。③ 教师流动委员会即为这一城乡教师人才库系统的组织管理主体,其职责可以包括进行城乡师资供需结构调查,制定选派程序与规则,制定流动模式与期限方案,建立流动监管、反馈、评价考核、激励机制等,来确保

---

① 沈阳市教育局.关于进一步推进中小学干部教师交流工作的意见[Z].(沈教发〔2005〕122 号).

② 李林霞等.山西晋中"试水"教师交流制,择校难题或望破解[EB/OL].http：//teacher. eol. cn,2009－3－13.

③ 李林霞等.山西晋中"试水"教师交流制,择校难题或望破解[EB/OL].http：//teacher. eol. cn,2009－3－13.

城乡教师流动政策对城乡师资建设和教育发展的实际贡献力。

第三,设立城乡中小学教师流动专项经费来推动政策的运行。教师流动专项经费可以为城乡教师流动提供必要的和基础的物质条件与保障。经费的预算、划拨、使用和结算必须科学化、合理化、透明化。经费的功用既可以包括对派送学校、教师的激励性补偿,也可包括对流动后绩效优异的学校和教师的奖赏,此外还可包括对流动教师的住房、交通、家庭、生活等补贴。经费收归县级财政统一管理和发放,可以以流动项目经费申请的形式,按照规定流程和标准进行申报、审批、预算、划拨、核算等程序。经费标准按照流动目标地区和学校的教育水平、经济水平、教学条件水平等设定级别进行个性化、透明化申报与审批。同时,这一经费体制的实施也必须与规范的农村教育投入机制和财政转移支付制度密切结合,同时建立相应的监督报告和责任追究制度,[①]才能确保教师流动经费使用与收益的合理化。

第四,制定一套合理、充足、适度的激励机制来推动政策的实施。从前期调查中发现,各种推动城乡教师流动的激励机制,诸如晋职称、补费用等并非教师最为看重的要素,而其他一些重要影响因素,如个体专业发展、环境、家庭等因素是现行激励机制中没有体现的,因而激励措施没有达到预期效果,反而增添了更多新的问题。必须基于对学校、教师的利益、需求、顾虑的深刻了解与分析,制定一套符合学校和教师个人利益,解除隐患,弥补损耗,且具有特定吸引力的多样化激励机制,才能改变目前的激励困境。这些激励措施可以包括以下几方面:一是教师专业发展机会;二是金钱性补偿;三是荣誉与职称奖励;四是绩效回报;五是住房、家庭与生活补偿等。此外,激励机制中应该制定适合不同类型教师群体的差异性激励措施,尤其鼓励城市学校中的中青年优秀教师、在岗的免费师范毕业生等发挥主动性带动城乡教师流动的运行,贡献于农村薄弱学校的建设和质量变革,成为城乡教师流动的主力军。

第五,制定系统、透明的流动教师选派机制来保障政策执行起点的合理性。由于区域差异和校际差异,不同地区城乡学校对于师资结构、数量和质量的需求各有不同,因而教师的选派机制不能绝对均等或一刀切。基于此,教师流动选派机制应遵循以下几条原则:一是需求原则,选派要以派送目标学校的师资结构和数量需求为依

① 田慧生.关于农村教师队伍建设问题的思考[J].教育研究,2003(8).

据,避免供需不一致造成无谓的人力资本浪费;二是公开标准化原则,即选派的程序、标准和可获得的权益、履行的职责等应透明化,面向全体教师,鼓励符合条件的教师申请,并严格按照选派标准进行筛选和确定;三是三方自愿原则,即教师本人出于自愿而流动,派送学校出于自愿而派出,接收学校出于自愿而接受,三方在自愿原则下签订流动协议,并自愿履行各自职责,使用各自权益。

第六,制定多样化的流动模式与期限组合来促进政策的灵活运行。城乡教师流动的方式和时间期限也是影响城乡教师流动意愿与效果的影响因素之一。流动模式和时间的单一限定可能会影响教师交流的积极性,在教师流动的方式和时间上不宜做统一的刚性规定,①而应建立多元化的城乡教师流动运行机制,提供多样化的、灵活的、可供教师依据个体情况自愿选择的流动模式与时间组合方案,并为相应流动方案设立对应的选拔条件、标准和预期成果,辅以不同的评价与监督机制。这样可以大大提高教师流动的积极性,创新城乡教师流动的形式,增大流动规模和覆盖面,从而更大程度上实现城乡师资的多元优化配置和有效利用,同时通过不同模式与期限的教师流动也可以因人而异地实现教师个体的专业发展,②使专业发展寓于流动过程中,增强教师流动的功能和价值。

Research on the Integrated System of Teacher Mobility in Rural and Urban Areas: Constructing the Model based on Game Theory

Yumei HAN　　Ling LI

(School of Education, Southwest University, Chongqing, China, 400715)

ABSTRACT: The rural-urban teacher mobility mechanism is a crucial strategy initiated

---

① 鲍传友,西胜男.城乡教师交流的政策问题及其改进——以北京市 M 县为例[J].教育研究,2010(1).

② 高宝立,刘小强.中国特色的教师教育专业化之路[J].高等教育研究,2009(12).

117

by the government to bridge the gap between rural and urban teachers' quality, to optimize teacher resource allocation as well as to promote the educational equality and equity in rural and urban China. However, the current policies on rural-urban teacher mobility are not implemented successfully and fall into a dilemma because they go against the wills and interests of many urban schools and teachers. This paper applies game theory to inquire into the relationship between three game players in the system of rural-urban teacher mobility: policy makers, schools, and teachers. This is to find out the reasons impeding the policy implementation and its effects, and to construct a model in which the three players can reach their respective maximum utility in an equilibrium state to drive the rural-urban teacher mobility mechanism. Other survey tools including questionnaires and interviews are also complemented to the construction of the model which can evaluate the policy effects and detect the causes. Finally, strategies for a framework of integrated system of teacher mobility in rural and urban areas are provided.

KEYWORDS: integrated education system in rural and urban areas, teacher mobility, game theory

普通高中发展的价值转型与政策选择[*]

刘世清　苏苗苗　胡美娜[**]

摘　要：普通高中在整个学校教育体系中"上接下连"，起着特殊而关键的作用。改革开放以来，由于教育资源的限制，优先发展"重点高中"、"示范高中"，是我国普通高中发展的基本价值取向。伴随高中教育迈进大众化发展阶段之后，"多样化"成为我国新时期普通高中发展的价值新"风向标"。当前，在推进我国普通高中多样化的发展过程中，迫切需要对普通高中的发展定位、评估标准、课程内容、学生发展以及高考制度等方面进行变革完善。

关键词：普通高中政策，价值取向，重点学校/示范学校，多样化

教育政策作为政府部门做或不做的方案选择，高度关涉着价值选择问题。一项教育政策的价值取向合理与否，不仅制约着该政策的发展定位与决策思路，更影响着其实施效果。当前，伴随着我国高中教育从精英阶段迈进大众化新阶段之后，普通高中发展的价值取向同样面临着转型问题，亟须认真思考与探索。

---

　*　本文系上海市哲学社会科学青年项目"转型期我国教育政策的伦理困境与价值选择"（课题批准号：2009EJY001）的阶段性成果之一。

　**　刘世清（1979—　　），安徽人，教育学博士，华东师范大学教育学系副教授，主要从事教育政策、教育基本理论研究。E-mail：shiqingliu@126.com. 苏苗苗（1990—　　），安徽人，华东师范大学教育学系硕士研究生，主要研究方向为教育基本理论；胡美娜（1988—　　），四川人，华东师范大学教育学系硕士研究生，主要研究方向为教育基本理论。

一、从"重点"到"示范"：改革开放以来普通高中发展的价值承续

集中力量办一批重点学校，是新中国建立以来我国基础教育政策的基本主题。改革开放之后，重点学校政策被再次强调。1977 年，邓小平指出"办教育要两条腿走路，既注意普及，又注意提高。要办重点小学、重点中学、重点大学。要经过严格考试，把最优秀的人集中在重点中学和大学"①。1978 年 1 月，教育部颁布了《关于办好一批重点中小学试行方案》，对办好重点中小学的目的、任务、规划、招生和领导等问题都作了规定。1980 年 10 月，教育部在《关于分期分批办好重点中学的决定》中再次指出："我国人口多，底子薄，各地发展不平衡，师资、经费、设备又有限，如果平均使用力量，所有中学齐头并进提高教育水平，是不可能的，也是不符合事物发展规律的。因此，必须首先集中力量办好一批条件较好的重点中学。"1985 年，中共中央在《关于教育体制改革的决定》中也明确提出了"有计划地建设一批重点学校的决定"。优先发展重点学校，是我国在教育资源匮乏情况下发展普通高中教育的一种无奈的现实选择。

进入 20 世纪 90 年代，"重点高中"的提法被明确改为"示范高中"。事实上，在 20 世纪 80 年代，决策者对于"重点高中"政策已有了类似的价值期待。1980 年 7 月 28 日至 8 月 4 日，教育部在哈尔滨讨论修改《关于分期分批办好重点中学的决定》时指出："办好重点中学是迅速提高中学教育质量的一项战略措施。这对于更快、更好地培养人才，总结、积累经验，起示范作用，带动一般学校前进，以适应社会主义现代化的迫切需要，具有重要意义。"1983 年 10 月教育部在《关于进一步提高普通中学教育质量的几点意见》中明确提出，要发挥重点中学的示范作用。但是直至 1994 年 7 月，国务院在颁布《关于"中国教育改革和发展纲要"的实施意见》中才首次用"示范（性）高中"取代"重点高中"。实施意见提出："每个县要面向全县重点办好一两所中学，全国重点建设 1 000 所左右实验性、示范性的高中。"次年 7 月 3 日，国家教委发出《关于评估验收 1 000 所左右示范性普通高级中学的通知》，要求申报示范性高

---

① 人民教育出版社编. 教育改革重要文献选编［M］. 北京：人民教育出版社，1988：142.

中学校所在县(市区)必须普及九年义务教育并验收合格;必须有对薄弱高中扶持改进的积极措施,并取得一定成效。

从"重点"校到"示范"校的变迁,内在蕴含着普通高中政策价值取向的承续与变化。重点中学政策是在"多出人才、出好人才"的社会发展要求背景下的现实选择,其实质在于将有限的教育资源集中投放到少数学校,以求更好地为上一级学校输送高质量的生源。这一政策的价值着眼点在于高等院校,而落脚点却是少数重点高中与少数精英学生,体现了效率优先的价值取向,却忽略甚至无视普通高中的独立育人价值。就此方面而言,"示范"与"重点"高中政策是一脉相承的。但是,不可否认的是,决策者在思考示范高中政策时,亦在不断强调重点中学的社会责任,在《关于评估验收1 000所左右示范性普通高级中学的通知》中就明确指出,一方面"示范性高中在加强德育工作、教育教学改革、教育科学研究、学校管理、勤工俭学等方面对其他一般普通高级中学起示范作用";另一方面要实施"对薄弱高中扶持改进的积极措施,并取得一定成效"。上述评估标准表明决策者希望示范性中学承担更多的示范责任与社会职能。但是期待并不等于现实。示范性高中政策出台之后,由于示范高中评估标准对学校硬件设施等方面的过分强调,导致评估实施后许多学校出现过分注重规模和硬件建设的不良倾向。因此,至1996年,国家教委便叫停了示范高中评估活动,但各省市的示范高中建设活动却在如火如荼地开展。各地都在以非"重点高中"之名,行"重点高中"之实。

"重点/示范"高中政策在调动地方办学积极性,促进高中教育改革与发展方面起到了一定的积极作用。但是,随着时间的推移,这一政策的负效应却日益增多。

其一,"重点/示范"高中政策不断拉大学校之间的差距,破坏教育公平。重点/示范高中,是优质教育资源的积聚区,不论是生源、师资还是经费投入等方面,它们均享受着优先发展与重点扶持的政策优势。这种差别对待的政策产生的"马太效应"不断拉大普通高中与重点高中之间的差距,严重破坏了教育公平。

其二,"重点/示范"高中政策促成不良竞争,破坏教育生态。① 重点/示范高中的

---

① 多样化是生态发展的内在需求。以生物界为例,如果一种物种过于强势,在获得独一无二的优势地位后,接踵而来的将是食物短缺、功能退化,并进而丧失生存优势。

评估标准体现的是决策者对优质学校的认识。但是从各地重点/示范高中的评估标准来看，均较多注重外在条件或可量化指标，如升学率、人均图书等，却忽视学校的内涵发展。这些评估标准潜在地引导着普通高中之间的不良竞争：一是硬件设施方面，一些地区不断建设"样板"学校，扩大校舍规模与标准，配备超一流的设施。盲目地扩张与建设，使得部分普通高中"负债"规模严重超过其偿还能力[①]，步履蹒跚；二是生源方面，重点/示范高中不仅利用招生政策优势吸引优质生源，还积极大量招收择校生，或者利用集团优势发展"公办民助"的"校中校"，变相扩大招生规模甚至成为"巨型高中"，这就形成了"一般高中保生源，重点高中争生源"的不良现象。这种对于生源的恶意争抢，直接破坏着高中教育发展的内在生态。

其三，"重点/示范"高中政策导致高中教育定位发生偏差，破坏育人本质。普通高中的出口在于升学。因此，比拼高考升学率，重点大学升学率成为普通高中尤其是重点/示范高中的首要任务。学生为高考而来，教师为高考而教，学校为高考而办，办学定位过分强调普通高中的选拔性功能，而尤视其发展育人职能。一位示范性高中校长这样说道："我们学校一年招收 1 000 名学生，至少要有 500 名学生考上本科，至于哪 500 人考上并不重要，重要的是学校必须为能够考上的这 500 人服务。"[②]这种对"升学率"的过度关注也使得重点/示范高中之间的同质化问题严重，重点/示范学校普遍缺乏个性与特色。

二、从"重点/示范"到"多样化"：当前我国普通高中发展的价值转型

2005 年，我国高中教育毛入学率超过了 50%，这标志着我国高中教育大众化新阶段的到来。高中教育发展面临由数量扩张向内涵提升的发展转型，这一转型也内在预示着普通高中发展的价值转型。《国家中长期教育改革和发展规划纲要（2010—2020 年）》（简称《纲要》）的颁布，使得 2010 年成为我国各级各类教育事业发展的新"元年"。《纲要》规定了我国普通高中未来的发展目标与核心任务，其中明

---

① 岳德亮.浙江部分高中举债规模超过偿还能力[N].中国教育报,2012-9-26.
② 阮成武.示范性高中教师队伍建设的特殊矛盾及对策[J].教育发展研究,2008(6).

确提出要推进普通高中"多样化"发展。由此"多样化"正式成为新时期指导我国普通高中发展的价值新取向。

事实上,对于普通高中多样化发展的关注,自 20 世纪 90 年代就已经开始。1993 年,《中国教育改革和发展纲要》中明确提出,普通高中的办学体制和办学模式要多样化。1995 年,国家教委在《关于大力办好普通高级中学的若干意见》指出:普通高中教育存在的主要问题包括办学体制缺乏活力,办学模式单一等。基于此,《意见》提出:要拓宽办学渠道,改变政府办学的单一体制,逐步建立以地方政府办学为主,社会各界共同办学的体制;要鼓励和支持企、事业单位继续办好所办普通高中;支持和鼓励社会团体、公民个人按照国家法律和政策举办普通高中,也可以实行"公办民助"、"民办公助"、"公有民办"等办学形式;要继续抓紧普通高中办学模式的改革,改变目前比较单一的升学预备教育模式,逐步实现多种模式办学。这一时期的"多样化"主要指向于办学体制与办学模式,其主要目的在于拓展普通高中教育资源,普及高中教育,并未触及高中作为一个特定学段的基本属性与独特价值。

新世纪以来,随着我国"普九"任务的基本完成与高等教育的大扩招,普通高中的发展问题更进一步凸显,同时,高中教育大众化的客观现实对普通高中发展也提出了崭新的挑战。《纲要》中对于"推动普通高中多样化发展"的规定,既标志着"多样化"成为普通高中发展的新"风向标",同时也预示着对普通高中政策价值内涵的全新思考。我们认为,对于普通高中多样化发展需要从四个层面来理解:其一是价值层面;其二是政策层面;其三是学校层面;其四是学生层面。

首先,从价值层面来讲,多样化是我国普通高中从精英化阶段跃进到大众化阶段后发展的新范式或新思路。

从普通高中的历史发展进程来看,精英阶段的普通高中强调选拔淘汰,注重学术质量;而到了大众化阶段之后,普通高中要从升学转变为兼顾升学、就业以及普及等职能。因此,多样化是大众化阶段之后普通高中发展的必然选择。这种选择相比较此前的"重点/示范"高中政策,在价值层面的转型有两方面涵义:一是从关注极少数重点校与精英学生转型为关注每一所学校与全体学生;二是从重视普通高中的升学预科职能转型为重视普通高中基本的育人发展职能。

2010 年,全国高中阶段教育毛入学率达到了 82.5%,初中毕业生升学率达到

87.5%，全国一半省份的初中毕业生升学率在 90% 以上，这意味着我国普通高中已经正式从精英阶段迈进大众化阶段。因此，多样化在人才培养方向和学校职能方面，迫切需要普通高中弱化"大学预科"职能，而强化关注学生潜能、让不同的学生获得适合其可持续发展的育人功能。从"预科"到"育人"的价值转型，体现了普通高中作为一个特定教育阶段的基本属性，这既是我国普通高中发展的现实需要，也是普通高中大众化发展阶段之后的一个必然趋势。

其次，从政策层面来看，多样化要求一方面需要重新思考普通高中在整个教育体系中的职能与作用，另一方面更需要对我国普通高中教育系统重新规划。

对于前者而言，由于进入大众化阶段之后，普通高中在整个教育体系中承担着升学、就业与普及等多方面职能，因此，普通高中除了继续预科升学职能外，更需要发挥促进"学生个性形成、自主发展"的基本育人价值，同时，还需要发挥提升未来社会公民的文化知识素养与职业素养的普及职能。对于后者而言，则需要超越办学体制与办学模式多样化的讨论，重新构建一个多样、开放、可选择的普通高中教育体系。[①]其中：多样化针对的是学生的多元与分化，是在保证学生平等入学机会的前提下，为学生提供多种选择的可能；开放是指在普高与职校、高中与大学、学校与社会之间建立联系与对接的途径与机制，以尽可能为学生在不同类型学校之间，以及离开或者重返学校的流动提供可能；可选择是为学生在选择与转换学校以及离开与重返学校的自由提供相应的保障措施。多样、开放与可选择的普通高中教育体系一方面指向于普通高中办学类型与培养模式的多样化，另一方面更指向于适应学生发展的差异，满足学生的多样需要。因此，从政策层面来看，普通高中多样化发展意味着我国普通高中需要进行全方面的系统变革。

再次，对于学校而言，多样化意味着需要充分发挥各学校的主体性与积极性，要能在一定的政策空间内根据学校自身的实际情况追求特色发展，形成学校的发展特色。

普通高中多样化发展，意味着真正关注和重视每一所学校。这就意味着需要充分发挥所有普通高中学校的主体性与积极性，鼓励学校根据自身实际情况追求自我

---

① 霍益萍，等. 多样、开放、灵活：普通高中教育体系的构建[J]. 教育发展研究，2009(18).

定位发展与特色发展,从而形成学校的发展特色,由此改变长期以来普通高中教育中"千校一面"的状况。

最后,对于学生而言,多样化意味着需要尊重学生的差异与个性发展,要努力为每位高中生提供"适合的教育"。

高中阶段是学生个性和才能显露与激发的关键阶段,学生在完成高中阶段的基础教育后将做出未来生涯发展的选择。让高中教育最大限度地促进学生的个体潜能的适宜发展,充分发挥普通高中教育的育人功能,就应该为学生的个性差异和发展提供多条路径、多种方式,帮助学生发现不同、发展不同,进而为不同的选择奠定基础。如果说义务教育阶段作为强制性的基础教育,更多突出了统一性和基础性,那么多样化的普通高中教育则应是为"每个人提供适合的基础教育",要更多体现尊重差异和个性发展,以为其未来发展奠定坚实的基础。

三、我国普通高中多样化发展的政策建议

当前,多样化已成为普通高中发展的世界趋势。① 在进入大众化阶段之后,培养模式的单一与学生、社会需求的多样化之间的矛盾,成为当前普通高中发展中亟待解决的重大问题之一。② 因此,坚持多样化发展,是我国普通高中发展必须选择的基本价值取向。

第一,强化普通高中的育人价值,注重为高中生未来的学习、职业与生活打好基础。从世界各国新一轮普通高中改革发展来看,它们纷纷抛弃以往单纯为升学、就业服务的工具化取向,注重适应学生与社会发展的多层需要。各国普通高中具体目标的设计,除基础知识和技能外,还强调新时代所需要的公民责任、批判思维、人生规划、健康人格、民主平等、合作意识、国际理解、实践能力和创新能力等。当前对于我国普通高中的培养目标而言,也迫切需要重新定位与思考,积极扭转过分强调升学的功利趋向,要进一步强化育人功能,要具体化培养目标,注重为学生未来的学习、职业

① 刘世清.多样化:普通高中发展的世界趋势[J].上海教育,2011(12A).
② 霍益萍,等.多样、开放、灵活:普通高中教育体系的构建[J].教育发展研究,2009(18).

与生活打好基础。

第二,建立普通高中分类评估标准,推进办学模式改革。在促进普通高中多样化发展的过程中,至为关键的是政府变革普通高中的评估方式,要建立多样分类评估标准,以政策导引与制度安排的方式积极推进普通高中多样化发展。政府可以尝试建立多样化普通高中分类评估制度:一是以培养重点大学生源为主的学术性高中;二是注重学生基本素质,培养普通高校生源的普通高中;三是培养具有美术、音乐、体育等特长学生的特色高中;四是培养高素质劳动者,以培养高职生源为主的综合性高中。① 同时,在各种类型的高中评估指标体系中应该包括:基础性、发展性和特色性指标等组成部分,既要保障作为普通高中的基本职能,同时也要关注不同类型高中的丰富性与多样性,以改变普通高中办学"同质化"现象。在推进办学模式改革过程中,一方面要鼓励创办特色高中,如科技、艺术、体育、外语、数理等不同类型的普通高中,适应多样化的教育需求;另一方面鼓励学校立足学校传统和优势,通过富有特色的课程、师资队伍、教育教学、学生活动等,形成各自办学特色。

第三,深化普通高中课程改革,丰富教育内容的选择性。课程设置直接影响着学校培养目标的实现。各国普通高中的课程设置在注重基础知识与基本技能培养的基础上,纷纷增强必修课程内容之外的选择性。如芬兰在 1994 年颁布的《高中学校课程框架》中规定:高中阶段的必修课程由原来占总课时的 80%—84% 降为 60%—65%,缩减的课时通过增加专门化课程和应用性课程选择来实现。专门化课程是学科领域必修课程的补充课程,由学生根据自己的兴趣选学;应用课程是学校开发和实施的课程,它是学生的任选课程。因此,我国要充分利用基础教育课程改革的契机,在坚持国家三级课程管理制度的框架下,赋予高中更大的课程自主权,在保证必修课时数的基础上,鼓励学校开发更多的特色课程与校本课程,增进课程的多样化与选择性,促进学生的个性发展;同时,课程内容要注重对学生人格完善、生活技能等方面的培养。

第四,开展学生发展指导工作,加强对学生的心理、学业等方面的指导。高中阶段是学生发展与成长的关键阶段。因此,建立学生发展指导制度,指导学生的学业、

---

① 霍益萍,等.多样、开放、灵活:普通高中教育体系的构建[J].教育发展研究,2009(18).

生活、心理等方面,促进学生的健康成长,成为世界各国普通高中改革的重要内容。因此,对于我国而言,可以在现有的班主任、德育处、学校心理咨询室等部门的基础上,整合相关资源,逐步建立相关的学生指导制度,明确学生指导的职责范围,积极开展针对学生的心理、学业、生活等方面的指导。

第五,深入推进高考制度改革,探索分类考试、综合评价、多元录取的考试招生机制。普通高中的出口在高考,因此,高考制度的改革直接影响着普通高中的多样化发展。在深入推进高考制度改革的过程中,一方面要进一步推进高等院校自主招生改革,在公开、公平与公正的原则下,建立普通高中多样化办学与高等院校人才选拔的衔接机制;另一方面则可以探索分类考试,给予多次机会,改变一考定终身的局面。在学生评价方面,要将过程评价与终结评价结合起来,真正将高中学生综合素质评价与学业水平考试结合起来作为高校招生录取的重要依据;在录取形式上,可以采取自主、推荐、定向、破格与考试选拔等多种方式相结合,以增强人才选择的灵活性与多样性,适应普通高中的多样化办学诉求。

对于当前我国的普通高中而言,多样化既是一种客观要求与发展趋势,同时也是一种社会期待与严峻挑战。我们深信,一个多样性的系统是富有生命力的,也期待普通高中多样化发展的灿烂明天。

The Value Transformation and the Policy Options in the Development of General High School

Shiqing LIU　Miaomiao SU　Meina HU

(Department of education, East China Normal University, Shanghai 200062)

ABSTRACT: The general high school locates in the essential position of the whole school education system, playing a special and crucial role. Since the Reform and Opening up, the development of "key/model" high school was placed in priority as the basic value orientation of general high school development for the lack of resources. Along with the massification of high school education, "diversification" has become the new "wind vane" of general high school development value in the new period. At present, when we try to diversify the development of general high school, reforms need to be put into place, which include development orientation, evaluation standards, curriculum content, students' development and the system of university entrance exam (Gaokao).

KEYWORDS: the policy of general high school, value orientation, key school/ model school, diversification

----

新中国农村教育发展的政策经验与政策问题[*]

张乐天^{**}

摘　要：新中国农村教育的发展离不开教育政策的指引。教育政策对农村教育发展起着特别重要的影响与作用。60余年农村教育发展积淀了丰富的政策经验，这些"经验"反映出中国农村教育发展的亮点与特色，由此开拓出农村教育发展的"中国式"道路。与此同时，农村教育的发展也存在明显的政策问题。农村教育发展的曲折与艰难，甚至城乡教育差距的严重存在，始终与政策问题密切关联。深入总结和认识农村教育发展的政策经验与政策问题，对于推进新时期农村教育的新发展具有强烈的现实意义。

关键词：农村教育，发展，政策经验，政策问题

新中国成立以来的教育发展中，农村教育的发展令人瞩目，成就斐然。另一方面，时至今日，大力促进农村教育发展依然是国家教育发展的重要任务。本文立足于新世纪农村教育的发展，从政策的视角，对新中国成立60余年来农村教育发展的政策经验与政策问题予以阐述与分析。

---

　* 本文为国家社会科学基金"十一五"规划（教育学科）2006年度国家一般课题（BGA060028）的成果。

　** 张乐天（1952—　），江西省彭泽县人，南京师范大学教育科学学院教授、博士生导师，教育学博士，研究方向为教育政策与农村教育。E-mail：zhangletian1952@126.com.

一、农村教育发展与教育政策之关系

本文所持有的一种基本研究假设是：农村教育发展与教育政策有着深刻的联系，教育政策对农村教育发展起着特别重要的影响与作用，这种影响与作用是多样的也是复杂的。对此，我们可以从如下两个方面对二者之间的关系作一简要的分析：

（一）从农村教育发展蕴含的政策要求及其必然依存的政策环境认识二者之间的关系。首先，教育发展，包括农村教育发展，都有一个关于发展目标或发展方向的定位。而农村教育发展目标或方向的定位一定是政策的定位，即通过制定教育政策以确定农村教育的发展目标与方向。教育政策的引领作用就在于它是一种目标与方向的引领。其次，农村教育发展必然含有关于发展任务的表达。而农村教育的发展任务也来自政策的规定，即教育政策规定了不同时期农村教育发展的不同任务。再次，农村教育发展的方式与途径也往往基于政策的要求，即政策许可或鼓励以某种或某些方式推进农村教育的发展。从以上三个层面的简要分析不难看出，农村教育的发展与政策的要求、规定密切相连。在新中国成立以来的国家教育发展中，发展农村教育，本身便是一种政策性表达。

农村教育的发展离不开政策环境。所谓政策环境，就是指影响政策产生、存在和发展的一切因素的总和。[①]在政策环境的诸多因素中，社会经济状况、制度条件、政治文化因素较为突出与重要。而社会经济状况、制度条件和政治文化因素又深切地蕴含着政策性，烙下了十分鲜明的政策印记。它为农村教育发展的政策制定与政策执行奠定了政策基础，并创设了环境条件。

（二）从实践的角度看，新中国成立以来农村教育的发展与社会宏观政策的变革、教育政策的变革相伴相随。学者们习惯于将新中国成立至今的社会发展划分为三大时期，即新中国成立后"前十七年"（1949—1966 年）、"文革"时期（1966—1976年）、改革开放新时期（1977 年至今）。这三大时期，还可以细分为不同的阶段。例如，"前十七年"可分为"基本完成社会主义改造的七年"和"开始全面建设社会主义

---

① 陈振明. 政策科学[M]. 北京：中国人民大学出版社,1998：149.

的十年"两个阶段①;改革开放至今的 30 多年也可分为:拨乱反正时期(1977—1984年)、推进体制改革时期(1985—2002 年)和深化改革时期(2003 年开始)。② 无论是分为三大时期还是具体地分为更多阶段,都是以政策为视角的划分,与主导社会发展政策的变化相联系。正是政策的不同形成了不同的时期,也铸就了不同的时代。

新中国 60 余年农村教育的发展深受政策的影响。这种政策影响既具有正向性,也具有负向性,因而也具有复杂性和多样性。一方面,60 余年农村教育的长足发展,与国家不断制定和颁行旨在促进农村教育发展的政策相联系。在这种意义上,农村教育的发展,是政策推进的结果。另一方面,60 余年农村教育的发展也曲折蜿蜒,甚至城乡教育发展存在严重不平衡,这也与政策问题息息相关。60 余年的不同时期与不同阶段,农村教育发展呈现出不同的特点或不同的发展状况。这些特点与状况深刻地反映了政策的作用与影响。

二、新中国农村教育发展的政策经验

60 余年农村教育的发展是国家教育发展的重要体现与标志。60 余年国家教育发展的成就包含着农村教育发展的成就,同时也因农村教育发展的成就而彰显出国家教育发展的成就。"2009 年,我国小学净入学率达到 99.4%,初中阶段毛入学率达到 99.0%,高中阶段毛入学率达到 79.2%,高等教育毛入学率达到 24.2%,我国实现了从人口大国向人力资源大国的转变。"③新中国成立 60 周年国家基础教育和高等教育规模实现的可喜发展显然与农村教育发展息息相关。正是农村教育的大力发展才使我国小学、初中、高中乃至高等教育的入学率达到今天这样较高的水平,也正因为有了农村教育的发展才可能实现从人口大国向人力资源强国的转变。追溯新中国成立以来国家教育的发展不能不追溯农村教育的发展,而追溯农村教育的发展又不能不追溯导致其发展的政策动因。60 余年农村教育的发展积累了丰富的政策经验,

---

① 中国共产党中央委员会在《关于建国以来党的若干历史问题的决议》(1981 年 6 月)将建国后的历史分为:基本完成社会主义改造的七年、开始全面建设社会主义的十年、"文化大革命"的十年和历史的伟大转折四个阶段。

② 范文曜. 优先发展 奠基未来[J]. 教育研究,2008(08).

③ 郝克明,杨银付. 改革开放以来我国教育改革发展的若干启示[J]. 教育研究,2010(03).

留下了宝贵的政策遗产。这里,仅从政策的视角,先对引领和促进新中国农村教育发展的政策经验作分析。

结合对农村教育发展的考察,我们可以把 60 余年促进农村教育发展的政策经验分述如下:

经验之一:在确立国家教育发展的政策目标时,始终把农村教育发展作为国家教育发展的重要追求,作为国家教育发展的重要政策指向。

新中国成立伊始,国家制定的《中国人民政治协商会议共同纲领》中规定了"中华人民共和国的教育为新民主主义的,即民族的、科学的、大众的文化教育"①,这可视为对国家教育性质的表达。这种表达,显现出国家发展农村教育的愿望与意志。因为当时的中国,正是农村人口如汪洋大海的国度。发展民族的、科学的、大众的文化教育,不能不关注农村人口的教育。随后,国家进行了学制改革,确立了"教育为工农服务的方针"。实行新的学制,在很大程度上,是为了赋予农民及其子女受教育的机会,以保障农村教育的发展。新中国成立后的"前十七年",国家通过一系列的政策制定与实施,揭开了农村教育发展的新篇章。

1966 年至 1976 年的"文化大革命"时期,是中国社会发生严重动乱的时期。"文革"中的农村教育,一方面受到"左"的错误路线和政策的严重干扰与破坏,另一方面也还在维持形式上的低水平发展。

1977 年之后,随着改革开放方针的确立,中国的教育事业经历了拨乱反正,并迅速进入新的发展轨道。教育事业的拨乱反正,包含农村教育的拨乱反正,这与教育政策的调整与变革相联系。1985 年《中共中央关于教育体制改革的决定》颁布,成为引领中国教育改革和发展的最为重要的教育政策文献。《决定》确立了"把发展基础教育的责任交给地方,有步骤地实施九年制义务教育"的体制改革要求和教育发展任务。这赋予农村教育发展新的要求与使命。20 世纪 80 年代中期之后,随着教育体制改革的推进,我国农村教育呈现出新的发展。

进入新世纪以来,我国经济社会发展又进入新的时期。新时期我国教育事业的发展被进一步置于优先发展的战略地位,而农村教育的发展在新世纪国家教育的发

① 何东昌. 中华人民共和国重要教育文献[M]. 海口:海南出版社,1998:1.

展中也受到新的重视和更大的关注。新世纪以来我国颁行的重大的教育政策中,更加鲜明地体现出发展农村教育的政策导向。其中突出的是,2003 年 9 月,《国务院关于进一步加强农村教育工作的决定》颁布,清晰地阐释了新时期加强农村教育工作的重要性和现实意义,进一步明确了农村教育在整个教育事业中的"重中之重"的地位,对如何加强农村教育工作作出了系统的、全面的政策部署。之后,国务院又出台了多项旨在保障和推进农村教育发展的重要政策。到新世纪第一个十年行将结束和另一个十年正在开启之时,我国颁布了《国家中长期教育改革和发展规划纲要(2010—2020 年)》。"《纲要》的颁布,是我国教育改革发展史上一个新的里程碑。它不仅对未来十年教育事业科学发展具有重要意义,而且对全面建设小康社会、加快推进社会主义现代化、实现中华民族的伟大复兴将产生重大而深远的影响。"①在具有里程碑意义的《纲要》中,继续大力发展农村教育成为十分突出的政策内容与政策要求,所提出的"重点发展农村学前教育"、"建立健全政府主导、社会参与的农村留守儿童关爱服务体系和动态监测机制"、"加快农村寄宿制学校建设,优先满足留守儿童住宿需求"、"进一步加大农村、边远贫困地区、民族地区教育投入"、"提高农村义务教育家庭经济困难寄宿生生活补助标准,改善中小学生营养状况"、"重点加强农村学校信息基础建设,缩小城乡数字化差距"等一系列要求,为现阶段农村教育的新发展提供了更有力的政策支持与保障。

从上述简要回溯中,我们可以清晰认识新中国成立以来我国是如何将农村教育发展列为国家教育发展的重要政策目标及重要的政策地位。由此也使农村教育发展有了一以贯之的政策保障与政策支持。这构成了 60 多年农村教育发展的首要政策经验。

经验之二:在政策层面上,自始至终把普及教育,尤其是普及九年制义务教育作为农村教育发展的重中之重,也作为国家教育发展的重中之重。60 多年来中国农村普及教育的发展积累出独具特色的政策经验。

其一,通过确立并适时调整国家普及教育的目标,以及通过制定普及教育的专项政策法规以保障农村普及教育的大力实施。新中国成立后的 50 年代初期,国家就确

---

① 人民日报社论. 我国教育改革发展的纲领性文件[N]. 人民日报, 2010 - 07 - 30.

立了普及小学教育的目标,这在很大程度上是为了使农村人口尤其是农民子女能够享有基本的受教育的权利,并能受到基本的教育。50 年代至 60 年代,普及小学教育的工作一直在努力推进中。历经"文革",到了 70 年代末,国家再度强调切实普及小学教育,重心依然是普及农村小学教育。到了 80 年代中期,国家适时提出有步骤地实施九年制义务教育的目标。随后,国家制定了新中国成立以来的第一部专项教育法——《中华人民共和国义务教育法》,这使全国所有地区,包括广大农村地区义务教育的实施有了法律要求与保障。

其二,在强调加强各级政府责任的同时,重视调动农村自身的社会力量或民间力量共同致力于农村普及教育的发展。60 多年来,农村普及教育的发展,在资源供给上,一方面依赖于各级政府尤其是地方政府的财政投入,另一方面,则通过特有的政策设计,大力调动民间资源,为农村普及教育提供物质基础。"在我国普及义务教育就要充分发挥人民群众办学的积极性,依靠群众的力量协助政府克服经费的困难。"①从 50 年代和 60 年代的"两条腿走路",到 80 年代之后的征收农村教育费附加和集资办学,都展现出"农村教育集体办"或"农村教育农村办"或"人民教育人民办"的特有模式。尽管这一模式中也潜存着农村普及教育资源供给的某种困惑与艰难,甚至也导致城乡教育投入的严重差距,并导致农村教育自身发展的不平衡,但从总体上看,"依靠人民办教育,是发展与改革中国农村教育的重要基础"②。这也构成了中国农村普及教育的典型政策经验。

其三,实施特别支持政策,促进贫困农村地区和欠发达农村地区义务教育的发展。60 多年来,国家的扶贫战略包含着教育扶贫。消除教育贫困与消除经济贫困一样成为消除贫困的重要内容与任务。消除教育贫困甚至是更为优先的政策要求与政策行动。为此,国家通过增加中央政府转移支付的方式促进贫困地区教育的发展,尤其是促进义务教育的发展。此外,还通过动员社会力量,募集社会资源支持贫困农村地区义务教育的发展。如推进"希望工程"、"春蕾计划"和实施"国家贫困地区义务教育工程"等,正是这些特有的支持性政策的实施促进了贫困农村地区义务教育的

① 人民日报社论.普及义务教育[N]. 人民日报,1956 - 02 - 27.
② 国家教育委员会. 中国农村教育的发展与改革[A]. 农村教育国际研讨会论文集[C]. 北京:教育科学出版社,1993:86.

发展,也促进了义务教育的均衡发展。因此,特别支持贫困地区义务教育的发展也成为一种宝贵的政策经验。

经验之三:在国家持续实施的扫除文盲的战略中,始终将扫除农村文盲作为国家扫盲的重大政策任务,并以灵活多样的方式推进农村扫盲。

20世纪50年代初期,我国就作出了扫除文盲的决定。"在全国范围内积极地有计划有步骤地扫除文盲,使广大劳动人民摆脱文盲状态,具有现代的文化,这是我国文化上的一个大革命,也是国家进行社会主义建设中的一项极为重大的政治任务。"①数十年来我国农村的扫盲工作一直在努力向前推进。扫除农村文盲既被视为一种庄严的政治任务,又被视为全面提升农村人口文化素质的奠基工程,成为农村基础教育的"重中之重",成为国家推进全民教育的基础工程。推进农村扫盲工作的重要政策经验是:遵循国家扫盲的要求与标准,采取"运动式"与持久战相结合的方式推进农村扫盲;采取多种形式,并充分利用农村中一切可利用的教育资源进行扫盲;把扫盲教育同普及农村初等义务教育有机结合起来,既通过普及初等义务教育杜绝新文盲的产生,又通过有效的扫盲教育促进义务教育的开展;把扫盲教育同开展农村职业技术教育结合起来,即把学习文化同学习农村应用科学技术结合起来;把扫盲教育同加强农村精神文明建设结合起来,把扫盲教育与培养新型农民结合起来。此外,坚持以国家确立的扫盲标准(包括个人脱盲标准和单位扫盲标准)对农村扫盲的结果状况进行"达标"评估与验收也是一项重要的扫盲政策经验。

经验之四:确立农村教育为农村经济建设和社会发展服务的政策导向,在大力促进农村基础教育发展的同时,也大力促进农村职业教育和成人教育的发展。

新中国成立以来,尤其是改革开放以来,我国农村教育政策的重大调整与变革也突出地反映在通过新的政策颁行引领农村职业教育和成人教育的新发展。1985年《中共中央关于教育体制改革的决定》提出了"调整中等教育结构,大力发展职业技术教育"的任务,这其中包含大力发展农村职业技术教育的任务。此后,我国农村教育结构的调整与变革成为重要的政策指向,也开始成为切实的政策行动。改革开放

---

① 中国共产党中央委员会,中华人民共和国国务院. 关于扫除文盲的决定[N]. 人民日报,1956 - 03 - 31.

至今,我国农村职业教育和成人教育的发展形成的基本政策经验是:1. 在全国各地农村,通过设立县乡职业教育和成人教育中心,以使农村职业教育和成人教育的发展有了组织和制度保障;2. 通过改革中等教育结构,发展县域职业中学,为农村经济的发展培养劳动后备军;3. 实施支持性政策推进农村职业教育的发展,如中央和地方政府拨付专项资金用于农村职业教育的发展,同时对职业中学的学生予以经费资助;4. 努力推进农科教的有机结合,形成农村经济发展、科学技术的应用和职业教育发展的密切联系,增强农村职业教育和成人教育的针对性、实用性和有效性;5. 适应农村经济结构与农村社会的转型,变革农村职业教育的服务目标,拓宽农村职业教育的服务功能,即农村职业教育不仅为培养现代农业劳动者和新农村建设者服务,同时为培训转移劳动力服务,为推进中国的城镇化服务。

经验之五:大力发展师范教育,以独具特色的制度设计为农村中小学培养与培训合格师资。

对于农村教育的发展而言,加强教师队伍建设是关键。新中国成立以来,我国通过独具特色的师范教育制度设计和大力发展师范教育为农村中小学培养与培训合格师资。具体政策经验是:其一,建立具有中国特色的三级师范教育体系,尤其通过发展中等师范教育和高等师范专科教育为农村中小学培养合格师资。其二,通过建立多级教师培训体系,为农村中小学培训师资。改革开放后我国恢复发展的省级教育学院和兴办的地市级教育学院或教师进修学院,以及县级教师进修学校,主要承担着为农村中小学培训师资的任务。数十年来,我国农村中小学教师合格率的不断提升,也与教师培训机构的设立及其所作出的贡献密不可分。其三,随着师范教育向教师教育的转型,我国新型的教师教育机构继续加强对农村教师的培养与培训,不断提高农村中小学教师的合格标准与水平。我国师范教育的制度设计与制度变革,在很大程度上,是为了更好地服务于农村基础教育发展的需要,由此也可以视之为发展农村教育的一种重要的政策经验。

经验之六:结合农村实际,以开放性的政策安排保障农村教师的供给,并以支持性的政策巩固和加强农村中小学教师队伍建设。

新中国成立之后,尽管国家在大力进行中小学的公有化改造,但在农村,依然允许民办学校及民办教师的存在。在"文革"十年间,我国师范教育受到严重破坏,教师的培养工作多年陷于停顿状态,农村基础教育的维系面临师资缺乏的严重困扰。此时,充实民办教师成为必要的政策行动。大量增加民办教师的政策推行,化解了农村基础教育发展过程中公办教师供给不足的矛盾。"文革"之后,在对待农村教师队伍建设上,我国本着尊重历史、尊重事实的精神,实施了积极稳妥的解决民办教师问题的政策,妥善地将绝大多数农村民办教师通过多样化的途径转为公办教师。这一解决民办教师问题的政策实施,对巩固和加强农村教师队伍建设和维系农村基础教育的发展起到了积极的作用,也成为一种宝贵的政策经验。

在加强农村教师队伍建设上,我国还特别实施了种种支持性政策。如制定支持性政策与措施提高农村中小学教师的待遇,改善农村中小学教师的生存条件,鼓励大学毕业生到农村学校任教,鼓励城镇中小学教师定期到农村学校任教等,种种支持性政策的实施对加强农村教师队伍建设起到了良好的作用。

经验之七:针对不同时期农村教育发展中的突出问题与矛盾,制定专项政策,启动专项工程,采取专项行动,以适时地破解难题,促进农村教育健康顺利地发展。

新中国成立以来,我国农村教育的发展是在不断地解决问题与矛盾中前行的。在社会发展的不同时期和不同阶段,农村教育的发展都会遇到较为突出的问题与矛盾,能否及时关注这些突出问题与矛盾?如何化解问题与矛盾?这是对教育政策的重要考量。数十年来,尤其是改革开放以来,我国政府在面对农村教育发展的突出问题与矛盾时,正是通过适时地将突出问题作为政策议题,制定政策解决方案,并调动政策资源,采取破解难题的政策行动。其中一个典型的政策解决方式是:制定专项政策,启动专项工程,采取专项行动,以有针对性地解决农村教育发展中面临的突出问题。如20世纪80年代以来我国针对农村教育发展的突出问题先后启动了"农村中小学危房改造工程"、"农村中小学现代远程教育工程"、"农村教师素质提高工程"、"东部地区学校对口支援西部贫困地区学校工程"、"农村劳动力转移培训工程"、"农民实用技术培训工程"等。在启动专项工程的同时,还针对农村教育发展的新问题、新特点,适时制定和实施新的旨在化解问题的政策。如通过新的政策制定与实施,解决农村进城务工人员子女在城市平等接受义务教育问题、农村留守儿童的教育问题等。制定专项政策,启动专项工程,采取专项政策行动对化解农村教育发展中的突出矛盾与问题起到了有效的作用,由此亦成为一种政策经验。

经验之八：通过政策试验引领和推进农村教育的改革和发展。

数十年来，为了推进农村教育的发展，我国十分重视政策试验的先行。所谓政策试验，主要是指农村教育的改革，通过新的政策设计，设立改革项目和改革试验区，从而以项目运作和在试验区进行试验的方式进行农村教育改革，以此探索改革经验，进而推向全面。农村教育政策试验多种多样，有单项教育改革试验，也有综合性的教育改革试验，有农村教育管理体制改革的试验、农村学校教育教学改革的试验、农村小学教育改革的试验、农村初中教育改革的试验，也有农村职业教育或成人教育改革的试验等。典型的试验如1987年国家教委和河北省人民政府共同决定在河北阳原、完县、青龙三县建立"河北省农村教育改革试验区"，试验区的改革试验，确定以为农村培养合格劳动者为主要目标，通过改革，逐步形成教育与经济和社会发展互相促进的机制。随后，农村教育改革的试验区逐步扩大。① 1989年，国家又进行百县教育综合改革试验，为实施"燎原计划"和推进农科教结合提供示范。农村教育综合改革试验在20世纪90年代一直在深入地推进。进入新世纪以来，我国农村教育的发展，进一步突出了试验先行。如建立城乡义务教育均衡发展试验区，进行农村中小学现代远程教育工程试点等。2010年颁布的《国家中长期教育改革和发展规划纲要（2010—2020年）》中，把实施重大项目和改革试点作为保障教育改革和发展的重大措施。其中不乏关于农村教育改革发展的重大项目和改革试点的实施。政策试验贯穿于我国农村教育改革和发展的过程中，引领着农村教育的改革和发展，因之也成为一种重要的政策经验。

国家教育体制改革试点农村教育改革项目

重点任务类别	重 点 任 务		试 点 地 区
专项改革试点	建立健全体制机制，加快学前教育发展。	改革农村学前教育投入和管理体制，探索贫困地区发展学前教育途径，改进民族地区学前双语教育模式。	黑龙江省，广西壮族自治区部分县，贵州省毕节地区，西藏自治区山南地区，新疆维吾尔自治区
	健全教师管理制度，加强教师队伍建设。	制定优秀教师到农村地区从教的具体办法，探索建立农村教师专业发展支持服务体系，创新农村义务教育阶段教师全员培训模式，推进农村教师周转房建设，多种措施加强农村中小学教师队伍建设。	北京市，黑龙江省，江西省部分县市，湖北省，湖南省，广西壮族自治区，重庆市，云南省，陕西省部分市，新疆维吾尔自治区

① 何东昌. 中华人民共和国重要教育文献[M]. 海口：海南出版社，1998：2606.

重点任务类别	重　点　任　务		试　点　地　区
重点领域综合改革试点	基础教育综合改革试点。	明确政府责任,多种形式扩大学前教育资源,加强学前教育规范管理,切实解决"入园难、入园贵"问题。建立健全义务教育均衡发展保障机制,多种途径解决择校问题。探索流动人口子女在流入地平等接受义务教育和参加升学考试的办法,探索建立健全农村留守儿童关爱服务体系。推动普通高中多样化发展,鼓励普通高中办出特色。系统改革教学内容、教育方法和评价制度,探索减轻中小学生过重课业负担的有效途径,全面推进素质教育。	山东省,湖南省,重庆市

资料来源:国务院办公厅关于开展国家教育体制改革试点的通知(国办发[2010]48号)(二〇一〇年十月二十四日)。

经验之九:与时俱进地变革与创新农村教育政策,以科学发展观引领与推进农村教育的新发展。

这突出地表现在进入新世纪以来,我国确立了科学发展观,这使得我国教育的发展,包括农村教育的发展有了新的宏观政策的引领。正是在科学发展观的引领下,我国从以人为本的社会发展理念出发,更加重视农村教育的发展,将促进教育公平作为国家基本教育政策,以统筹城乡教育发展和推进城乡教育一体化作为新的政策目标。在此基础上,制定与实施一系列旨在加强农村教育发展的具体政策,以推进农村教育的新发展。新世纪农村教育的发展,从实践的层面看,已在努力遵循统筹城乡教育发展和推进城乡教育一体化的政策要求,加大发展力度,创新发展模式,进一步建构系统化和综合化的发展体系。现阶段我国农村的义务教育、学前教育、职业教育、成人教育、社区教育等不同类别的教育发展都在受到政策的重视,有了新的促进发展的政策措施,农村教育也因此呈现新的发展局面。正是从新世纪农村教育发展的新局面中,我们可以认识到与时俱进地对农村教育政策进行变革与创新的价值与意义,也可由此总结出新的政策经验。

三、新中国农村教育发展的政策问题

新中国成立以来农村教育的发展,在充分显现教育政策的积极成效和丰富的政策经验同时,也显现出存在的政策问题。在对60余年农村教育政策进行回顾与反思之时,也需要对农村教育发展的政策问题予以认识。

(一)农村教育政策问题的综合性审视

1. 农村教育政策问题的分时段性

60余年来,中国社会发展的分期与国家实施的不同政策相联系。农村教育发展的分期与发展状态同样与国家宏观政策和教育政策相联系。就问题分析而言,农村教育政策问题如同政策经验一样,具有鲜明的分时段性。比如,"前十七年"农村教育政策存在着非稳定性和摇摆性,农村教育发展目标存在较严重的主观性,尤其是50年代中期后兴起的"教育大跃进"对农村教育的发展形成干扰,造成"欲速则不达"的后果。"前十七年"农村教育政策运行对农村教育发展也产生一定的负面影响。"用革命式、运动式的办法发展农村教育虽然在一定时期内带来了农村教育热热闹闹的发展,但这种发展潜存的问题是农村教育办学条件简陋、落后和办学质量不高。革命式、运动式所蕴含的政治性特征导致了农村教育的政治化、形式化倾向,它使农村教育发展不能很好地按照自身发展的规律进行,因而也使农村教育的发展偏离了科学化的发展轨道。"①

"文革"中的教育政策是一种"左"的政策,是一种存在严重问题的政策。"文革"中的农村教育政策因而也带有明显的"左"的特征。这一时期农村教育政策存在的突出问题是农村教育发展在整体上处于无政策可依的状态。最大的政策问题是用极"左"的政策扼制了科学政策的建构。通过对政策文献的梳理可以看出,"文革"十年专门针对农村教育发展颁发的政策为数甚少。当时在全国范围内盛行的"斗、批、改"的政策也导致农村教育的严重破坏。"文革"中多年终止师范教育发展和严重弱化师资培养对农村教育发展造成严重的政策障碍。"文革"中基础教育学制的缩短,农村中小学实行的"教学革命"都对农村教育的发展造成了负面影响。

20世纪80至90年代我国农村教育经历拨乱反正之后,呈现大力发展的新景象。

---

① 张乐天. 对新中国"前十七年"农村教育发展的政策考察[J]. 社会科学战线,2010(3).

农村教育的大力发展,如九年制义务教育的实施、农村职业教育和成人教育的发展均缘于政策的驱动,彰显着政策的积极影响与作用。另一方面,在这20年间农村教育的发展中,也不断显现出其所存在的政策问题。首先,农村义务教育分级管理体制的确立与实施,虽然强化了地方政府的教育责任,调动了地方办学的积极性,但也使欠发达农村地区,尤其是贫困农村地区呈现出对义务教育经费供给的困难。一种本应是出于农民自愿的"集资办学",却演绎成刚性的政策规定,这也加重了农民的负担。而随着农村税费改革的推进,80年代曾兴起的"集资办学"的热潮也难以为继。在农村广泛推进的"普九"达标验收中,出现了地方政府被迫举债投资义务教育的现象。与此相关联的是,由于分级办学,"低重心"管理的运行,在不少农村地区,中小学教师工资不能按时发放,严重拖欠教师工资的现象曾成为农村教育的一时之痛。其次,在20世纪80年代中期后,我国农村职业教育和成人教育的发展有了新的政策要求与规定,也呈现出新的发展景象,但与农村义务教育的发展相比,农村职业教育与成人教育的发展则处于相对弱势或被轻视的地位。突出的问题是,尽管"调整中等教育结构,大力发展职业技术教育"成为重要的政策规定,尽管按照这种规定在县域内普遍实行了普通中学和职业中学的分设,但县域职业中学也普遍呈现出办学的艰难。另一方面,农民职业教育的发展也同样呈现艰难之状。

进入新世纪以来,我国农村教育发展被置于新的时代背景中,受到新的重视,有了新的政策要求。农村教育处在新的发展中。然而,在欣喜地看到新世纪农村教育发展的政策成效时,也要继续认识政策运行与实施中的问题。一些地区在对农村中小学布局结构调整的过程中,撤并农村学校过多,导致农村义务教育阶段的学生无法就近入学,衍生出"巨型学校"、寄宿制学校和校车等问题,由此也显现出城乡义务教育的均衡发展实际上存在着城市化的取向。农村学前教育发展面临着如何切实履行政府责任的问题。农村职业教育发展面临着如何适应新农村建设和城镇化发展的双重要求以及农村职业教育持续发展的政策保障问题。此外,对农村教育支持性政策的实施,也还存在着一定的问题与障碍。

从以上简要的回溯中,我们可以清晰地认识农村教育政策问题的分时段性,即不同时期农村教育发展显现出的政策问题具有时代的特性。这恰恰是政策问题本身必然具有的一种特征。因为政策问题总是与政策背景息息相关。

2. 农村教育政策制定的问题

从历史的视角看,60余年农村教育发展所显现的政策问题,较为突出地反映在政策制定与政策决策层面。在一定的时期或一定的历史阶段,农村教育政策制定与决策的非理性与非科学化问题较突出地存在,这使得一些农村教育政策本身成为一种问题政策,或不良的政策。对这样的政策执行,必然会使问题丛生。农村教育政策制定或决策的问题主要表现在如下几个方面:其一,政策目标定位的非理性。例如,对前十七年农村普及小学教育的目标定位就显现出主观性有余而理性不足。50年代初期我国就确立了争取在10年内基本普及小学教育的目标,到50年代中期又提出在3到5年内全国普及小学教育,时隔30年后,到80年代初期普及小学教育的目标再度提出。从普及小学教育的目标定位上看,50年代的目标定位尤其是"大跃进"时期的目标定位显然与当时农村实现普及教育的可能性之间有一定的差距,显现出一种较强的主观性色彩。其二,政策决定中对政策推行方式的决定显现非理性。例如,在较长时期内,我国决定用"革命的方式办农村教育",用运动的方式推进农村教育,这种政策推进方式的提出,一方面反映出政策决策者和执行者对发展农村教育的一种片面的政治化的理解,另一方面,这种推进方式也有违农村教育发展的客观规律,它导致农村教育发展的形式化。其三,农村教育政策制定的系统性不足。所谓系统性不足,是指对农村教育政策制定缺乏系统的考量,在关注到某一政策的制定之时,却缺失另一种应有的政策制定。反观新中国成立以来的农村教育政策的文献,我们能认识到这一问题的存在。例如,在数十年农村教育发展中,我们对如何发展农村学前教育的专门政策制定还是较为缺乏,对农村职业教育和成人教育政策的制定在整体上也弱于对农村基础教育发展的政策制定。农村教育政策制定的系统性缺乏还表现在发展农村教育的政策和发展城市教育的政策未能相互协调有机结合。在较长时期内,在教育政策的制定中,存有一种重城市教育发展或城市教育优先发展的倾向。数十年我国教育发展过程中实际上存在的城市教育优先发展的状况与政策制定中政策重心的偏移有关。其四,农村教育政策制定方式的过于"自上而下"。我国农村教育政策基本上是一种统一化或划一化的政策,这与政策制定本身的统一性有关。60年中国农村教育政策,基本上是一种国家制定的政策,地方政策基本上是国家政策的细化和具体化。地方政府和农村民众只是服从与遵守国家政策,而少有对国家政策本身的变革与创新。数十年我国农村教育政策制定中,"自下而上"的政策制定是严重缺失的。

3. 农村教育政策执行的问题

对农村教育政策问题进行深入反思,不能不关注到政策执行层面。事实上,60余年农村教育的发展,如果从问题的角度看,教育政策执行问题更为突出地存在,尽管在不同时期其存在的程度与状态有所不同。农村教育政策执行的问题主要表现在:其一,对政策执行的认识不足。长期以来,轻视教育,尤其是轻视农村教育的思想与观念在一些政策执行者头脑中存在。虽然一直在强调发展农村教育的重要性,但在一些政策执行者尤其是一些领导者看来,农村教育与农村经济的发展相比,依然是软任务。在较长时期内,一些地方政府并没有把发展农村教育的问题列为当地政府最为重要的议事日程。教育的优先发展,尤其是农村教育的优先发展的地位在一些农村地区并未得到真正的落实。其二,农村教育政策执行的资源供给不力。这是长期困扰农村教育发展的突出问题。"前十七年"农村教育发展实行"两条腿走路",实际上也与国家对农村教育经费供给的不足有关。而在实行"两条腿走路"的过程中,农村教育资源供给不足的问题依然存在。用艰苦奋斗的精神办教育其实也折射着一种资源供给的困境。"文革"时期,整个国家经济状况的恶化,自然使农村教育发展遭遇经费供给的困难。改革开放以来,农村教育政策执行资源的供给状况在不断改善,但依然存在一些突出问题。即使进入新世纪以后,我国建立了农村义务教育经费保障机制,但农村学前教育发展、职业教育发展也还存在经费供给不足的严重困难。农村教育政策执行资源的供给不力,还表现在教师资源的供给方面。尽管国家一直在大力发展师范教育以解决中小学教师包括农村教师的供给问题,也尽管农村教师的供给状况在不断改善,但由于种种原因,农村教师的供给问题主要是优质教师的供给问题始终存在。城乡基础教育教师队伍建设的差距迄今依然明显。其三,农村教育政策执行的组织不力。在农村教育政策执行上,也存在执行组织不力的状况。主要表现是,一些政策执行机构本身的人员和制度保障不力,未能努力地开展政策宣传和很好地组织和利用各种有效的政策资源用以发展农村教育。例如,在农村职业教育和成人教育发展过程中,虽然已建立起县级和乡镇职教或成教中心,也配备了相应的工作人员,但在农村职业教育和成人教育发展的实际过程中,这些机构发挥的作用也很有限。它导致在农村职业教育和成人教育发展中呈现出一定的形式化倾向。其四,农村教育政策执行的监督不力。在较长时期内,对农村教育政策执行的有效监督是较为缺乏的。尽管各级政府也设立了教育督导机构,尽管也在不停地开展对各类教育发展包括对农村教育发展的督导,但在督导过程中,对农村教育政策执行的有力监督和有效指导还显得不够。其五,农村教育政策目标群体对政策执行的主动参与不够。农村教育政策的目标人群是农村的适龄儿童、少年与成人,发展农村教育的关键是让农村中的人能够更多更好地接受教育,从而提升他们的文化科技和思想道德素质,实现农村人的现代化。农村教育政策有效执行的关键也在于农村人对教育政策的积极回应,对教育政策执行的主动参与和主动配合。在很大程度上,农村教育政策执行的主体是农村民众。然而,在现实的政策执行过程中,在一些地方或一些时候,农村民众对农村教育政策执行存有积极性不高和主动性不强的状况,甚至存有一种被动执行的状况。比如,在发展农村职业教育的过程中,国家和地方政府实施了"农村实用技术培训工程"和"转移劳动力培训工程",并拨付专项资金支持这些工程的实施,但在具体实施的过程中,一些地方的农业劳动者或农村转移劳动力并没有表现出参与培训的热情,相反呈现出被动接受培训的状况。由此,也难以取得培训的良好成效。

4. 农村教育政策评估问题

对农村教育政策运行状况尤其是政策执行结果进行评估是政策过程的重要内容与重要环节。改革开放以来,我国加强了教育政策的评估,重视对教育政策执行效果的评价。这也包含对农村教育政策执行的评价。比如,国家对普及九年制义务教育的评估验收和扫盲工作的评估验收就是实例。而普九与扫盲的评估验收重点在农村。教育评估对增进教育政策执行的积极意义无疑值得肯定。但从问题的角度看,农村教育政策评估存在的问题也较为明显。首先,系统化的评估制度并没有很好地建立。对农村教育政策执行的评估还存在一定的制度缺失。比如,长期以来,我国对农村学前教育、职业教育和成人教育的政策执行的评估存在制度的缺失。其次,对农村教育政策执行的评估也存在"表面化"、"走过场"的状况。比如,对农村普九和扫盲的评估验收,虽然指标繁多,看似科学化、系统化,但在实际评估的过程中,也存在"报喜不报忧"的状况,问题得不到充分的反映,因而也缺乏对问题的真实诊断,使得问题被遮蔽。农村教育的政策评估处于一种应对性状态。"上有政策、下有对策",上有评估标准,下有应对方法,这在农村教育政策评估中都是一种可能存在的状态。

5. 农村教育政策研究的不足

对农村教育政策研究的不足也可视为数十年来我国农村教育的政策问题之一。它反映在政策制定、政策执行、政策评估等方面。在农村教育政策制定方面,研究的不足表现在,有关农村教育政策方案的形成与提出,可能缺失充分的调查研究和充分的论证,有时甚至是一种主观决策的产物。在国家制定宏观教育政策时,固然考虑到农村教育的发展,或着眼于加强农村教育发展,但在制定教育政策的过程中,或在形成的政策决定中,依然缺少对农村教育政策的可行性论证。长期以来,我国在处理农村教育发展与城市教育发展的关系时,往往有失偏颇。在农村教育政策执行中,对政策执行的研究也比较欠缺或不充分。中国农村地域辽阔,区域发展差异明显,如何从实际出发,合理且有效地推进政策执行? 对这一问题,无论是政策执行者或政策研究者都存在研究的缺失。农村教育政策执行中的"一刀切"现象比较严重,不同时期有不同的表现。比如,在20世纪90年代末到新世纪初我国进行的农村中小学布局结构的调整,便一定程度地存在"集中化"、"城镇化"的倾向。在不同农村地区,如何结合当地的实际,合理推进学校布局结构的调整,对这一问题的深入研究做得不够,结果留下了一些"后遗症"。在农村教育政策评估方面,对评估方案本身的科学性、合理性论证也不够充分,如何通过评估,真正有效地促进农村教育的发展? 这一问题同样缺乏深入的研究。

(二) 农村教育政策问题的制度归因

农村教育政策问题也许是一种难以避免的存在,农村教育政策的变革与创新本身说明了政策问题的客观性、现实性,同时又需要不断正视与克服。农村教育发展中的种种政策问题的存在,原因是复杂多样的,而其主要原因,则是与决定农村教育政策的制度因素相关。即是说,农村教育的政策问题,在很大程度上,是与可能导致这些政策问题产生的更为深层的制度规约或制度影响相关。这里,我们从社会政治制度、社会经济制度和教育制度本身三个维度对农村教育政策问题的主要成因作一简要分析。

1. 社会政治制度对农村教育政策的影响。社会政治制度对教育政策的制约与影响,其中包括对农村教育政策的制约和影响已成学界共识。在教育学教科书中,有种种关于社会政治制约教育发展的表达。在教育发展的实践中,这种制约也显而易见,十分强烈和深刻。社会政治对教育的制约主要是通过确立国家教育制度和教育政策进行的。舍此,难以想象。我国农村教育政策是国家教育政策的重要内容与组成部分,国家政治制度在决定和影响教育政策制定时必然包含着影响农村教育政策的制定。新中国成立以来,不同时期农村教育政策显现的问题都是与政治因素相关。在农村教育发展过程中存在的发展目标、价值取向等方面的偏颇实质上折射着政治制度存在的问题与弊端。农村教育政策的制定方式,农村教育政策的执行与评估问题本质上都与政治制度问题相关。我国的政治制度固然有自身的优越性,但问题也客观存在。推进政治民主化是国家政治体制改革的重要诉求,也是政治体制改革的趋向。从如此认识出发,反思农村教育政策问题可以从社会政治制度建设存在的问题上予以归因。

2. 社会经济制度对农村教育政策的影响。长期以来,我国农村教育政策问题的存在,与社会经济制度问题密切相关。20 世纪 50 年代我国形成的城乡分割对立的二元经济结构和制度以及在此基础上形成的二元社会体制是农村教育政策问题形成的另一种重要的制度原因。城乡二元经济结构是在计划经济体制下形成的。它的形成虽然有着特殊的历史缘由,甚至也有着特定的历史价值与意义,但由此带来的消极影响不可低估。城乡二元经济结构最突出的制度弊端在于它以规制的方式确定了一种泾渭分明的关于城市与农村的边界,同时也确定了"城市人"与"农村人"的边界。这种"城乡分治"的经济结构与社会制度,对城乡居民来说,"具有在政治上不平等对待,在经济上不平等交换,在社会上实行非普惠制等特征"①。在长达 60 余年的社会发展历程中,国家奉行的实际上是一种"农业哺育工业和农村支援城市"的发展方略,国家的种种制度安排因而也存有明显的"偏袒城市"和"偏袒城市人"的倾向。在计划经济体制下产生的"户籍制度"严格地限制着农村人口向城市的流动,这种"户籍制度"不仅阻碍着中国的城市化进程,而且也进一步强化着城乡的差别和分处在城乡中的"人"的差别。城乡二元经济结构和社会体制是导致农村教育政策问题形

---

① 陆学艺. 破除城乡二元结构 实现城乡经济社会一体化[J]. 社会学研究,2009(4).

成的重要制度原因。长期以来,我国城乡二元经济结构已衍生出二元教育结构。农村教育是与城市教育相对应的概念。尽管我们很重视农村教育,也一直在努力发展农村教育,但较之城市教育的发展而言,农村教育的发展在政策安排上依然是处于"次级"发展状态。我们在重视农村教育的同时实际上又潜存一种轻视农村教育的倾向。国家教育资源的配置,尤其是优质教育资源的配置明显地向城市倾斜而非向农村倾斜,甚至农村中的优质教育资源还在不断地向城市流动,其结果使城乡间本已存在的教育差别继续扩大。数十年来,我国农村教育的问题莫过于城乡教育差别问题。而这一问题需要从城乡二元经济结构和经济制度上归纳原因。

3. 教育制度对农村教育政策的影响。从教育制度的层面看,我国现行的教育制度实际上仍存在着较严重的城乡分野,存在着教育机会的认可与教育资源配置上的某种不平等的倾向。这是导致农村教育政策存在问题的另一制度原因。其一,关于义务教育的制度设置。我国自 20 世纪 80 年代中期实行九年制义务教育制度,这是中国教育制度的一次重大改革。然而细察义务教育的制度设置,我们还是可以看出其存在某种"城市优先"的倾向。在义务教育的资源配置上,实际上存在城市教育国家办,农村教育农民办的政策安排,这一政策安排必然导致农村教育资源配置政策的问题性。在义务教育阶段城市学校享有的优势资源是农村学校难以比拟的。即使从教师这一最重要的资源来看,我们也在相关政策上肯定,城市小学、初中教师的学历要求可以也应该高于农村小学、初中教师的学历要求。这种政策要求也同样反映出农村教育师资政策的问题性。其二,关于学前教育发展和职业教育、成人教育发展的制度安排。我国在全面推进学前教育发展和职业教育、成人教育发展时,在较长时期内,也实行了一种城乡有别的政策,即把学前教育发展和职业教育、成人教育发展的重心放在城市,实行城市优先的政策。这样的政策安排,本身就是一种政策问题,同时也由此产生农村教育政策问题。现实中农村学前教育遭遇的困境,以及农村职业教育和成人教育发展面临的问题,均与政策相关,并且需要通过政策变革予以解决。其三,关于重点学校制度设置。重点学校制度是中国教育制度的重要特色之一。多年来,围绕这一制度有着热烈的争鸣与讨论。无论如何,从重点学校制度运行的实践效果看,它实际上是一种以城市为重点的学校制度。如果统计重点学校的地域分布,可以肯定百分之九十以上的重点学校设在城市,这与中国基础教育的实际重心在农村形成了鲜明的对照。"重点学校制度正在成为复制和凝固社会差距的制度,它存在着反教育性。"①层层设置的重点学校制度,加剧了基础教育领域内部资源配置的失衡,导致在地区内、区域内学校之间差距的拉大,甚至是人为地制造差距,造成了一大批基础薄弱的"差校"。而基础薄弱的"差校",又以农村为多。时至今日,在一些农村地区,尤其是相对落后的农村地区的中小学布局结构调整,也带来了农村教育发展的新问题。究其原因,依然是政策所致。

四、简要结论与反思

新中国成立至今,农村教育发展积淀了丰富的政策经验,这些"经验"充分说明了政策的强大影响力与作用力,说明了农村教育发展与教育政策影响的至深至切的关系。正是这些"经验"反映出中国农村教育发展的亮点与特色,也由此开拓出农村教育发展的"中国式"道路。

新中国农村教育的发展也存在着明显的政策问题。农村教育的政策问题,具有鲜明的时代性,同时也反映在政策制定、政策执行与政策评估等方面。60余年农村教育的发展,在彰显政策经验的同时,也受到"问题政策"的制约与阻碍。在一定程度上,农村教育发展的政策经验与政策问题相伴相随。它使农村教育在曲折中前行。

进入新世纪以来,中国农村教育发展有了新的政策指引。国家将促进教育公平作为国家基本教育政策,由此,将统筹城乡教育发展和促进城乡教育均衡发展作为重要的政策追求。从如此追求出发,进一步大力发展农村教育便成为全面建成小康社会的重要使命。一系列新的旨在促进农村教育新发展的政策正在实施中,农村教育发展的实践在进一步显现教育政策的影响与作用。

继续加强农村教育的政策建设对于促进农村教育的健康发展具有持续的意义。为此,要进一步加强农村教育的政策研究。要不断总结农村教育发展的政策经验,不断认识和诊断农村教育发展的政策问题。在此基础上,不断实现对农村教育政策的调整、变革和创新。

---

① 杨东平. 告别重点学校[J]. 南风窗,2005(3).

Policy Experiences and Policy Problems of Rural Education Development in New China

Letian ZHANG

(School of Education Science, Nanjing Normal University, Nanjing, 210097)

ABSTRACT: Rural education in New China can't develop without the guidance of education policies. Education policies play the important roles and bring the great influence in the development of education. Rural education development in over 60 years has accumulated the rich policy experience, which reflects the merits and characters of rural education development in China and explores "Chinese style" road of rural education development. Meanwhile, the development of rural education remains the obvious problems. The difficulties and reverses of rural education development as well as the disparities between urban and rural education are closely related to policy problems. It is of practical significance for the further development of rural education in the new century by deeply summarizing and understanding the policy experiences and policy problems of rural education.

KEYWORDS: rural education, development, policy experiences, policy problems

我国农村中小学布局调整：历程、影响与对策[*]

张晓阳　范国睿[**]

摘　要： 自 2001 年开始至 2012 年暂时中止的我国农村中小学学校布局调整政策，大概经历了"酝酿—启动—调整—中止"四个阶段。政策的实施在取得明显成效的同时，也产生了一系列问题。论文在仔细梳理布局调整政策历程的基础上，归纳总结了该政策对我国农村义务教育的积极作用与消极影响；在深入分析布局调整政策动因、认识以及价值取向的基础上，论文提出了一系列政策建议，以期理性推进我国农村中小学布局调整工作。

关键词： 农村中小学，学校分布，布局调整，政策分析

新世纪以来，我国城镇化速度大大加快，与此相伴随的则是教育的城镇化。自2001 年开始，我国农村中小学布局结构经历了一场"运动式"变革，有意无意地朝着"小学进乡镇，中学进县城"的战略预期大踏步前进，即便在"校车事故"频发并招致广泛的社会反思的 2011 年，农村学校撤并进程并未"减速"。这种大规模、快速度的学校布局结构调整在世界范围内都是罕见的。然而，这场"事关 7 亿多农民、1.27 亿农村义务教育在校生、752 万农村专任教师"（邬志辉、史宁中，2011）的学校布局调整

---

　　* 本文为教育部人文社会科学重点研究基地重大项目《基础教育政策实施的监测与评估体系研究》（课题批准号：11JD880005）的阶段性成果。

　　** 张晓阳（1984—　），河南人，华东师范大学教育学系博士研究生，主要从事教育基本理论与教育政策研究。范国睿（1964—　），山东平度人，教育学博士，华东师范大学教育科学学院教授，博士生导师，主要研究领域：教育学原理，教育政策，学校变革与发展。E-mail：grfan@ecnu.edu.cn.

政策,在其推进过程中所产生的种种教育问题,越来越为人诟病,以至2012年9月国务院颁布的《关于规范农村义务教育学校布局调整的意见》暂告一段落。农村中小学布局调整的最初动因是什么? 这当中有多大成分是城镇化的客观需求,又有多大成分是地方教育行政部门的不恰当的政绩观所致? 为何在多方质疑的情况下还能延续10年之久? 本文拟在还原农村中小学学校布局结构调整发展历程的基础上,深刻反思和总结政策实施的积极与消极影响;在对相关政策进行理性分析的基础上,提出理性推进我国农村中小学布局调整工作的相关政策建议。

一、农村中小学布局调整的政策历程

"农村中小学布局调整",是指自20世纪90年代末已经存在,2001年正式启动的一场对全国性农村中小学布局结构的"教育改革",特指我国为了优化农村教育资源配置,对农村教育资源进行整合,对邻近的学校进行资源合并所采取的一系列措施。具体说来,就是大量撤并农村原有的中小学,使学生集中到小部分城镇中心学校,即民间所谓的"撤点并校"。同时,农村中小学布局调整政策不是一项单行、明确、具体的公共政策,而是涉及农村学校布局调整的一系列措施和相关政策的概括与统称,该政策大概经历了"酝酿——启动——调整——中止"四个阶段。

(一) 农村中小学布局调整的政策酝酿

1986年,我国颁布实施了《中华人民共和国义务教育法》,其中规定:"义务教育事业在国务院领导下,实行地方负责,分级管理。地方各级人民政府应当合理设置小学、初级中等学校,使儿童、少年就近入学。"基于此项规定,我国针对农村中小学进行了第一次成规模的布局调整,期间撤并了一批"麻雀学校"和"教学点"。然而,此后由于面对沉重的"扫盲"和"普及九年义务教育"任务,以"撤并学校"来提高教学质量并没有成为当时的教育工作重点。况且,当时计划生育政策处于初期阶段,国民生育观念的变迁也才刚刚开始,"此前所积累的人口压力并没有在短时期内消化,因此,客观上农村中小学所需要承载的生源量是非常庞大的。也正是基于这种考虑,20世纪80年代末以来到农村中小学布局调整实行以前,农村中小学校一直不断膨胀与扩张,以适应生源压力的需要。应该说,这一阶段的工作是卓有成效的,一段时期内确实缓解了教育资源不足与空间狭窄的问题"(王晓慧,2011)。在国家、社会各界的努力之下,"镇办初中,村办小学"的地方分管体制由此而生,甚至一些大的村落拥有自己的九年一贯制学校。在这个基础上,90 年代中后期,我国基本完成了"扫盲"和"普及九年义务教育"的任务。

也正是在这个过程中,我国社会结构发生了深刻的转型。农村城镇化水平的迅猛提高,计划生育政策和生育观念变迁下适龄儿童数量的急剧减少,农村税费制度改革下乡村学校办学经费的持续紧张,农民在实现"有学上"基础上对于"上好学"的强烈需要,这些都催促着地方政府和国家着手新一轮的农村学校布局调整,以便改变学校遍地开花、教育资源粗放型分配所造成的严重浪费现象,实现资源的集约、优化配置,提高教育效益。事实上,从 1998 年起,大多数省份都陆续开展以"并乡、并村、并校"和"减人、减事、减支"为核心内容的乡镇机构改革(崔多立,2012)。同年,教育部出台了《关于认真做好"两基"验收后巩固提高工作的若干意见》,其中明确提到了要"遵循方便学生就近入学和充分利用教育资源,提高办学规模、效益原则,合理调整中小学校布局"。

2001 年 3 月,《国务院关于进一步做好农村税费改革试点工作的通知》在将农村教育财政与管理体制改为"以县为主"的同时,提出"要进一步优化农村教育资源配置,合理调整农村中小学校布局。根据实际情况适当撤并规模小的学校和教学点,提高农村办学效益"。由于农村教育财政与管理体制的改革,"撤并学校"对于财政吃紧的地方政府,尤其是县级政府来说,能极大地减轻财政压力。于是,很多地方开始了自发的"撤点并校"。

(二) 农村中小学布局调整的政策启动

2001 年 5 月,《国务院关于基础教育改革与发展的决定》颁布,其中规定:"因地制宜调整农村义务教育学校布局。按照小学就近入学、初中相对集中、优化教育资源配置的原则,合理规划和调整学校布局。农村小学和教学点要在方便学生就近入学的前提下适当合并,在交通不便的地区仍需保留必要的教学点,防止因布局调整造成学生辍学。学校布局调整要与危房改造、规范学制、城镇化发展、移民搬迁等统筹规划。调整后的校舍等资产要保证用于发展教育事业。在有需要又有条件的地方,可举办寄宿制学校。"这标志着我国农村新一轮大规模中小学布局调整政策的正式启动。从上文分析可以看出,在此政策启动之初,便考虑到了布局调整的一些基本标准,比如明确提出农村小学和教学点要在"方便学生就近入学"的前提下适当合并,并且要在交通不便的地区保留必要的教学点,防止因布局调整造成学生辍学。但是,当时没有给出具体的"督导条例"与"撤并程序",导致出现了一系列本可避免的问题。

2002 年 4 月,国务院发布《关于完善农村义务教育管理体制的通知》,明确规定,"县级人民政府负责制定本地区农村义务教育发展规划,组织实施农村义务教育;从实际出发,因地制宜,逐步调整农村中小学布局",但是随着农村税费改革试点的逐步扩大,县级财政的压力日增,大批撤并村小和教学点,优化教育投资效益成为许多地方政府的不二选择。2003 年 6 月,财政部发布《中小学布局调整专项资金管理办法》,中央财政为促进和引导全国基础教育事业的改革和发展,推动、支持和鼓励中小学布局调整,设立"中小学布局调整专项资金",补助范围中提到要重点支持农村地区中小学。专项资金对于捉襟见肘的县级财政无疑是"雪中送炭",更加快了地方政府制定农村中小学布局调整规划,以便申领这笔专项资金。

2003 年 9 月,国务院做出《关于进一步加强农村教育工作的决定》,继续推进中小学布局结构调整,努力改善办学条件,重点加强农村初中和边远山区、少数民族地区寄宿制学校建设。2004 年,教育部、财政部发出《关于进一步加强农村地区"两基"巩固提高工作的意见》,要求稳步推进农村学校布局结构调整工作,提高办学规模和效益,中央财政将视各地中小学布局调整工作的开展情况,给予适当的奖励和支持。2005 年,教育部通过了《关于进一步推进义务教育均衡发展的若干意见》,要求各地统一思想,把推进义务教育均衡发展摆上重要位置,积极采取措施,逐步缩小学校发展中的差距。"义务教育均衡发展"成为继"双基"之后的全新战略目标。面对区域、城乡、校际,尤其是城乡之间巨大的差距,大多数地区采取的不是双向一体化推进,而是单向发展的方针,让薄弱地区、乡村以及学校向教育发达地区、城镇以及学校全面靠拢。那么,针对农村学校,尤其是农村薄弱学校的大规模撤并也就自然成为许多地区"促进义务教育均衡发展"的重要措施。

另外,随着《国家西部地区"两基"攻坚计划(2004—2007 年)》的实施,开始实施农村寄宿制学校建设工程。从 2004 年到 2007 年四年时间内,中央财政投入资金 100 亿元,在中、西部地区修建寄宿制学校,以实现和巩固"双基"目标。义务教育阶段寄宿制学校的大幅修建,客观上加大了农村中小学布局调整的力度,也加快了农村中小学撤并速度。2006 年,全国共有 673 个项目县启动了该建设工程,但是每个项目县只有 5 所学校的建设资金(胡荣,2013)。可见,在建设资金之外,地方政府仍有强大的学校撤并动力,借助于撤点并校,可以聚集财政资源,可以树立形象工程,等等。

(三) 农村中小学布局调整的政策调整

"发展"农村义务教育不是彻底将其"消灭"。在学校布局调整的过程中,有些地区采取"一刀切"方式,盲目撤并农村中小学,以致各种问题相继暴露出来,其中最主要的是造成很多地区学生新的"上学难,上学远"现象的发生。其实,"从 2006 年起,农村学校布局调整带来的系列问题已经引起了中央和教育部的重视,并先后发出通知、意见、工作要点等,对此进行有意识的政策纠偏"(胡荣,2013)。

2006 年 6 月,教育部先后发出《关于切实解决农村边远山区交通不便地区中小学生上学远问题有关事项的通知》和《关于实事求是地做好农村中小学布局调整工作的通知》,试图对布局调整政策做出适当的完善,指出,"各地教育行政部门要进一步加强对农村边远山区、交通不便地区中小学布局调整、寄宿制学校建设等方面的调查研究工作,慎重对待撤点并校,确保当地学生方便就学"。同时要对本地区的实际情况进行细致统计与分析,"避免因决策的失误、工作简单化和'一刀切'造成新的学生上学远的问题发生"。《通知》要求:"各地教育行政部门在保证学生就近入学的前提下进行农村中小学布局调整,在交通不便的地区仍须保留必要的小学和教学点。防止因过度调整造成学生失学、辍学和上学难问题。"在实施布局调整方案之前,"对群众反映强烈的问题要认真做好解释工作,并及时修改、完善方案,不得简单从事,强行撤并"。同年,国家出台了新修订的《义务教育法》以及一系列促进义务教育均衡发展的政策法规,进一步明确了各级政府的责任,要求其"合理配置教育资源,促进义务教育均衡发展"。

种种迹象表明,2006 年国家对农村中小学布局调整政策进行了反思,试图对其进行完善,但是强大的撤并惯性依然促使农村中小学不断消失。"一些地方政府对城乡教育一体化方针的执行出现偏差,出现以撤点并校拉动城镇化的功利追求,布局调整逐渐演化为'学校进城'的目标,在城市化动机下,违背教育规律的学校高度集中,甚至以城市教育取代农村教育成为一种潮流。"(胡荣,2013)经过政策反思,"2007 年,就部分网友反映布局调整导致部分学生上学难的问题,教育部在回复中要求:今后农村中小学布局调整要按照实事求是、稳步推进、方便就学的原则实施,农村小学和教学点的调整,要在保证学生就近入学的前提下进行,在交通不便的地区仍须保留必要的小学和教学点,防止因过度调整造成学生失学、辍学和上学难问题。这被舆论解读为,国家在叫停'强行撤并'。"(王宏旺,2009)由此,虽然没有正式宣布,农村学校布局调整进入了事实上的政策中止阶段。

(四) 农村中小学布局调整的政策中止

2008 年 10 月,十七届三中全会通过了《中共中央关于推进农村改革发展若干重大问题的决定》,提出"坚持以人为本,尊重农民意愿,着力解决农民最关心最直接最现实的利益问题"。针对布局调整过程中出现的一系列"强制撤并"现象,2009 年 5 月,国务院召开全国中小学校舍安全工程电视电话会议,国务委员、全国中小学校舍安全工程领导小组组长刘延东强调,要以规划为先导,特别是对农村"撤点并校",要注意从实际出发,防止"一刀切"或"一哄而起"。要根据城镇化发展和人口流动变化的趋势,促进学校合理布局和结构优化。涉及农村中小学布局调整的,要在深入调查研究和广泛听取群众意见的基础上进行。2010 年,教育部颁发《关于贯彻落实科学发展观进一步推进义务教育均衡发展的意见》,要求地方各级教育行政部门在调整中小学布局时,"对条件尚不成熟的农村地区,要暂缓实施布局调整,自然环境不利的地区小学低年级原则上暂不撤并"。

2011 年,甘肃校车事件[①]使社会对于这一政策的反思达到一个高潮,温家宝总理在国务院常务会议以及在各地调研教育状况时,多次对规范农村义务教育学校布局

---

① 2011 年 11 月 16 日 9 时 15 分许,甘肃省庆阳市正宁县榆林子小博士幼儿园一辆号牌为甘 MA4975 的接送幼儿的校车(核载 9 人、实载 64 人),由西向东行驶至正宁县正(宁)周(家)公路榆林子镇下沟村一组砖厂门前路段时,与由东向西行驶的号牌为陕 D72231 的重型自卸货车发生正面相撞,造成 21 人死亡(其中幼儿 19 人)、43 人受伤。事故原因是甘 MA4975 小客车严重超员,在大雾天气下逆向超速行驶。该事故暴露出一些地区存在车辆违法严重超载以及有关部门在校车安全管理方面责任不落实、措施不到位、监管有漏洞等突出问题,也被指系农村学校布局调整,造成农村儿童上学难所致。

调整提出意见要求。2012年1月,教育部发布《教育部2012年工作要点》,提出审慎推进义务教育学校布局调整,坚持办好必要的村小和教学点。2012年4月,国务院签发了《校车安全管理条例》,有效减轻了学生上下学的交通风险。2012年7月22日,教育部发布《〈规范农村义务教育学校布局调整的意见(征求意见稿)〉公开征求意见的公告》,面向社会公开征求意见。2012年8月,国务院下发《关于深入推进义务教育均衡发展的意见》,指出要"总体规划,统筹城乡,因地制宜,分类指导,分步实施,切实缩小校际差距,加快缩小城乡差距,努力缩小区域差距,办好每一所学校,促进每一个学生健康成长"。同年9月,国务院出台了正式的《关于规范农村义务教育学校布局调整的意见》,提出了农村义务教育学校布局的总体要求:"农村义务教育学校布局,要适应城镇化深入发展和社会主义新农村建设的新形势,统筹考虑城乡人口流动、学龄人口变化,以及当地农村地理环境及交通状况、教育条件保障能力、学生家庭经济负担等因素,充分考虑学生的年龄特点和成长规律,处理好提高教育质量和方便学生就近上学的关系,努力满足农村适龄儿童少年就近接受良好义务教育需求。"而且"县级人民政府必须严格履行撤并方案的制定、论证、公示、报批等程序","通过举行听证会等多种有效途径,广泛听取学生家长、学校师生、村民自治组织和乡镇人民政府的意见,保障群众充分参与并监督决策过程"。同时,也提出了"严格规范学校撤并程序和行为"的相关规定,如"学校撤并应先建后撤,保证平稳过渡"、"撤并方案要逐级上报省级人民政府审批"、"在完成农村义务教育学校布局专项规划备案之前,暂停农村义务教育学校撤并"以及"坚决制止盲目撤并农村义务教育学校"等要求。至此,自2001年始,持续了十余年的农村学校布局调整,即"撤点并校"政策暂时落下帷幕。

表1 农村中小学布局调整相关政策文件一览

时 间	颁布单位	文 件 名 称	主 要 内 容
1998-08-03	教育部	教育部关于印发《关于认真做好"两基"验收后巩固提高工作的若干意见》的通知(教基[1998]8号)	遵循方便学生就近入学和充分利用教育资源,提高办学规模、效益原则,合理调整中小学校布局。

续　表

时　间	颁布单位	文件名称	主　要　内　容
2001－03－24	国务院	《国务院关于进一步做好农村税费改革试点工作的通知》（国发［2001］5号）	要进一步优化农村教育资源配置，合理调整农村中小学校布局。根据实际情况适当撤并规模小的学校和教学点，提高农村办学效益。
2001－05－29	国务院	《国务院关于基础教育改革与发展的决定》（国发［2001］21号）	因地制宜调整农村义务教育学校布局。按照小学就近入学、初中相对集中、优化教育资源配置的原则，合理规划和调整学校布局。农村小学和教学点要在方便学生就近入学的前提下适当合并，在交通不便的地区仍需保留必要的教学点，防止因布局调整造成学生辍学。学校布局调整要与危房改造、规范学制、城镇化发展、移民搬迁等统筹规划。
2002－04－14	国务院	《国务院办公厅关于完善农村义务教育管理体制的通知》（国办发［2002］28号）	县级人民政府负责制定本地区农村义务教育发展规划，组织实施农村义务教育；从实际出发，因地制宜，逐步调整农村中小学布局。
2003－06－11	财政部	财政部关于印发《中小学布局调整专项资金管理办法》的通知（财教［2003］47号）	为促进和引导全国基础教育事业的改革和发展，推动、支持和鼓励中小学布局调整，加快中小学规范化、标准化建设，改善地方基础教育办学条件，提高办学质量和效益，中央财政设立"中小学布局调整专项资金"。布局调整专项资金的补助范围是地方各级政府教育部门主办的普通中学（包括初级中学、高级中学和完全中学）和小学，重点支持农村地区中小学。布局调整专项资金主要用于支持标准化、具有示范效应的中小学校的改扩建和教学用图书、仪器设备的购置。
2003－09－20	国务院	《国务院关于进一步加强农村教育工作的决定》（国发［2003］19号）	继续推进中小学布局结构调整，努力改善办学条件，重点加强农村初中和边远山区、少数民族地区寄宿制学校建设，改善学校卫生设施和学生食宿条件，提高实验仪器设备和图书的装备水平。
2004－02－12	教育部、财政部	《关于进一步加强农村地区"两基"巩固提高工作的意见》（教基［2004］4号）	各地要遵循"小学就近入学，初中相对集中"的原则，稳步推进农村学校布局结构调整工作，提高办学规模和效益。要根据当地实际，重点加强农村寄宿制初中建设，有条件的地方可以建设九年一贯制的农村寄宿制义务教育学校。为避免因就学路程较远造成小学生失学、辍学，对于地处偏僻的教学点应予以保留。中央财政将视各地中小学布局调整工作的开展情况，给予适当的奖励和支持。

续　表

时　间	颁布单位	文件名称	主　要　内　容
2004－02－16	教育部、发改委、财政部、国务院西部开发办	《国家西部地区"两基"攻坚计划（2004—2007年）》的通知（国办发〔2004〕20号）	新建、改扩建一批以农村初中为主的寄宿制学校，保障"两基"攻坚县扩大义务教育规模的需要，安排好西部地区新增130万初中生和20万小学生的学习和生活条件；加大对西部地区现有学校的改造力度，使确需寄宿的山区、牧区、高原和边远地区学生能进入具备基本办学条件的寄宿制学校学习。
2005－05－25	教育部	《关于进一步推进义务教育均衡发展的若干意见》（教基〔2005〕9号）	要适应各地加快推进城镇化建设、调整乡村建制和人口变动等新的形势，合理配置好公共教育资源，在新建、扩建和改建学校时，适当调整和撤销一批生源不足、办学条件差、教育质量低的薄弱学校，并解决好人口集中的乡镇、县城及周边学校的大班额问题。
2006－06－07	教育部	《教育部办公厅关于切实解决农村边远山区交通不便地区中小学生上学远问题有关事项的通知》	各地教育行政部门要进一步加强对农村边远山区、交通不便地区中小学校布局调整、寄宿制学校建设等方面的调查研究工作，慎重对待撤点并校，确保当地学生方便就学。各地要对本行政区域内农村边远山区、交通不便地区的教育发展状况、人口变动情况和人民群众的承受能力进行全面、细致、深入的调研，对中小学校的布局、学生的分布情况、道路交通、学生的需求、群众关注的问题等要做到心中有数。
2006－06－09	教育部	《关于实事求是地做好农村中小学布局调整工作的通知》（教基〔2006〕10号）	各地教育行政部门要会同当地发展改革、建设、财政等部门，将农村中小学布局调整纳入当地教育发展规划，充分论证、统筹安排、稳妥实施。农村小学和教学点的调整要在保证学生就近入学的前提下进行，在交通不便的地区仍须保留必要的小学和教学点，防止因过度调整造成学生失学、辍学和上学难问题，并积极运用现代远程教育手段，满足教育教学的需求。县级教育行政部门要合理确定小学生的就学路程，并做出明确规定；对确因布局调整造成学生入学难、群众反映强烈，而寄宿制学校建设不能满足需求的，要采取切实措施予以解决。正处于初中适龄人口高峰期的地方，要本着"先建设、后撤并"的原则，实施初中布局调整，避免出现由于布局调整造成学校班额过大、教育教学资源和条件全面紧张的问题；条件不具备的地方可暂不调整。要严格防止以布局调整为名减少教育投入。

时　　间	颁布单位	文件名称	主　要　内　容
2010 - 01 - 04	教育部	《关于贯彻落实科学发展观进一步推进义务教育均衡发展的意见》（教基一〔2010〕1号）	地方各级教育行政部门在调整中小学布局时，要统筹考虑城乡经济社会发展状况、未来人口变动状况和人民群众的现实需要，坚持实事求是，科学规划，既要保证教育质量，又要方便低龄学生入学，避免盲目调整和简单化操作。对条件尚不成熟的农村地区，要暂缓实施布局调整，自然环境不利的地区小学低年级原则上暂不撤并。对必须保留的小学和教学点，要加强师资配备，并充分利用现代远程教育手段传送优质教育资源，保证教育教学质量。对已经完成布局调整的学校，要改善办学条件特别是寄宿条件，保障学生的学习生活。要进一步规范学校布局调整的程序，撤并学校必须充分听取人民群众意见，避免因布局调整引发新的矛盾。
2012 - 09 - 05	国务院	《关于深入推进义务教育均衡发展的意见》（国发〔2012〕48号）	总体规划，统筹城乡，因地制宜，分类指导，分步实施，切实缩小校际差距，加快缩小城乡差距，努力缩小区域差距，办好每一所学校，促进每一个学生健康成长。
2012 - 09 - 06	国务院办公厅	《国务院办公厅关于规范农村义务教育学校布局调整的意见》（国办发〔2012〕48号）	农村义务教育学校布局的总体要求：农村义务教育学校布局，要适应城镇化深入发展和社会主义新农村建设的新形势，统筹考虑城乡人口流动、学龄人口变化，以及当地农村地理环境及交通状况、教育条件保障能力、学生家庭经济负担等因素，充分考虑学生的年龄特点和成长规律，处理好提高教育质量和方便学生就近上学的关系，努力满足农村适龄儿童少年就近接受良好义务教育需求。 严格规范学校撤并程序和行为：规范农村义务教育学校撤并程序。确因生源减少需要撤并学校的，县级人民政府必须严格履行撤并方案的制定、论证、公示、报批等程序。要统筹考虑学生上下学交通安全、寄宿生学习生活设施等条件保障，并通过举行听证会等多种有效途径，广泛听取学生家长、学校师生、村民自治组织和乡镇人民政府的意见，保障群众充分参与并监督决策过程。学校撤并应先建后撤，保证平稳过渡。撤并方案要逐级上报省级人民政府审批。在完成农村义务教育学校布局专项规划备案之前，暂停农村义务教育学校撤并。 坚决制止盲目撤并农村义务教育学校。多数学生家长反对或听证会多数代表反对，学校撤并后学生上学交通安全得不到保障，并入学校住宿和就餐条件不能满足需要，以及撤并后将造成学校超大规模或"大班额"问题突出的，均不得强行撤并现有学校或教学点。已经撤并的学校或教学点，确有必要的由当地人民政府进行规划，按程序予以恢复。

二、农村中小学布局调整的政策影响

新世纪以来,这场大规模的学校布局调整给农村基础教育带来了深远的影响。作为一项公共政策,发挥其导向作用万分重要,因为它能为各种客观与主观因素所促发的行为提供合法依据,而这种合法依据又会放大种种自发行为。此次的农村中小学布局调整就属于这种公共政策,它为各地自发的学校布局调整提供了"合法性",由此所带来的正面与负面冲击力都是无比巨大的。据统计,"2000 年到 2010 年,我国农村小学减少 22.94 万所,减少了 52.1%;教学点减少 11.1 万个,减少了六成;农村初中减少 1.06 万所,减幅超过 1/4。也就是说,平均每一天,就要消失 63 所小学、30 个教学点、3 所初中,几乎每过 1 小时,就要消失 4 所农村学校。"(齐国艳,2012)

(一)农村中小学布局调整的积极影响

从 1986 年《中华人民共和国义务教育法》颁布实施,到 2001 年政府正式宣布实现"双基"的战略任务,我国基本形成的是"村村办小学,乡乡办初中"的布局形态,客观上使教育资源分散,配置不合理,无法形成规模效益,从而导致农村中小学教育质量低下。这也是城乡教育差距形成的一个重要原因。自 2001 年开始的这场农村学校布局调整改革,虽然存在种种问题,但是不能否认其所取得的一系列积极成效。从宏观上讲,它提高了教育城镇化与农村城镇化水平;从微观上说,它促进了教育资源的优化配置,形成了集中办学的规模效益,推动了区域教育的均衡发展。

1. 提高了教育城镇化与农村城镇化水平

我国农村的快速城镇化是促发教育城镇化的重要因素,但是教育城镇化反过来又会加快农村城镇化的水平。农村城镇化是国家现代化的重要趋势和标志。2011 年年末,我国城镇人口占总人口比重达到了 51.27%,首次超过了农村人口。这标志着我国从此进入以城市社会为主的新的发展阶段。国际发展经验表明,这一阶段的城镇化一般会呈现城市区域不断向郊区扩展和城镇群大量涌现的特征。我国人口规模巨大,只靠几个城市圈和少数经济发达地区不可能全面完成人口的城镇化,所以在城镇化上,与发达国家还有很大的差距,但差距就是潜力,就是我国未来几十年社会与经济发展的希望所在。农村城镇化是一个复杂的工程，必须有效地引导相关产业进行合理的布局调整，以促使农村人口实现城镇化转移。暂且搁置教育是否是"产业"的争论，不可否认它是极其重要的社会资源，所以教育城镇化无疑是农村城镇化的一个重要动力。

农村中小学布局调整对教育城镇化与农村城镇化也产生了积极影响。"人口迁徙的目的是为了改善生活条件，由此，流入地的那些使移民改善生活条件的因素就成为拉力，而流出地的那些不利的社会经济条件就成为推力。人口迁徙的发生就是因为流出地的推力和流入地的拉力两种强力造成的。"（胡俊生，2010）一直以来，"民工流"和"学生流"都是促进农村人口城镇化迁移的两股重要力量。撇去"民工流"所带动的子女随迁不说，无论是"学生流"导致的父母陪读甚至举家搬迁，还是主动追求优质教育资源所导致的教育移民，都是教育城镇化带动农村城镇化的重要表现。新世纪以来的农村中小学布局调整无疑会促使教育资源的城镇化集聚，而教育资源的城镇化集聚，无疑会在客观上"推拉"农民的城镇化，虽然这个过程伴随着许多有待解决的困难与问题。

2. 促进了教育资源的优化配置

实现教育资源的合理配置本来就是农村中小学布局调整的重要目标。资源的优化配置是指在原来资源总量的基础上，实现学校硬件和软件质量的提升。教育资源的硬件指的是学校的基础设施建设，软件主要指的就是师资队伍建设。首先是学校基础设施建设。通过农村学校布局调整，大部分农村地区新布点的学校在硬件设施上都有所提高。通过撤并一大批薄弱的"麻雀学校"，地方会节省下来一大批教育资金，可以直接用来改善新布点学校的办学条件，更新教学设备。"与2001年相比，2010年全国农村小学生均教学及辅助用房面积从2.8平方米提高到3.5平方米，体育场馆面积和教学自然实验仪器达标学校分别从46.8%、45.5%提高到54.6%、50.4%。"（刘利民，2012）在这个过程中，"撤并学校的动产向布点的中心学校集中，中心学校增加部分投入完善了教学实验设备和文体设施；布局调整与危房改造相结合，节约了大量的修缮费用。同时，布局调整精简了部分教师，节省了财政支出，这样使有限的财政支出得以集中，教师的工资能够及时发放。"（郭清扬，2007）许多地方在学校布局调整之后，利用集中的教育资源，打造了一大批设施先进的中小学。例如,河南省济源市在新世纪之初,刚刚启动农村学校布局调整就成效显著,"2001 年在原来基础上撤销了 56 个教学点,合并到位的小学有 57 所,超额完成了年度计划。布局调整到位后,学校发生了明显变化。首先便是办学条件改善了。据统计,2001 年小学布局调整中,全市新建校舍 4.2 万平方米,投资 2 600 万元;新增图书 14 万册,新增实验仪器和体音美器材 1.6 万件,价值 800 余万元;新装备多媒体教室 36 个,投资 280 万元"(周宝荣,2002)。

其次是师资队伍建设。师资是教育资源中最为宝贵的财富。但是在农村中小学布局调整前,很多农村学校,尤其是教学点规模过小,"部分学校只能开语数两门课程,其他的课则由语数老师兼任。有些甚至是包班上课,缺少专职的英、音、体、美和计算机老师,师资呈现严重的结构性短缺,教育质量难以保证。布局调整后精简了部分不合格的教师,提高了教师队伍的整体素质,并且通过教师队伍的优化组合,使得各门学科基本上都有了专职教师"(范先佐,2008a)。一项针对中西部 6 省区的调查印证了这个观点,例如调查对象之一的云南省楚雄州禄丰县,在"九五"期间先后撤并了 4 所中学,同时,撤并小学校点 95 个(平均每年撤并 20 个),减少教学班 114 个。学校的撤并使教学点数量减少,被撤并学校的教师向中心学校集中,被撤并学校的学生接受专任教师授课的程度得到极大提高,根本改变了布局结构调整前很多教学点一名教师带一个或几个班全部课程的状况。而且,由于代课教师减少,布局调整后教师的学历等整体素质得到较大提升。2006 年禄丰县小学教师中专以上学历的达99.86%,其中本科学历的占 62.72%;初中教师大专以上学历的达 99.35%,其中本科学历的占 36.01%;高中教师本科以上学历的达 75.95%(郭清扬,2007)。

3. 形成了集中办学的规模效益

农村学校布局调整不仅可以促进教育资源的优化配置,而且有利于形成规模办学的效益。通过撤并部分规模较小、教学条件相对落后的村小和教学点,使农村学校的校均规模扩大,从而对教育资源进行重新整合。在教育资源一定的情况下,学校数量减少,意味着每所学校可以支配利用的教育资源增加,并且教育资源利用效率相应提高,也就形成了农村中小学校的规模效益。例如,广西壮族自治区桂林市龙胜各族自治县因境内有苗、瑶、侗、壮等多个少数民族聚居而得名。该县素有"九山半水半分田"之称,学校规模普遍较小。三门镇中心小学本来是一所服务范围只有 2 个村的小学,2003年学校合并了附近村的一所学校,服务范围扩大为5个村。学校合并以后,中心学校对这两所学校原有的师资和可支配的教育经费进行了合理的安排,从整体上提高了学校的教学质量。合并以后的学校开设了二胡、篮球、书法等免费的特长班。只有学校达到一定的规模,才能更加充分地集中和利用各种教育资源,由此可见,通过几年的调整,农村中小学布局比以往更加合理(郭清扬,2007)。

4. 推动了区域教育的均衡发展

2001年,我国政府正式宣布实现了"双基"任务之后,"义务教育均衡发展"便成为我国基础教育发展的新目标。义务教育均衡指的是义务教育在教育机构、教育群体、教育区域之间,公平地配置教育资源,以达到教育需求与教育供给的相对均衡。在农村学校布局调整之后,一些基础设施较好、教学质量较高的农村中心校,由于投入加大、资源集中,其办学条件在当地农村学校处于一流水平,其基础设施、师资、教学仪器设备、管理水平等与城镇学校的差距也在不断缩小。在这样的情况下,农村学龄儿童可就近接受高质量、高水平的教育,从长远来看,对缩小区域内、城乡之间的教育差距,对推进区域内、城乡间的教育均衡起到了积极作用。例如,广西柳州市鹿寨县通过农村中小学布局调整,许多乡村中心小学新建了教学楼、学生公寓楼、学生食堂等,学生微机室、仪器室及自然实验室等一应俱全。各村教学点的设备全部集中到乡中心校,学校图书及各种配套教学仪器设备,均达到国家二级配备标准。此外,还配备了彩电、背投及电脑等教学设施,每个教室都装上了多媒体教学设备。鹿寨县集中财力,集中办学,使教育设施不断完善,缩小了城乡教育硬件的差距,为孩子们创造了良好的学习条件,让农村孩子读上书、上好学,使城乡学子站在同一起跑线上(李旭东、赖建辉,2011)。

(二) 农村中小学布局调整的消极影响

2012年,国务院出台《关于规范农村义务教育学校布局调整的意见》,提出"坚决制止盲目撤并农村义务教育学校","在完成农村义务教育学校布局专项规划备案之前,暂停农村义务教育学校撤并","已经撤并的学校或教学点,确有必要的由当地人民政府进行规划,按程序予以恢复"。原因就是布局调整过程中,很多地区存在"一刀切"和"盲目撤并"的现象,从而给农村基础教育造成了许多消极影响。这些消极影响涉及的对象众多,其中对于农村学生、学校以及家庭来说,尤为巨大。

1. 布局调整对于学生的消极影响

"对学生而言,主要是学校服务半径过大,农村中小学生遭遇'上学难'。一般来讲,服务半径越大,服务人口相对越多,学校的办学规模就越大,办学效益就越高。但当前农村中小学学校服务半径普遍过大,给学生带来不便。"(储卫中、张玉慧,2012)根据华中师范大学课题组 2008 年对中西部 6 省区农村中小学的调研,收集针对各类人员的问卷共 109 598 份,结果显示,74.0% 的行政人员、77.5% 的学校校长、70.5% 的学校中层干部、69.8% 的教师和 62.1% 的教辅人员认为,学生上学路程太远是当地农村中小学布局调整后存在的最主要问题(范先佐、郭清扬,2009)。从另一份针对我国东、中、西 6 省代表学校的调查可知,在所调查的 700 位小学生中,有 412 位学生上学距离变远,平均变远了 9.19 公里,总体学生的上学距离平均变远了 4.05 公里;在所调查的 911 位初中生中,有 424 位上学距离变远,平均变远了 10.83 公里,总体学生的上学距离平均变远了 4.64 公里(刘善槐,2011)。另外,北京师范大学庞丽娟教授披露的数据显示,苏北 3 县 15 个乡镇的 1 200 名小学生,每天往返路程超过 5 公里的约为 40%,超过 10 公里的有近 10%;贵州、宁夏、甘肃等地有近 1/3 的学生每天单程超过 3 公里,近 1/8 的学生单程在 5—10 公里(庞丽娟,2006)。

学生"上学远"本身就是一个问题,但因为"上学远"导致的问题更多。首当其冲便是安全问题,而安全问题又涉及交通安全、饮食安全和住宿安全等。其中,以交通安全为例,"因为增加了上学距离,所以交通工具的需求问题迫在眉睫。而近年来频频发生的校车事故中始终难以解决的悖论在于,即便是那些乘坐'劣质校车'、严重超员甚至非法运营校车的孩童,也要远比那些没有校车可坐,甚至需要徒步跋涉、溜索的学龄儿童幸运得多。上海申银万国证券研究所有限公司曾按美国校车案例测算,中国专用校车需求约为 80 万—100 万辆;按单个省需求量推导,全国专用校车需求量大约为 70 万辆左右。而现实情况是,中国在校中小学生约 2.33 亿人,保守按 1.5 亿中小学生计算,当前符合标准的专用校车仅为 1 万辆左右,学生千人保有量仅为 0.12 辆。"(申银万国,2011)残酷的现实导致的是儿童上下学路上的事故频发,迫使国家出台了《校车安全管理条例》。另外,远离家庭的寄宿生活也让学生缺乏来自父母的情感关怀,心理问题日益增多。具体表现为有些学生产生厌学情绪,早恋现象比较普遍,学生打架斗殴现象时有发生。

除了安全问题,便是辍学率。河北省教育厅巡视员、中国教育学会农村教育分会理事长韩清林透露,近四年来,全国小学辍学率大幅度回升,"从2008年辍学生63.3万人,辍学率5.99%,到2011年辍学生已经达到88.3万人,辍学率8.8%,这与1997年、1998年、1999年的辍学水平大体相当"。10年间,辍学的主体已经由高年级迁移到小学一、二年级。2007年、2008年、2009年、2010年小学一年级到二年级辍学学生分别为51.08万人、55.86万人、64.28万人、51.81万人,辍学率分别为29.18‰、31.71‰、37.35‰、31.16‰,占年辍学学生的60%—80%,为历史最高峰。经过十几年的努力,在全面普及九年义务教育的情况下,特别是在全面实现免费义务教育的新形势下,全国小学辍学率已经倒退到1999年以前的水平(庄庆鸿、刘丹,2013)。农村学校布局调整的初衷是提高农村教育质量,让农村学生都"有学上"、"上好学",但是如果导致大量学生辍学,那就违背初衷,得不偿失了。

2. 布局调整对于学校的消极影响

21世纪教育研究院在《农村教育布局调整十年评价报告》中提出了"撤并系数"的概念,"该系数表明,2001年至2011年,全国历年的撤并系数平均为5.63,也就是说,平均下来,每年小学减幅超过小学在校生减幅的5.63倍"(李靖,2012)。农村中小学布局调整的本意是通过合理的撤并,适应生源减少的趋势,提高中心学校的办学质量,但很多地方政府不顾实际情况,盲目撤并,使得有些农村小学和初中不仅没有因为合并而实现教育质量的提升,反而因为学校学生人数的急剧增加,出现各种问题,学校的教育质量难以保障。具体表现有三点。一是班额严重超标,教学条件未得到及时改善。通过撤并大批的村小和教学点,学生大量集中在一些城镇或中心学校,但城镇学校或中心学校的扩建或新建往往跟不上撤并的速度,导致学校班额严重超标,教学设备也因此而显得捉襟见肘。许多撤并后的学生在超大班额下,得不到小规模村小或教学点时老师的关注,学习成绩反而出现下降。二是教师工作任务繁重,自身素质无法得到提高。"撤点并校"后,班额的陡增不仅加重了教师的教育教学工作负担,同时也加大了教师的身心压力。三是大部分学校寄宿条件差,配套设施滞后,管理比较混乱。大部分农村学校的学生宿舍不附带卫生间和浴室,有的农村学校学生住的是大通铺,许多学校无力配备合格食堂。大多数学校专职管理人员偏少,由班主任和任科教师来兼职担任学生的住宿管理工作,他们缺乏必要的培训和经验,住宿管理比较混乱,存在一定的安全隐患(储卫中、张玉慧,2012)。

3. 布局调整对于家庭的消极影响

目前,一些地方不合理的"撤点并校",与广大农民子女接受优质教育的愿望形成了鲜明的对比,使这些地区的农民家庭对农村中小学布局调整产生了怀疑、不满,导致当地干群关系紧张。具体影响有两方面。一是家庭教育成本增加,经济负担加重。因为不合理的"撤点并校",离学校相对较近的农村家长只能让孩子搭车上学,离学校较远的学生不得不寄宿在学校,这都使原来就不宽裕的家庭经济情况更加拮据,尤其是农村多子女家庭的教育开支骤增,极大增加了经济负担。例如,根据2011年国家统计局黑龙江调查总队在方正、阿城、宁安、同江、爱辉等县(市、区)对农村中小学校布局调整情况调查的结果表明,小学生在原所在地上学每人每年的费用为894元,学校布局调整后,集中到乡镇或县城上学,每年每名小学生仅伙食费一项就增加1 111元,达到2 000多元。另外,有部分学校缺乏寄宿条件,学生每人每年在校外租房费用就增加772元。这对于一些收入较低的农民家庭来说,负担很重(崔多立,2012)。二是"陪读"现象普遍存在。中小学生的安全意识和自我保护能力都相对欠缺,出于对孩子的安全考虑,很多父母不得不背井离乡,陪同孩子到中心学校所在地租房陪孩子读书,这种"陪读"现象在一些偏远山区比较突出。这样的家庭一般是父亲在外面打工,而母亲则在学校所在地陪孩子就读,这些都对农村家庭造成了极大的困扰。

三、农村中小学布局调整的政策分析

虽然我国农村中小学布局调整的过程中出现了很多问题,并被暂时叫停,但是作为一项顺应农村城镇化大潮的公共政策,自有其出现的历史合理性与必要性。并且值得注意的是,国务院在2012年《关于规范农村义务教育学校布局调整的意见》中,只是要求在完成农村义务教育学校布局专项规划备案之前,"暂停"农村义务教育学校撤并,而不是"彻底"停止或者废除这一公共政策。这就需要我们对农村中小学布局政策进行理性分析,以便提出更好的政策建议,促使这项公共政策能够发挥其正面的导向作用,服务于我国"新型城镇化"和"新农村建设"的大局。

对于农村中小学布局调整政策认识是怎样的? 政策的价值取向是什么? 动因是什么? 利弊怎么来权衡? 这些都是政策分析需要涉及的问题。只有对农村布局调整政策有了正确认识,明确了政策的价值取向,摆正了布局调整的动因才能更好地提出政策建议,从而使农村中小学布局调整顺利推进。

(一) 农村中小学布局调整政策的动因分析

我国农村中小学布局调整的动力和原因众多。从宏观上讲,动因包括教育管理体制变革,教育由普及向提高转型,农村城镇化水平的不断提高,以及农村生源总量的快速减少等因素(邬志辉、史宁中,2011)。首先,"以县为主"的义务教育管理体制以及农村税费改革导致地方财政压力陡增,农村学校布局调整无疑可以集中教育资源,减轻地方财政负担。其次,教育由普及向提高转型是指随着"双基"任务的完成,农村学生的教育需要由"有学上"到"上好学"转变,这为布局调整提供了政策基础。再次,城镇化水平的不断提高所造成的人口集聚,以及农村生源总量减少引发的教育资源浪费也是农村学校布局调整的重要动因。另外,新世纪以来,义务教育均衡发展与教育城乡一体化成为新的奋斗目标,农村学校布局调整既是两者发展需要的结果,也是两者实现的前提条件。从微观上讲,农村学校布局调整可以优化教育资源,形成农村办学的规模效益,方便了教育管理的需要,从而提高教学质量。当然,也可以把农村学校布局调整的动因分为主观动因和客观动因两种。主观动因包括追求办学的规模效益,提高教学质量,促进教育均衡发展,以及减轻财政压力等;而客观原因则包括教育管理体制的改革,城镇化水平的提高,农村生源数量的减少,随迁子女等。

无论是宏观维度与微观维度,还是主观原因与客观原因,都应该围绕一个目标,即"提高农村中小学教育质量,实现城乡义务教育均衡"。如果脱离这样一个最终目标,那么学校布局调整的合法性就会受到质疑,被叫停也就在情理之中了。所以,这提醒我们在制定和执行公共教育政策的时候,要摆正动因才能经得起时间与实践的检验,才能"办人民满意的教育,办学生满意的教育"。说到底,公共教育政策是为人民服务,更是为学生服务,这也是政策的合法性所在。

（二）农村中小学布局调整政策的认识分析

首先,通过研究国际经验和国内现实状况可以发现,学校布局调整是一个不可逆转的趋势。从宏观社会发展来看,中国农村中小学布局分散,教育资源配置极不合理,与农村人口的快速城镇化,以及适龄入学儿童数量的减少十分不匹配,农村布局调整的趋势还将保持一段时间。布局调整过程中出现了许多问题,比如农村学生新的上学难,上学远,上学安全等,我们应该正视这些问题,想尽办法加以解决。但是这些问题毕竟都是发展中的问题,不能因为这些问题就否定发展本身。从微观学校发展来看,如果不进行学校布局调整,许多分散的村小会因为教育资源稀缺,招生困难而逐渐凋敝。目前虽然农村中小学布局调整因为种种问题,迫于舆论压力被叫停,甚至社会舆论还有许多"全面恢复撤并学校"的呼声,但这是不理性,也是不可取的。应该认识到,农村学校布局调整是社会发展的客观需要,在反思调整之后仍需推进,而不是畏缩不前,无视包括教育在内的城乡差距不断拉大。

其次,农村学校布局调整不仅仅是"撤点并校"。虽然社会舆论往往因为各地大规模的撤并学校,把农村学校布局调整称作"撤点并校",但是它的内涵要比"撤点并校"丰富得多。农村学校布局调整,不是简单地撤并学校和改变上学地点,不是学校空间格局的简单变化,因为仅是简单的空间变化对农村学校教育发展是没有什么意义的。伴随着空间变化,农村学校布局调整必须促进教育资源更加合理地分配。布局调整的过程中,之所以在许多地区出现这样、那样的问题,就是因为简单思维,采取"一刀切"的政策,盲目"撤点并校",空间的变化没有带来教育资源的优化配置,反而大大降低了教育质量。所以,农村中小学布局调整的目的不是"撤点并校",甚至在必要的地区要加盖新校,目的是教育质量的提高。

再次,"要把农村学校布局调整过程看成是一个兼顾认知、利益和传统惯习情感等因素和维度的过程"(秦玉友,2010)。农村学校布局调整在认知上是一个资源配置的过程,也是一个利益博弈的过程,它涉及政府与家长之间、家长与学校之间、学校与学生之间等多主体的博弈,博弈的结果无非是在个人利益与公共利益之间,效率与公平之间形成均衡,在提高农村整体教育质量的同时,维护好不同主体的合理利益,促进教育公平。同时,农村学校布局调整也涉及传统习惯和情感,比如学校撤并后,乡村文化与习俗的传承可能会受到极大冲击,所以调整的过程要适当考虑这些因素,做好宣传解释与抚慰工作,这样才能使学校布局调整顺利进行。

(三) 农村中小学布局调整政策的价值取向分析

"以人为本"的价值取向。这是农村中小学布局调整所应遵循的基本原则和首要价值取向。但是"以人为本",是指以"政府人员"、"学校人员",还是"学生"为本?这是一个不得不细究的问题。2006 年《关于实事求是地做好农村中小学布局调整工作的通知》中明确指出,"要坚持以人为本,以学生为本,以方便和满足学生和家长的需求为出发点,合理规划,统筹安排学校的布局和建设"(徐国英,2012)。同时,以学生为本,就是以学生的生命、健康、安全和教育需要为本。在布局调整的过程中,一切威胁学生的生命、健康、安全以及教育需要的行为都应该得到矫正,比如因为上学远引发的交通安全问题,因为寄宿学校引发的学生饮食和心理问题,因为撤并学校引发的隐性的学生辍学问题。这些都会直接或间接地威胁到以上指标,所以必须要加强重视。学校布局调整客观上虽然是一个政府、学校、学生以及家长等多主体之间的利益博弈,但是目标却应该是学生,尤其是学生教育需要的利益最大化。

"教育中心"的价值取向。在农村学校布局调整的过程中,经常出现"城市取向"与"乡村取向"的价值取向之争。"城市取向"者认为城镇化是未来发展的大趋势,农村教育城镇化自然是农村城镇化的一个必要组成部分,甚至会成为农村城镇化的一个重要助推力。所以提倡"小学进乡镇,初中进县城",甚至是"消灭农村教育"的运动,规模越大越好,速度越快越好,但是推行的过程中往往忽略一些偏远地区教育的特殊性,片面轻视小规模学校或微型学校,以及复式教学的作用。盲目的"撤点并校"导致学生"上学难、上学远、上学贵"现象发生。"乡村取向"者认为农村学校布局调整是为了"发展"农村教育,而不是"消灭"农村教育,所以重要的是国家加大投入,保留并发展乡村学校,并以乡村学校为中心和纽带保存乡土文化,培养具有乡土情感的乡村少年,而不是一味地使农村教育城镇化,毁灭乡村文化。这两种取向把重点都放在"城市模式"和"乡土模式"上,忽略了学生真正的"教育需要",无论是"城市取向"还是"乡土模式",都应该为教育需要服务,真正应该树立的是"教育中心"的价值取向。所以,"撤并学校"和"恢复撤并学校"都应该是为了学生的教育需要服务。

"公平"与"效率"相均衡的价值取向。"公平与效率是一个经典的公共政策目标的权衡问题。农村中小学布局调整尽管不是解决教育公平与效率的唯一途径,但公平与效率是政府推进布局调整在政策选择上的主要依据或追求目标。因此,如何正确处理公平与效率的关系,是农村中小学布局调整过程中必须高度注意和慎重处理的问题。"(范先佐,2008b:393)农村中小学布局调整是一个"教育资源"优化配置的过程,所以就涉及一个"效率问题",但是教育不仅仅是一个"效率问题",同时也是一个"公平问题"。通过一系列大规模、快速度的撤点并校,也许提高了教育资源的利用效率,但是在这个过程中,许多特殊地区儿童因为"上学难、远、贵",导致明显的教育不公平现象发生,甚至有的地区教育质量相比调整之前有所下降。所以在注重教育资源利用效率提升的同时,要特别注意过程中出现的种种问题,从而保持农村学校布局调整"效率"与"公平"价值取向的相对均衡。

新世纪以来的农村中小学布局调整取得了一系列明显的成效,也存在众多难以解决的问题。前文已经梳理过这项公共教育政策所带来的积极与消极影响,这里毋庸赘言。但是,随着这些影响出现的是社会舆论对于此政策的"毁誉参半",甚至"无情谩骂"。上至总理、教育部长,下至地方官员都在承受着巨大的民意压力,尤其是在特大校车事故频繁发生的 2011 年。2012 年的政策叫停与舆论压力也密切相关,但是如果我们理性分析一下布局调整的利弊得失,就会发现农村学校布局调整仍然有存在下去的合理性与必要性。

四、农村中小学布局调整的政策建议

农村中小学布局调整过程中出现的种种问题,虽然应该得到正视和解决,但是不能成为彻底否定布局调整的充分条件,应该否定的是对于政策本身的错误认识,以及价值取向和动因的偏差。2012 年国务院出台《关于规范农村义务教育学校布局调整的意见》(以下简称为《意见》),暂时中止了农村中小学布局调整,责成各地完成自己的专项规划方案,但是还隐含传递了一个信息,那就是国务院并不认为布局调整本身是一个错误的政策,并且会继续推进农村中小学布局调整,前提便是制定完整方案,并且要督导各地严格执行。也只有这样,才能不仅解决之前出现的种种问题,而且可以缓解舆论压力。鉴于此,提出合理的政策建议和解决问题的方案,从而为推进还未完成的农村学校布局调整提供理论支撑就显得尤为必要。

（一）统筹考虑相关因素，科学制定布局标准

《意见》要求，"在完成农村义务教育学校布局专项规划备案之前，暂停农村义务教育学校撤并"。作用一是叫停了各地盲目、一刀切式的"撤点并校"；作用二是责成各地反思调整自己的学校布局措施与方案，切实解决过程中出现的种种问题；作用三是缓解巨大的社会舆论压力，顺应民情、民意。当然，最重要的还是要督促各地，因地制宜，合理确定县域内教学点、村小学、中心小学、初中学校的布局标准，并在布局标准的基础上确定寄宿制学校和非寄宿学校的比例，保障学校布局与村镇建设和学龄人口居住分布相适应，明确学校布局调整的保障措施。但在制定学校布局标准的过程中，要统筹考虑相关因素，比如入学距离、覆盖人口、生源数量、文化多样性等。

农村学校布局调整要考虑两个问题：一是便于学生入学，二是有利于提高教育资源利用效率。但现实中，这二者似乎存在着矛盾：从学生入学的方便考虑，学校越分散越好；从提高效率来看，学校应具有一定的规模，过小的学校应当撤并（范先佐、郭清扬，2009）。那么，怎样解决这对矛盾就涉及学校布局标准问题。首先是学生上学的距离，儿童上学距离可以用3种方法衡量：一是物理距离（physical distance），即实际的空间距离，用公里来衡量；二是文化距离（cultural distance），当儿童不得不离开自己的社区到另一个把他们当作外人并对他们不友好的社区上学，从而导致辍学的距离；三是时间距离（time distance），考虑诸如山地、河流、森林等自然条件的阻碍而延长上学途中的时间（Lehman，2003）。其次是学校覆盖的服务人口数量。事实上，有许多国家和地区，在制定农村学校布局标准的时候，考虑的是学校覆盖的服务人口数量，但是也会出现偏远地区人口稀疏而造成的学生上学远问题。再次是按照学校生源人数进行布局调整。例如，美国亚利桑那州就制订了"学校生存能力标准"，该标准规定，从学前教育阶段到小学六年级，每个年级的人数达到20人时方可认定为有生存能力，若全校人数少于140人，则被视为无生存能力，将成为关闭或合并的目标。学区布局调整的标准大都以学区能否提供完整的基础教育来确定学区是否被纳入合并计划（李新翠，2012）。最后是文化多样性问题。"撤点并校"不仅仅涉及乡土文化与城市文化的冲突，而且还涉及草原文化与农耕文化、少数民族文化与汉

族文化之间的冲突,怎样在文化多样性保护和科学布局调整之间沟通协调,也是在接下来的工作中要勇于面对的问题。

(二)严格规范撤并程序,积极获取民意支持

同时,应该清醒地认识到专项规划方案中很重要的一点,也是引发社会舆论压力的元凶,即"撤并程序"问题。2010年10月发布的《国务院关于加强法治政府建设的意见》中,明确指出,要把公众参与、专家咨询论证、风险评估、合法性审查和集体讨论决定作为重大决策的必经程序。对于社区居民来说,学校撤并是一个事关社区居民利益的重大决策,社区有没有学校不仅决定着社区的居住适宜性,还代表着社区的社会福利水平(邬志辉、史宁中,2011)。

从程序公正标准看,受到农村中小学布局调整影响的主体要实质性参与,包括政府、学校、学生以及家长等。同时,学校布局调整过程要理性化运作,科学制定布局标准,不能"拍脑门",盲目撤点并校。并且要建立决策实施的纠错机制,即使公共决策的制定经过了有关各方的同意,但是仍然不能保证政策实施过程中出现种种问题。建立动态的决策纠错机制,会获得更多的民意支持,对于继续推进农村中小学布局调整有百利而无一害。

可以借鉴新西兰的经验,组建专业"评估委员会",采取"网络评估"模式,民主参与,及时反馈和反复协商,依据农村学校特点,制定多样化的学校评价标准。由教育部代表、学校董事会成员、校长及政府专门任命的调解员组成的"网络"能在全面分析和民主参与的基础上制订改革计划(王建梁、陈瑶,2011)。鉴于此,我国在进行某一农村地区布局调整之前,应该由教育部主导组建一支由教育部专家、学校校长、家长以及学校代表组成的"专业评估委员会",并定期举行多方参与的学校布局调整"听证会",广泛征集布局调整各利益相关者的意见和建议,尽量做到民主参与、全面考虑、合理规划。只有这样才能获取广泛的民意支持,促进我国未来的农村学校布局调整工作的顺利进行。

(三)适度控制办学规模,新建校舍分流生源

农村中小学布局过于分散,无法集中教育资源,形成规模办学的效益。这是新世

纪以来农村学校布局调整的一个重要原因。从国际经验来看，通过"撤点并校"形成办学的规模效益，一直以来就是布局结构调整的"重头戏"。况且我国农村学校布局调整工作并没有完成，所以笔者相信，大趋势是农村中小学的数量还会继续减少，直至达到教育资源优化配置的目的为止。但是，学校规模也并不是越大越好，事实上，美国飞翼研究所（The Wing Institute，2010）提供的大量实证研究数据也没有支持"学校规模大学业成绩就高"、"学校规模大教育支出就少"的假设。虽然这一观点有些偏激，但至少说明，学校规模要控制在一定限度之内，否则不但形不成规模效益，而且会产生一系列负面效应，例如巨型学校的出现，以及由此带来的班额陡增、管理压力增大等问题。

因此，一定要适度控制合并学校的办学规模，规模的大小要以教育资源的优化配置、教育质量的提高作为标准。对于布局调整过程中已经形成的"大规模"或"超大规模"学校，地方政府要提供便利条件，新建校舍分流生源，切实解决这些大型学校所引发的一系列问题。学校布局调整的本意不仅仅是"撤点并校"，而是重新调整原有学校不合理的布局现状，撤并覆盖范围过于重叠的学校，加盖人口覆盖盲区的新学校，以此达到优化教育资源，提高教育质量的目的。而在布局调整过程中，部分地区一味撤并学校，却不加盖新校，自然造成巨型学校林立，辍学率居高不下的怪现象。当然，在加盖新校舍、分流生源的过程中，要科学规划合理布局，保证新建学校覆盖人群的科学性，切实起到教育资源优化的目的。

（四）慎重恢复撤并学校，着手微型学校研究

2012 年国务院《意见》的出台，社会舆论普遍认为，我国农村中小学布局调整进入到了"后布局调整时代"。但理性分析一下政策文本以及社会发展态势会发现，农村学校布局调整的任务远未完成，而所谓"后布局调整时代"之说言之过早。所以，虽然《意见》认为，撤并学校确有必要可以恢复，但是一定要慎重对待"恢复问题"。因为它涉及"究竟什么样的学校需要恢复"、"恢复撤并学校，原有的矛盾如何解决"、"恢复撤并学校，如何避免出现'官满为患'的现象"三大问题（姜伯静，2012）。如果不能解决这三大问题，学校布局调整所取得的成绩，无疑将前功尽弃，学校布局调整也会从"盲目撤并"走向"盲目恢复"的极端。不是所有的撤并学校都要予以恢复，而

是那些经过深入调查、科学论证、广征民意后认为确有必要,并且恢复后更有利于所在区域教育发展的学校才能恢复。还有就是一定要优化地方师资配置,避免学校恢复后,随之而来的"官满为患"、教育资源浪费现象。当然在这三个问题中,最重要的还是如何解决被恢复的小规模学校,或者说微型学校在撤并之前所存在的种种问题,以便提高教育质量,促进区域内义务教育均衡发展。

答案便是积极着手微型学校(小规模学校)研究。在特殊地区,比如偏远山区,微型学校或者小规模学校自有其存在的价值和必要性。它们不仅可以解决农村地区,特别是农村偏远地区上学远、上学难的问题,为偏远地区儿童提供更便利的入学机会,而且可以防止因上学远、上学难问题而导致的辍学现象的产生,进而避免新的教育不公平的发生。这也是国家责成部分盲目撤并地区恢复部分村小和教学点的原因所在。英国 20 世纪 70—80 年代的大规模合并学校,并没有完全消除微型学校。在这种微型学校里,由于学生人数较少,一般采用的是垂直式分组的方式组织教学,即不同年龄、不同能力的儿童在同一个教室里接受教育,对他们根据能力进行分组。学校一般采用小组活动和个人活动的教学方式,并实施一种相当灵活的时间表,这种教学方式使教师的时间得到了合理的利用。为适应学生数量少的特点,学校的校舍也做了相应的变化。教室在设计上越来越趋于开放型(石人炳,2004)。这表明,发展农村教育是规模办学的一种方式,需要微型学校作为补充。所以,对待这些微型学校不是"盲目撤并"后"盲目恢复"那么简单,要针对微型学校的管理模式、教学模式、师资培训等展开研究,切实提高微型学校的教育质量。

(五)共享农村教育资源,重点优化师资队伍

无论是布局调整后成规模的中心学校,还是被保留或被恢复的微型学校,都要认真探究布局范围内农村教育资源的共享模式,以期实现教育资源利用的效益最大化。"我国大部分地区的农村中心学校具有统筹管理服务区内其他学校的职能,教育资源也集中于中心学校,但其他学校却很难共享到中心学校的教育资源。中心学校往往利用其管理、资源上的优势,在办学条件、教学质量等方面领先于其他学校。教育资源无法共享导致了巨大的校际差距,阻碍了农村教育的均衡发展。"(赵丹、吴宏超,2010)这就需要我们反思如何以中心学校为管理中心,建立教育设备和师资队伍

的"储备库"，在布局范围内实现资源共享，师资流动，保证偏远村小和教学点的师资与硬件配备，这种模式的探索，对于教育资源的有效利用和区域范围内实现教育均衡有重大实践意义。

在农村教育资源中，教师队伍是最珍贵的资源，提高教师素质是巩固农村中小学布局调整成果的根本所在，因此要重点优化农村中小学师资队伍。同时，要坚持在农村区域内共享优秀教师资源的基础上，采取"送过去"和"引进来"两种模式。所谓的"送过去"指的是城乡区域内建立教师定期交流轮岗制度，"交流重点是由城市向农村、由强校向弱校、由超编校向缺编学校定期流动。在部分地区已经探索的基础上，可进一步探索建立一定数量的流动编制以保障教师流动任教；尽快建立城镇教师到农村任教服务期制度，并以此作为教师职务晋升和评优的重要条件"（范先佐、郭清扬，2009）。所谓"引进来"，指的是国家要"建立健全农村中小学教师激励保障制度，鼓励城镇教师到农村支教，鼓励他们当中的优秀者去最艰苦的地区工作；对支教教师给予必要的交通、食宿等补贴，按《教师法》规定，在待遇上建立面向农村、边远和艰苦地区中小学教师优惠制度。可参照国家对农林、卫生等行业的优惠政策，设立农村、边远和艰苦地区中小学教师特殊津贴制度，以吸引和稳定教师在该地区任教。要抓住我国中小学教师供求关系正在发生变化和农村中小学布局调整的契机，加大农村中小学人事制度改革，优化、调整农村教师队伍结构"（范先佐、郭清扬，2009）。当然，无论是"引进来"，还是"送过去"，最终的目标是要形成一支稳定的、高素质的农村中小学教师队伍。

（六）完善校车安全保障，加强寄宿学校建设

农村学校布局调整后，很多地方学生出现了"上学远"现象，而由"上学远"导致的"上学安全"问题很快显现出来。尤其是在 2011 年，一系列特大校车事故后，国家与社会各界陷入了全面反思。2012 年 3 月，国务院颁布了《校车安全管理条例》，在很大程度上减少了农村学生的上学安全问题，但是 2011 年全国有接送学生上学车辆 28.5 万辆，其中符合国家标准的校车只有 2.9 万辆，占 10.2%（刘利民，2012）。有了法律依据之后，关键是实施，因为校车安全问题涉及的部门众多，所以要加强政府的统筹作用，切实督导《条例》的执行与落实。另外是校车标准问题，因为城市与农村，

甚至农村之间存在很多地理差异,所以在校车标准统一化和多元化上,要征求各方意见,切实做到因地制宜。

要解决"上学远"问题,从而保证农村中小学布局调整顺利实施,除了不断完善校车保障系统之外,搞好农村寄宿制学校建设也是一种好的选择。所以各地政府,尤其是中西部和偏远山区要因地制宜,在国家和省级资金的统筹资助和制度便利下,努力建设寄宿制学校。同时,要在做好基础设施建设的同时,探索寄宿制学校的管理机制,不能忽略寄宿学校学生和教师工作与生活的特殊情况。针对寄宿学校教师,要适当放宽教师编制,"根据中小学生(主要是小学低年级学生)年龄小、生活自理能力差的特点,应按一定比例(小学低年级最好按1∶30或1∶40的比例)给寄宿制学校配备专门的生活教师和适当数量的后勤人员,并对生活教师和其他相关后勤人员的素质提出相应要求"(范先佐、郭清扬,2009)。针对寄宿学校学生,要充分挖掘利用寄宿学校的独特优势,例如研究学习英国全寄宿学校的办学理念和机制,培养学生独立自主的能力。根据不同年龄阶段学生的心理特点,开展各种丰富多彩的活动,营造温馨和谐、团结向上的校园氛围,以尽量弥补寄宿学生远离家庭的亲情缺失。

参考文献

[1] 储卫中,张玉慧(2012).农村义务教育"撤点并校"负面影响分析.教学与管理,3.

[2] 崔多立(2012).应重新评估农村"撤点并校"的实效.教育探索,3.

[3] Lehman,D.(2003),Bringing the School to the Children:Shortening the Path to EFA. August,2003. http://siteresources. worldbank. org/EDUCATION/Resources/Education-Notes/EdNotesRuralAccessInitiative. pdf.

[4] 范先佐(2008a).农村学校布局调整与教育的均衡发展.教育发展研究,7.

[5] 范先佐(2008b).农村中小学布局调整过程中的公平与效率问题.中国教育政策评论.教育科学出版社.

[6] 范先佐,郭清扬(2009).我国农村中小学布局调整的成效、问题及对策.教育研究,1.

[7] 郭清扬(2007).我国农村中小学布局调整的具体成效.教育与经济,2.

[8] 国家统计局(2012).人口总量平稳增长,就业局势保持稳定,http://www. stats. gov. cn/tjfx/ztfx/sbdcj/t20120817_402828530. htm. 2012−08−17.

[9] 胡俊生(2010).农村教育城镇化:动因,目标及策略探讨.教育研究,2.

[10] 胡荣(2013).农村学校布局调整的政策过程.生活教育,1.

[11] 姜伯静(2012).恢复撤并学校当科学谨慎.西安晚报,2012−08−06.

[12] 李强，等(2009).城市化进程中的重大社会问题及其对策研究.北京：经济科学出版社.

[13] 李新翠(2012).国外农村学校布局调整提示我们什么.中国教育报,2012 - 1 - 17,(3).

[14] 李旭东,赖建辉(2011).吹响城乡教育均衡发展"集结号"——鹿寨县整合资源集中办学纪实.广西日报,2011 - 02 - 07,(02).

[15] 李靖(2012)."后撤点并校时代",农村教育何去何从?.燕赵都市报,2012 - 11 - 19,(07).

[16] 刘善槐(2011).我国农村地区学校撤并的问题与对策研究.湖南师范大学教育科学学报,9.

[17] 刘利民(2012).城镇化背景下的农村义务教育.求是,23.

[18] 庞丽娟(2006).农村中小学布局调整应因地制宜.人民日报,2006 - 03 - 16.

[19] 齐国艳(2012).21世纪教育研究院发布《农村教育布局调整十年评价报告》.社会科学报,2012 -12 - 11.

[20] 秦玉友(2010).农村学校布局调整的认识、底线与思路.东北师范大学学报(哲学社会科学版),5.

[21] 申银万国(2011).国内校车需求存在大量缺口.东方早报,2011 - 11 - 22,(A26).

[22] 石人炳(2004).国外关于学校布局调整的研究及启示.比较教育研究,12.

[23] The Wing Institute (2010). Does School Size Effect Student Performance? http：//www.winginstitute. org/Graphs/Systems/Does-School-Size-Effect-Student-Performance/,2010 - 11 - 10.

[24] 王宏旺,等(2009).农村中小学"撤点并校"的八年之痛,http：//news. ifeng. com/society/5/200904/0402_2579_1088958_3. shtml. 2009 - 04 - 02.

[25] 王建梁,陈瑶(2011).21世纪新西兰农村学校布局调整的反思及启示.外国教育研究,6.

[26] 王晓慧(2011).农村中小学布局调整的三个问题.长春市委党校学报,1.

[27] 邬志辉,史宁中(2011).农村学校布局调整的十年走势与政策议题.教育研究,7.

[28] 徐国英(2012).农村中小学撤点并校政策价值分析.教育理论与实践,31.

[29] 赵丹,吴宏超(2010).发展中国家农村教育资源共享模式的设计与应用.外国教育研究,2.

[30] 周宝荣,等(2002).向规模办学迈进.河南教育,7.

[31] 庄庆鸿,刘丹(2013).十年"中国式撤点并校",农村教育出路何在.中国青年报,2013 - 01 - 04,(03).

On the Distribution Adjustment of Rural Primary and Secondary Schools in China：Progress，Impact and Strategies

Xiaoyang ZHANG   Guorui FAN

(Department of Education，East China Normal University，Shanghai，200062)

ABSTRACT：The policy of distribution adjustment of rural primary and secondary schools in China was initiated in 2001 and suspended in 2012 and it has gone through four stages, which are gestation, initiation, adjustment and suspension. Significant results were obtained in the implementation of the policy, while a series of problems were produced. The thesis summarizes the positive and negative impact of the distribution adjustment policy to rural compulsory education by reviewing carefully the literature of the policy and its implementation. Furthermore, the thesis puts forward a series of policy recommendations based on the analysis of the motivation, perception and value orientation of the distribution adjustment policy in depth, in order to promote the restructuring of rural primary and secondary schools.

KEYWORDS: rural primary and secondary schools, school distribution, distribution adjustment, policy analysis

民族自治地区义务教育均衡发展的问题与策略
——以云南民族自治县为例

李劲松*

摘　要：本文将云南省 25 个边境民族自治县按人均 GDP 划分为三类地区，研究其义务教育均衡发展态势。研究结果表明，云南省三类地区义务教育普及程度和教师学历合格率总体均衡，但均低于全省平均水平，表明云南省义务教育均衡发展属于低位均衡。基于云南省民族自治县现行教育政策执行效果的分析显示，存在国家有教育政策但无政策执行保障，国家教育政策与云南边境民族自治地区实际情况存在差距等现象，而日益增长且复杂化的边境民族自治地区的小留学生现象，亟待予以政策关注。

关键词：教育政策，民族自治区域，云南，民族自治县，义务教育，均衡发展

一、民族自治地区的社会与教育发展状况

民族自治县是指民族聚居人口超过一定比例、具有自治权利和地位的地方行政

---

* 李劲松（1964—　），云南大理人，云南师范大学教育科学与管理学院院长，云南省教育科学研究所所长，研究员，博士生导师，主要从事民族教育、区域教育、非正规教育研究。E-mail：kmljs7930@163.com.

单位。实行民族区域自治的地方主要有 4 种类型:(1)以一个少数民族聚居区为主建立的自治地方;(2)以一个大的少数民族聚居区为主,并包括一个或几个人口较少的少数民族建立的自治地方;(3)以两个或两个以上少数民族聚居区为基础建立的自治地方;(4)在某些汉族人口占大多数的地方也可以以汉族以外的少数民族聚居区为主建立自治区域。民族自治区域在一定的程度上反映了该地方的民族分布状况。只有自治区、自治州、自治县才是民族自治区域。根据宪法和民族区域自治法的规定,民族自治区域拥有广泛的自治权:(1)自主管理本民族、本地区的内部事务。民族自治区域的人民代表大会常务委员会中,都有实行区域自治的民族的公民担任主任或者副主任;自治区主席、自治州州长、自治县县长全部由实行区域自治的民族的公民担任。(2)民族自治区域的人民代表大会有权依照当地民族的政治、经济和文化的特点,制定自治条例和单行条例,并可以依照当地民族的特点,依法对法律和行政法规的规定作出变通规定。[①]

云南是中国少数民族最多的省份。全国 56 个民族,云南有 53 个,其中有 22 个世代居少数民族,15 个独有民族,涉及 8 个自治州、24 个县的 17 个直过民族。民族自治州全国 30 个,云南 8 个,占全国自治州总数的 26.67%。民族自治县(旗)全国 120 个,云南 29 个,占全国自治县总数的 24.79%。云南省总面积 39.4 万平方公里,民族地区面积就有 27.67 万平方公里,占全省总面积的 70.22%。云南民族地区绝对人口占全省的 48.8%,其中少数民族人口占全省人口总数的 33.32%,占民族自治区域总人口的 54.2%。

云南省有 29 个民族自治县,其中 4 个县在云南省的内地,23 个县分布在边境地区。云南的边境线长 4 061 公里,共有 25 个边境县。从 25 个边境县的分布看,只有保山市的腾冲、龙陵两县,既不是民族自治县,也不在民族自治州。因此,25 个边境县,不仅具备民族自治县教育发展的特征,更具有边境县教育发展的特征。目前我们将研究重点放在 25 个边境县义务教育均衡发展之上。

根据人均 GDP,我们将 25 个边境县,按照经济发展水平分为三类地区,人均 GDP 在 9 000 元以上为经济较发达地区,人均 GDP 在 7 000 元以上为经济中等地区,

---

① 中华人民共和国国务院新闻办公室.中国特色社会主义法律体系[N].人民日报,2011-10-28.

人均 GDP 不足 7 000 元为经济欠发达地区。经济较发达地区为景洪市、瑞丽市、河口县、勐腊县、盈江县、勐海县、潞西市、耿马县、泸水县、江城县,共 10 个县(市);经济中等地区为腾冲县、贡山县、龙陵县、陇川县、马关县、富宁县、麻栗坡县、镇康县,共 8 个县;经济欠发达地区为孟连县、沧源县、金平县、福贡县、澜沧县、西盟县、绿春县,共 7 个县。

二、低位均衡的义务教育发展态势

本文运用中央教育科学研究院与云南省教科院联合开发的义务教育均衡指标体系:生均校舍建筑面积、生均仪器设备值、每百名学生拥有计算机数、生均图书、师生比、高于规定学历教师比例、中高级职称教师比例,共 7 个指标进行衡量。均衡发展水平采用基尼系数进行测算。基尼系数在 0.2 以下时,表示绝对平均;在 0.2—0.3 之间,表示比较平均;在 0.3—0.4 之间,表示差距相对合理;在 0.4—0.5 之间,表示不均衡程度较大;在 0.6 以上,表示不均衡程度非常严重。[①]

(一)云南省义务教育均衡发展属于低位均衡

依据澜沧县 2009 年教育事业统计数据,以澜沧县为个案,分析义务教育办学条件发展水平和均衡发展水平。

小学阶段,除生均仪器设备值与中高级职称教师比例低于全省平均值外,其余指标均高于全省均值。生均仪器设备值与中高级职称教师比例低下与办学经费直接相关,由于经费不足造成无法配齐生均仪器设备,也导致一些中高级职称教师不愿意留在边境地区,而向办学条件更好、教师待遇更好的地方流动。从均衡发展水平来看,澜沧县小学均衡系数除中高级职称教师比例外为 0.32,表明除中高级职称教师分布不均衡外,其余指标的均衡系数均低于 0.2,说明该县小学教育办学条件分配达到绝对均衡。

---

① 云南省教育科学研究院,中央教科所教育督导评估研究中心.云南省义务教育资源配置分析报告[R].2011.

表1　澜沧县义务教育办学条件发展水平与均衡发展水平

指　标	小　学			初　中		
	教育发展水平		均衡发展水平（基尼系数）	教育发展水平		均衡发展水平（基尼系数）
	澜沧县	全　省	澜沧县	澜沧县	全　省	澜沧县
生均校舍建筑面积	7.96	5.76	0.12	7.49	6.30	0.07
生均仪器设备值	92.66	151.00	0.14	184.90	206.00	0.40
百名学生拥有计算机数	3.66	1.80	0.08	5.74	4.13	0.08
生均图书	13.27	9.70	0.16	15.23	9.97	0.07
师生比	14.00	20.00	0.07	18.00	17.00	0.05
高于规定教师比例(%)	76.02	73.18	0.10	65.15	60.95	0.10
中高级职称教师(%)	32.02	44.87	0.32	50.91	45.67	0.35

资料来源：中央教育科学研究所. 云南省澜沧县少数民族扫盲教育的调查报告[EB/OL]. http：//219.234.174.136/snxx/juece/snxx_20040515092125_23.html.

初中阶段,除生均仪器设备值、师生比低于全省平均水平外,其余指标均高于全省的平均水平。初中生均仪器设备值低下的原因与小学阶段一致。同时师生比低于全省平均水平也说明落后的经济条件使得来边境地区教书的人少,引进人才困难,留住人才更困难。而初中高于规定教师比例与中高级职称教师比例高于全省均值,这可能与近年来云南省大力实施教师队伍建设有关。从均衡发展水平来看,澜沧县初中生均仪器设备值为0.4,中高级职称教师比例接近0.4,表明该县在仪器设备配备和中高级职称教师分布上不均衡;其余指标均衡系数均低于0.2,说明该县初中教育办学条件分配达到绝对均衡。

通过澜沧县小学与初中教育办学条件发展水平与均衡发展水平的比较可知,该县小学和初中中高级职称教师分布不均衡,初中教育仪器设备配备不均衡,其余办学条件分配总体均衡。但是,以生均图书为例,2003年教育部确定了全国生均图书标准：一类小学生均藏书30册,二类小学生均藏书15册;一类初中生均藏书40册,二类初中生均藏书25册。澜沧县小学生均13.27册,全省平均9.7册;澜沧县初中生均15.23册,全省平均9.97册。无论是全省还是澜沧县,小学和初中生均图书数量远远低于全国平均水平。由此可以推断,不仅澜沧县,整个云南少数民族自治县,甚至云南省的义务教育均衡发展水平与全国相比,基本属于低水平低标准的低位均衡。

(二)云南民族自治县三类地区义务教育普及程度总体均衡,但低于全省平均水平

三类地区的小学新生毛入学率差异不大,但净入学率较低,仅为85.76%,说明三类地区近15%的适龄儿童没有入学。三类地区初中新生毛入学率总体差异不大;净入学率总体水平差异不大,但是平均比较低,即初中适龄儿童入学率低。这说明云南省民族自治县义务教育普及程度总体均衡。

表2　2011年全省与三类地区义务教育普及程度比较

地　　区	小学新生毛入学率(%)	小学新生净入学率(%)	初中新生毛入学率(%)	初中新生净入学率(%)
全省	108.12	99.61	105.24	91.42
民族自治县	111.41	96.65	104.17	83.12
一类地区(发达)	114.03	103.50	107.72	85.87
二类地区(中等)	108.94	97.63	103.12	82.36
三类地区(欠发达)	110.50	85.76	100.29	80.05

资料来源:《云南省教育统计快报》(2007—2011),云南省教育厅内部资料。

与全省水平相比,小学和初中新生毛入学率差异不大,总体水平都比较高;但小学和初中净入学率民族自治县水平明显低于全省平均水平。小学新生净入学率民族自治县低于全省3个百分点,初中新生净入学率民族自治县低于全省8.3个百分点。这说明民族自治县义务教育普及程度低于全省平均水平。

(三)云南民族自治县三类地区教师学历合格率总体均衡,但低于全省平均水平

比较云南省三个类型的地区,除一类地区小学教师学历合格率较高外,其余指标差距均不大。小学教师学历合格率一类地区最高,三类地区次之,二类地区最低;初中教师学历合格率三类地区最高,一类地区次之,二类地区最低;二类地区小学和初中教师学历合格率均最低。总体来说,在三个类型的地区中小学教师学历合格率一类地区略高,初中教师学历合格率总体均衡。

表3　2011 年边境三类地区与全省小学初中教师学历合格率比较(%)

地　　区	小　　学	初　　中
全省	98.64	98.73
一类地区(发达)	91.52	73.59
二类地区(中等)	74.90	67.43
三类地区(欠发达)	79.34	76.30

资料来源:《云南省教育统计快报》(2007—2011),云南省教育厅内部资料。

与全省相比,民族地区小学教师和初中教师学历合格率均明显低于全省平均水平,说明民族自治县教师合格率总体偏低,尤其是初中教师合格率总体偏低,教师学历有待进一步提升。

三、促进民族自治地区义务教育均衡发展的政策分析

《中华人民共和国义务教育法》第七条规定:"义务教育实行国务院领导,省、自治区、直辖市人民政府统筹规划实施,县级人民政府为主管理的体制。"第四十二条规定:"国家将义务教育全面纳入财政保障范围,义务教育经费由国务院和地方各级人民政府依照本法规定予以保障。"①国家从法律层面规定了义务教育的办学主体,规定了教育经费的来源,还对违反义务教育法的相关行为提出了具体的处罚措施,但为什么县域义务教育发展水平如此不均衡呢?

从教育政策制定过程来看,"教育政策问题确认"、"教育政策议程启动"、"教育政策方案设计与选择"和"教育政策合法化",②已经实施的政策都按这一程序走完;已经确定问题的,已经按这一程序进行。不论处于何种状态,县域义务教育发展水平不均衡,很大程度上与教育政策相关。从云南省民族自治县现行的各种教育政策执行效果来看,存在着国家有教育政策但无政策执行保障,国家教育政策与云南边境民族自治地区实际情况存在差距等现象,而日益增长且复杂化的边境民族自治地区的

---

① 全国人民代表大会常务委员会.中华人民共和国义务教育法[R].2006-6-29.
② 范国睿,等.教育政策的理论与实践[M].上海:上海教育出版社,2011:79.

小留学生现象,亟待从政策层面予以关注。

(一) 国家有教育政策,无政策执行保障

典型政策案例如"学校课程的开发与实施"。《中共中央国务院关于深化教育改革全面推进素质教育的决定》(后面称《决定》)中提出:"调整和改革课程体系、结构、内容,建立新的基础教育课程体系,试行国家课程、地方课程和学校课程。""要增强农村特别是贫困地区义务教育的课程、教材与当地经济社会发展的适应性。"①《决定》的意图很明显,国家要对义务教育阶段的课程进行改革,义务教育阶段的课程由统一的国家课程,变更为"国家课程 + 地方课程 + 学校课程"的模式,目的是增强义务教育与当地经济社会发展的适应性。这就意味着,义务教育课程不仅仅包含现行的国家课程,还应该把地方课程和学校课程纳入义务教育阶段,且三种课程应在同一层次,只是各种课程在义务教育课程体系中的比重不同。但实际上《决定》改革课程体系的精神并没有得到落实,民族地区义务教育的课程体系中仍然只有原有的国家课程,地方课程和学校课程的建设尚需时日。

首先,国家未出台政策将学校课程纳入考核评价体系。由于目前"读书—考试—升学—就业"的模式未从根本上发生改变,学校只能围绕"升学"这一指挥棒开展工作,学校和教师的注意力全部放在考试科目上,基本不可能把精力花在不参加考核评价的学校课程之上。其次,民族地区虽然有传承少数民族文化的意愿和培养学生生活技能的需求,但由于民族地区的艰苦条件,在该地区工作的教师学历层次往往都不高,不具备学校课程开发的能力,教师"有心无力"。再次,学校课程的开发,需要一定的经费支持,民族地区基本都属于国家级重点贫困地区,以县为主的教育管理体制,基本决定了县级政府和学校不可能筹措资金投入学校课程的开发和实施。四是由于民族地区教师数量缺乏,工作量大,教师没有时间和精力投入到学校课程的开发实践。

从调查结果看,民族地区的教师大多是本地人,其中近一半是少数民族,与非民

---

① 中共中央办公厅. 中共中央国务院关于深化教育改革全面推进素质教育的决定[R]. 1999 – 6 – 13.

族地区相比,该地区的教师更具有开发学校课程,通过学校课程传承本民族文化和培养学生生活技能的动力。因此,要落实《决定》调整和改革课程体系的精神,加强民族地区义务教育课程与当地经济社会发展的适应性,必须在国家层面出台相关的保障政策,才有可能实现学校课程开发和实施的目标。首先,制定将学校课程纳入考核评价范围的政策,将学校课程与国家课程放在同一层面,"公平"对待,让学校课程进入课堂,并参加学校考试评价,使学校课程在学生学业成绩中有一席之地。其次,制定学校课程开发能力建设的政策,如通过"国培计划"等形式,对民族地区的教师进行课程开发能力培养,培养和形成教师开发学校课程的能力。第三,制定学校课程开发和实施的经费保障政策,民族自治县、边境县和国家级贫困县的学校课程经费,由中央财政直接承担;对其他经济较发达地区,可在政策层面确认由地方政府承担。第四,进一步加大补充民族自治县和边境县的专职教师,可以实施"特岗教师"、"支持计划"、"教师支援"等项目,使教师数量达到国家规定的标准,缓解教师工作压力,让教师有时间、有精力进行学校课程的开发和实施。有条件时,为民族地区提供一定数量的高素质教师,让这些教师发挥引领作用,带动民族地区教师素质的整体提升。

(二)国家教育政策与民族自治地区实际情况存在差距

典型政策案例如"双语教师培养"。《国务院关于深化改革加快发展民族教育的决定》中提出:"少数民族和西部地区教师队伍建设要把培养、培训'双语'教师作为重点,建设一支合格的'双语型'教师队伍。""大力推进民族中小学'双语'教学……国家对'双语'教学的研究、教材开发和出版给予重点扶持。"[1]这看似为多民族杂居的云南开展双(多)语教育提供了良好的契机。2002 年国务院颁布了《决定》以后,国家对少数民族地区双语教师培训在制度上和经费上都给予大力支持。通过"U - S"合作型、对口支援型、考级培训型、"集中培训 + 远程教育"型、"集中学习 + 统筹实习"型等形式,积极推进双语教师培训,我国双语教师培养取得

---

① 国务院. 国务院关于深化改革加快发展民族教育的决定[R]. 2002 - 7 - 7.

了显著成效。① 但是,目前国家出台的政策和开展的各种形式的培训,主要是针对"单一少数民族+汉族"两个民族杂居的地区实施的双语教师培训,培训的预设是"教师精通民族语言,但汉语表达不畅",对少数民族教师进行汉语培训,使用"双语"即可。

而云南省民族地区的情况与此基本不一样。云南是一个多民族、多语言、多文字的边疆省份,在全省1 400余万少数民族人口中,以本民族语言为主要交际工具的有1 014万人,不通汉语或基本不通汉语的约有700万人。14个少数民族用21种文字和拼音方案扫盲,有14个少数民族小学生使用18种文字。在不通或基本不通汉语的民族地区,特别是在小学低年级阶段,都必须采用民族语教学,学生才能听懂。云南省双语教学采用的三类模式:第一类模式,即以民族语文为主,汉语文辅助教学。目前,在读学生6 222人,双语教师380人。第二类模式,即以汉语文为主,民族语文辅助教学。在读学生126 253人,双语教师6 126人。第三类模式,即部分课程用民族语授课,部分课程用汉语授课。在读学生32 558人,双语教师1 095人。

出于多民族杂居的缘故,教师一般都具备良好的汉语表达能力,但是在不同民族语言的表达上,较为欠缺。要开展双语教学,就必须对在民族地区工作的汉族教师进行第二语言(民族语)的培养;如果教师自己就是少数民族,已经具备汉语和本民族语的表达能力,但由于少数民族学生往往不仅是一个民族,而是涉及多个民族,这就需要接受多语培养,才能满足教学的需要。因此,云南双(多)语教师的培养有自身的特殊性。制定双(多)语教师政策时需要考虑几个方面:一要确定双(多)语教师培养模式,二是双(多)语教师培训基地建设,三是制定双(多)语教师特殊待遇政策。

(三)亟待政策关注的小留学生现象

2008年云南省启动边境县国门学校建设工程,计划在25个边境县兴建28所国门学校(小学)。目前,已有14所国门学校建成并投入使用。这些国门学校主要集

---

① 李泽林.我国少数民族地区双语教师培训政策研究[J].民族教育研究,2010(2).

中在德宏州、西双版纳州、红河州、文山州等地。① 云南边境的国门学校实行"三免费"的政策,吸引了周边国家孩子来华留学。2010 年,德宏州义务教育阶段和学前教育阶段招生 58 207 人,其中就接受缅籍学生 2 212 人,留学生数占入学总人数的3.8%。2009 年,章凤镇拉影小学争取到了国门学校的建设资金,2010 年 5 月章凤拉影国门小学主体工程完工,它不仅为辖区 16 个村民小组居民子女就学提供了方便,更为缅甸边民子女解决了逾百人的就学问题。拉影国门小学现有学生 361 名,其中缅籍学生 108 人,占全校学生数的近 1/3。②

目前,高等教育国际化问题成为国家以至国际社会关注的重要议题,但在义务教育领域,这一问题尚未得以重视。由于享有共同的民族文化,云南与周边国家关系和谐,边疆稳定,我国与周边国家在义务教育方面的非官方交流频繁。缅甸、越南、老挝等来华上小学和初中的外籍学生人数日益增加,一定程度上占用着边境地区的教育资源。随着云南对外开放程度的加深,云南与周边国家的交流日益频繁,来我国上学的学生数量还在不断增加。国家应该从政治层面、文化层面考虑,关注这些外籍来华就学的学生,根据国家战略需要,制定相关的政策,指导边境州县,特别是国门学校,处理好外籍学生就学问题,树立良好的国家形象。首先要制定外籍学生入学(管理)的政策,规范外籍学生来华就学条件、程序等,形成良好的就学秩序。其次应制定外籍学生来华就学的经费政策,根据国家战略需要,或让其享受国民待遇,由国家提供教育经费,享受免费义务教育;或作为来华留学生对待,确定收费标准办法,让边境学校、国门学校有据可循。

教育公平是教育政策制定的出发点,是现代教育的基本目标,也是教育现代化的基本原则。③ 与全国相比,云南的经济社会发展水平处于社会主义初级阶段的低层次,云南的义务教育发展水平也相对落后,是我国全面实现教育现代化的"短板"。义务教育作为国家的强制性教育,国家有责任也有义务帮助像云南这样教育发展水平较低的省份发展义务教育。

---

① 张丹. 东南亚"小留学生"热衷来滇就读国门学校[EB/OL]. http://news.hexun.com,2011 - 08 - 01.

② 秦明豫,项陆才. 上百缅籍小学生来"留学"[N]. 春城晚报,2011 - 08 - 01.

③ 崔红菊. 义务教育均衡发展政策研究[D].厦门大学,2009:9.

Issues and Strategies for Balanced Development of Compulsory Education in the Minority Autonomous Regions: A Case Study of Autonomous Counties in Yunnan

Jinsong LI

(College of Education Science and Administration, Yunnan Normal University,

Kunming, Yunnan, 650504)

ABSTRACT: This paper categorized twenty-five border autonomous counties in Yunnan Province into three regions according to the GDP per capita to study the situation of the compulsory education development. The paper finds out that the popularization of compulsory education and percentage of the qualified teachers lag behind the average level of the province, which indicates the disparity in compulsory education in Yunnan. Based on the analysis of the implementation of the education policy in those regions, the paper finds that the national education policies for compulsory education are not well implemented. And there are no specific policy initiatives to ensure the implementation. Besides, the increasing number of young students who prefer to study abroad brought about complex impact on the compulsory education in these regions. This should call for more concerns from the policy makers.

KEYWORDS: education policy, minority autonomous regions, Yunnan, minority autonomous counties, compulsory education, balanced development

Educational Policy Observatory

国际视野

联邦在学校改革中的角色

——奥巴马政府的"力争上游"政策

变革的时代

——第 42 届卡潘/盖洛普对公立学校的民意调查

联邦在学校改革中的角色

——奥巴马政府的"力争上游"政策*

［美］约瑟夫·P·维特里迪　著　刘　涛　周秀平　张　丹　译**

摘　要：本文回顾了奥巴马总统的联邦教育政策,特别分析了由教育部长邓肯执行的"力争上游"这一核心教育政策。本文将奥巴马总统的教育政策放在联邦的教育角色演进这一背景下加以审视,从 1965 年为扩大来自经济不利家庭的孩子的受教育机会而颁布的《初等与中等教育法》讲起。文章认为,尽管奥巴马的这项教育议题在重塑教育政策方面具有一定的合理性——特别是针对《不让一个孩子掉队法》——但是,该教育政策的决策过程与政府所宣称的并不一样,因为它既没有完全建立在研究基础上,也未充分涉及政治上的考量,而且,财政资助的竞争性特征最终被证明是对原先《初等与中等教育法》所设立的再分配性质的政策目标的破坏。

关键词：力争上游,联邦角色,学校改革,奥巴马

---

*　Joseph P. Viteritti. The Federal Role in School Reform：Obama's "Race to the Top", *Notre Dame Law Review*, Vol. 86(2012). 本文的翻译出版经原作者授权。

**　约瑟夫·P·维特里迪(Joseph P. Viteritti),纽约市立大学亨特学院托马斯·亨特公共政策讲席教授、城市事务与规划系主任。Email：joseph. viteritti@ hunter. cuny. edu. 刘涛(1982—　),陕西西安人,教育学博士,北京师范大学中国教育政策研究院博士后,主要研究方向为教育政策分析与评估。E-mail：liutao. changan@ gmail. com. 周秀平(1979—　),湖南常德人,社会心理学博士,北京师范大学中国教育政策研究院讲师,主要研究方向为教育社会学和非营利组织研究。E-mail：zhouxiuping@ bnu. edu. dn. 张丹(1983—　),辽宁沈阳人,法国里昂高师马克思·韦伯中心与华东师范大学教育科学学院联合培养博士研究生,主要研究方向为国际比较教育、教育社会学。E-mail：zhangdan. shenyang@ gmail. com.

引 言

鉴于国会给了教育部长阿恩·邓肯（Arne Duncan）在教育财政方面的自由裁量权，以及教育行政方面的权威，从各种角度来看，他实际上是美国教育史上最有权力的联邦教育行政长官，并且将联邦和州之间的界限关系推进到一个新的高度。本文批判性地回顾了巴拉克·奥巴马（Barack Obama）总统制定的联邦教育政策，尤其将注意力集中在由邓肯部长推动实施的"力争上游"（Race to the Top，RTT）政策上。文章将奥巴马总统的教育政策放在联邦在教育中的角色演进这个背景下审视，从1965年为扩大来自经济不利家庭的孩子的受教育机会而颁布的《初等与中等教育法》（Elementary and Secondary Education Act，ESEA）讲起。文章认为，尽管奥巴马的这项教育议题在重塑教育政策方面具有一定的合理性——特别是针对《不让一个孩子掉队法》（No Child Left Behind，NCLB）——但是此次决策过程与政府宣称的并不一样，因为它既不是完全建立在研究基础上的，也并非政治上的考虑，而且财政资助的竞争性特征最终被证明是对原先《初等与中等教育法》所设立的再分配性质的政策目标的破坏。

本文的第一部分追溯了联邦教育政策的演进。一开始将考查最早由林登·约翰逊（Lyndon B. Johnson）总统在1965年提交国会审议通过的《初等与中等教育法》中准确阐释的目标和战略。接下来，随着这项政策变得更少关注直接将资源分配给那些来自经济不利家庭的儿童，而更多关注问责，论文将解释这些目标在比尔·克林顿（Bill Clinton）总统多年执政时期的变化。本文第二部分回顾了乔治·W·布什（George W. Bush）总统执政时期通过的《不让一个孩子掉队法》的细节，该法为奥巴马政府时期的决策建立了政治性和纲领性的背景。尽管设计这项法律是为了强化对接受联邦资金的州的问责，但它同时强调了那些被拒绝提供优质教育机会的儿童的需求，他们大多是来自经济不利家庭的非白人儿童。本文的第三部分仔细考察了奥巴马的教育政策的要点。第四部分探讨"力争上游"政策的主要条款，特别将注意力放在那些关于测验和标准、教师评估、失败学校的战略转型，以及特许学校和学校选择的条款之上。第五部分描述教育部长阿恩·邓肯如何利用他的行政权力使《不让一个孩子掉队法》与"力争上游"的目标更加一致。第六部分是本文的结论。

一、《初等与中等教育法》与联邦角色的演进

林登·约翰逊总统在 1965 年推动国会通过的《初等与中等教育法》对于美国这样一个在传统上教育事业主要由州和地方政府负责的国家来说,是一次历史性的突破。国会最初为此批准了 10 亿美元的经费,到 1966 年经费增加了一倍,到 20 世纪 60 年代末经费高达 30 亿美元。①《初等与中等教育法》的第一部分(以下简称 Title I)作为该法案的主要条款,所涉及的经费主要是帮助经济欠发达地区用于发展教育的专项经费。该法案明确规定:

> 鉴于低收入家庭子女特殊的教育需求和低收入家庭集中居住而影响到地方教育行政部门难以充分保障本地区教育经费,国会宣布,采取为服务于低收入家庭聚集区的教育行政部门提供经费资助的政策……②

为了获得天主教游说团体的支持,该法确保了就读于私立和教区学校的贫困家庭儿童不会被排除在这项政策之外。③ 针对由宪法第一修正案中关于不得建立国教的条款引起的潜在问题,以及为了缓和来自南方各州立法者反天主教的情绪,该法规定,所有经费和项目将由公立学校系统管理支配。④ 教区学校的学生被允许通过使用视听设备、收看电视和广播、接受移动教学服务等方式,享受这项政策带来的实惠。《初等与中等教育法》中采取的政策预防措施体现了立法机构将法院明确判定必须遵守的"关注儿童利益原则"(child benefit theory)上升为强制性的法律规定,法院明

---

① *See* Stephen K. Bailey & Edith K. Mosher, ESEA: The Office of Education Administers a Law 37 – 71 (1968) (providing legislative history). For a more detailed account, see Julie Roy Jeffrey, Education for Children of the Poor (1978).

② Elementary and Secondary Education Act of 1965, Pub. L. No. 89 – 10, § 201, 79 Stat. 27, 27 (repealed 1981).

③ *See* Joseph A. Califano, Jr., The Triumph & Tragedy of Lyndon Johnson 71 (1991).

④ *See id.*

确辨析了给学生提供资助与给学校和机构提供资助两者之间在法律上的区别。①

鉴于国会在此之前已经在《退伍军人法》(GIBill)、《国防教育法》(National Defense Education Act)、《全国学校午餐法》(National School Lunch Act)、《希尔—伯顿医院重建法》(Hill-Burton Hospital Reconstruction Act)中写入了资助教会机构的条款的实事,这项立法策略与联邦宪法第一修正案中关于不得建立国教的条款也就没有冲突的地方。② 尽管有这些前期立法的保证,美国最高法院在 1985 年的一项判决中裁定公立学校教师不能被派往教区学校,继而为那里的学生提供补充教学。③这项判决要求公立学区租用其他的教学场所,从而使得教学活动发生在一个体现宗教中立的场所。这项判决在 1997 年被另一项判决推翻,④上诉者是纽约市学区。该学区声称,学区每年租用公立学校以外的教学场所的花费超过 1 400 万美元。⑤

《初等与中等教育法》始于 1954 年布朗诉教育委员会案(Brown v. Board of Education)⑥这一废除学校种族隔离的里程碑式的司法案件,是为了给贫困和少数族裔儿童提供教育机会的这一更大社会政治运动的一个组成部分。1964 年的《民权法案》(Civil Rights Act of 1964)⑦要求那些曾经实施种族隔离政策的学

---

① *See* Eugene Eidenberg & Roy D. Morey, an Act of Congress 75 – 95 (1969) (explaining the application of the principle in the drafting of ESEA). The child benefit concept first arose in a 1930 case upholding a Louisiana law that set aside tax funds to pay for textbooks for public, private, and parochial schools. This was not a First Amendment challenge, however. *See* Cochran v. Bd. of Educ., 281 U. S. 370, 373, 375 (1930). The court later applied the theory in *Everson v. Board of Education*, 330 U. S. 1, 16 (1947), which found that proving transportation services to students in religious schools in New Jersey did not violate the Establishment Clause of the First Amendment. Child benefit theory, also provided an essential part of the reasoning for subsequent landmark cases that allowed tuition aid to children attending religious schools. *See*, *e. g.*, Zelman v. Simmons-Harris, 536 U. S. 639 (2002); Mueller v. Allen, 463 U. S. 388 (1983); *see also* Joseph P. Viteritti, The Last Freedom (2007) (providing a general critique of First Amendment jurisprudence involving religion); Joseph P. Viteritti, *Reading* Zelman: *The Triumph of Liberty*, *Equality and Pluralism*, 76 S. Cal. L. Rev. 1105 (2003) (offering a detailed analysis of the latter case and its significance).

② Bailey & Mosher, *supra* note 1, at 33.

③ Aguilar v. Felton, 473 U. S. 402, 408 (1985).

④ Agostini v. Felton, 521 U. S. 203, 209 (1997).

⑤ Joseph Berger, *Limit on Remedial Education Appealed*, N. Y. TIMES, Aug. 31, 1996, at A25.

⑥ 347 U. S. 483 (1954). *See generally* Martha Minow, in *Brown*'s Wake (2010) (documenting the impact of *Brown* on federal education policy); Rosemary C. Salomone, Equal Education Under Law (1986) (same).

⑦ Pub. L. No. 88 –352, 78 Stat. 241 (1964) (codified as amended at 42 U. S. C. § § 2000a – 2000n –6 (2006)).

区提交废除种族隔离的计划,否则将失去联邦政府的资助。除了给低收入家庭儿童提供额外资助,约翰逊总统曾一直盼望通过《初等与中等教育法》向教育系统注入新的联邦资金,利用经济激励的手段促使学区配合联邦政府采取取消种族隔离的政策。①约翰逊总统采用的这项投资激励策略其实是一种精明的政策工具,通过这个经济杠杆,联邦政府就能影响州和地方的教育政策。后来的几任总统本该继续运用这项政策工具,但是,只有奥巴马总统和他任命的教育部长阿恩·邓肯运用得最好。

长期以来,研究曾证明《初等与中等教育法》是失败的,尤其是没有达到增加贫困儿童受教育机会的目标。1969 年,马丁和麦克卢尔(Martin and McClur)代表全国有色人种协会(National Association for the Advancement of Colored People,NAACP)的辩护基金(Legal Defense Fund)完成了一项研究,他们认为,Title I 的经费在学区被乱用,并发现学区将专项拨款当作一般经费使用,而没有将其花在低收入家庭儿童身上,而这些儿童才应该是专项拨款的受益者。②在随后的一篇论文中,凯文·杰罗姆(Jerome Murphy)总结说,在参与 Title I 项目的管理者中,有 30% 的管理者称不想用这些经费只帮助来自贫困家庭的儿童。③

1984 年,关于《初等与中等教育法》资助项目的第一项长期研究结果显示,尽管有一些证据显示参与该项目的学生比他们的同辈群体学得更快,但是这种状况无法长期维持。④此前一年,教育部长特雷尔·贝尔(Terrell Bell)发布了一份名为《国家在危急中》(A Nation at Risk)的研究报告。⑤这份影响广泛的报告警告美国要面对以

---

① Califano, *supra* note 3, at 70.

② Ruby Martin & Phyllis Mcclure, Title I of ESEA: Is It Helping Poor Children? (1969).

③ Jerome T. Murphy, *Title I: Bureaucratic Politics and Poverty Politics*, 6 INEQUALITY IN EDUC. 9 (1970) (citing Bailey & Mosher, *supra* note 1, at 316); Jerome T. Murphy, *Title I of ESEA: The Politics of Implementing Federal Education Reform*, 41 HARV. L. REV. 35, 49 (1971).

④ Launor F. Carter, *The Sustaining Effects Study of Compensatory and Elementary Education*, 13 Educ. Researcher, Aug. - Sept. 1984, at 4, 6.

⑤ Nat'l Comm'n on Excellence in Educ., A Nation at Risk (1983). For commentary on the report and its impact, see Milton Goldberg & Anita Madan Renton, A Nation at Risk: *Ugly Duckling No Longer*, *in* Commissions, Reports, Reforms, and Educational Policy 19 (Rick Ginsberg & David N. Plank eds., 1995); A Nation Reformed? (David T. Gordon ed., 2003); A Nation at Risk: *A 20-Year Reappraisal*, 79 Peabody J. Educ. (Special Issue) 1 (2004).

下现实,即美国儿童的学业成绩落后于世界其他发达国家。①这份报告揭示了成年文盲比例增加,大学入学考试分数下滑,以及大学、企业和军队中课程补习需求增长的现状。②该报告建议:提高中学毕业的要求;设立严格的、可测量的学业标准;更有效地利用在校学习时间;增加学日时间,延长学年长度;提高教师的职前准备,增加教师的薪酬,对教师的教学效果进行问责。③教育历史学家认为,这份报告即便不是整个当代学校改革运动开始的标志,也肯定是美国教育标准化运动开始的标志。④

尽管《国家在危急中》是由罗纳德·里根(Ronald Reagan)总统的内阁教育部长委托专家学者撰写的报告,但是里根总统本人对教育并不太感兴趣。他坚信学校教育是州和地方政府的责任,并曾发誓要废除由吉米·卡特(Jimmy Carter)总统建立的联邦教育部,但是该报告对全国所产生的震荡效果使教育在公众心中的重要地位得以保持住。⑤该报告发布后一年内,35个州都设立了新的高中毕业要求,22个州实施了课程改革,29个州设立了新的考试政策。⑥

1989年,乔治·H·W·布什(George H. W. Bush)总统出席了在弗吉尼亚州夏洛茨维尔市(Charlottesville, Virginia)召开的全国州长会议,他出席此次会议的目的是促使各州州长就如何确立教育优先发展战略展开讨论。对于一位共和党总统来讲,这一举动非同寻常。更不同寻常的是各州州长对于接受联邦政府提议所表现出的热情。⑦作为对老布什总统的回应,全国州长协会(National Governors Association)同意建立国家教育目标决策咨询小组(National Education Goals Panel),从而开发设计一种用来评估达到具体学业目标的进展情况的国家报告卡(national report

---

① *See* Rick Ginsberg & David N. Plank, *Introduction* to Commissions, Reports, Reforms, and Educational Policy, *supra* note 16, at 3, 9.

② *Id.* at 11.

③ *See* Goldberg & Renton, *supra* note 16, at 17 - 24.

④ *See*, *e. g.*, Maris A. Vinovskis, *From A Nation at Risk to No Child Left Behind* (2009); Diane Ravitch, *A Historic Document*, *in* OUR SCHOOLS AND OUR FUTURE 25, 34 - 35 (Paul E. Peterson, ed., 2003).

⑤ Patricia Albjerg Graham, Schooling America 153 - 158 (2005) (discussing President Reagan's reaction to the report).

⑥ U.S. Dep't of Educ., The Nation Responds 144 - 146 (1984) (including a chart depicting state educational reforms).

⑦ *See* Vinovskis, *supra* note 20, at 10 - 31.

card）。①这些目标是"美国 2000 年教育战略"（America 2000）的基础，而"美国 2000 年教育战略"是一个更加综合性的议案。不过，这项由老布什总统推动的议案因在 1991 年遭到当时由民主党控制的国会的抵制而失败。②除了提出国家教育目标，老布什总统的一揽子议案中还包括自愿性的全国考试计划。③ 若这项新的条款得以通过，参加 Title I 的公立学校的学生就可以被允许手握联邦政府发放给他们的资金，遵从自己意愿，选择其他公立、私立或教会学校读书。④

　　1997 年，阿布特智联机构（Abt Associates）完成了另外一项关于《初等与中等教育法》的主要研究。该研究包括 4 万名学生样本。该研究发现实验组和对照组的学生在学业成绩方面没有明显差异。⑤一个又一个的研究结果显示，尽管年复一年地对教育进行投资，但是来自不同种族、不同收入阶层家庭的儿童之间的学习差距并没有缩小。⑥在比尔·克林顿当选总统之前，公众对美国教育质量存在一种深深的挫败感，要求加强问责的呼声已经越来越猛烈。⑦作为与老布什总统签订合作协议的众多州长中的关键一位，克林顿在竞选总统期间曾发誓要推动国家教育标准。⑧由于民主党控制参众两院，克林顿或多或少能够比他的前任更成功些。⑨

　　克林顿 1994 年提交国会的"2000 年教育目标"（Goals 2000）与老布什之前提交的"美国 2000 年教育战略"十分相似。⑩这项提案列出了一系列国家教育目标，而且

---

①　*See* Diane Ravitch, National Standards in American Education 57－58（1995）.

②　*See id.* at 138－139.

③　*See id.* at 139－143.

④　*See id.* at 139.

⑤　Michael J. Puma, et al., ABT Associates, Inc., Prospects：Final Report on Student Outcomes vi （1997）. *See also* David J. Hoff, *Chapter 1 Aid Failed to Close Learning Gap*, Educ. Week, Apr. 2, 1997, at 1（describing a study finding that Title I failed to close the learning gap）.

⑥　*See* Geoffrey D. Borman & Jerome V. D'Agostino, *Title I and Student Achievement: A Meta-Analysis of Federal Evaluation Results*, 18 Educ. Evaluation & Pol'y Analysis 309, 324（1996）（detailing the results of 17 federal studies comparing Title I students to control groups）.

⑦　*See* Ravitch, *supra* note 24, at 1; Marshall S. Smith, *Education Reform in America's Public Schools: The Clinton Agenda*, *in* Debating the Future of American Education 9, 9－10（Diane Ravitch ed., 1995）.

⑧　*See Federal Education Policy and the States*, *1945－2009*, N. Y. State Educ. Dep't, http：//www. archives. nysed. gov/edpolicy/research/res_essay_bush_ghw_edsummit. shtml（last visited Mar. 29, 2012）.

⑨　*See id.* at 17－19（discussing the passage of Goals 2000）.

⑩　*See id.* at 20－25（describing the Goals 2000 legislation）; Richard Riley, *Reflections on* Goals 2000, 96 TCHRS. C. REC. 380（1995）; Smith, *supra* note 30, at 10－25（describing in detail the administration of Goals 2000）.

授权成立了一个国家教育目标决策咨询小组。①尽管共和党国会议员据理力争,该提案还是未能包括择校方面的条款。②"2000 年教育目标"的总体战略是为各州研发教育改革方案提供财政激励。③ 除此之外,这些资助对全国范围内的那些研发供各州自愿参与的学习机会标准(opportunity-to-learn standards)——包括研发课程教学内容和技术——的组织机构也是开放的。虽然最终由州政府、地方学区、劳工组织、大学、商业机构和医疗专家构成的这个网络庞大而低效,但是这个网络还是推动了全国性的标准和评估运动。④几乎每个州都开始研发新的学术标准和评估方法,尽管在当时的教育部长看来,这些标准并不是十分严格。⑤

当克林顿的第一届总统任期即将届满之时,《初等与中等教育法》仍然是联邦教育预算中最大的开支,而且也到了该被国会重新授权的时候了。在当时,一项 63 亿美元的预算正在服务于超过 500 万的学生。⑥克林顿曾一直希望将 Title I(在当时被称为 Chapter I)改造为一个以标准为本的项目(a standards-based program)。他于 1994 年在一个由共和党控制的国会中推动通过《改进美国学校法》(The Improving America's Schools Act, IASA),使预算支出显著增长。⑦ 虽然各州被告知,如果它们想要获得资助资格,就需要采取严格的学术标准和评估,然而,教育部在是否应该用严格的标准评审各州提交的资助申请的问题上表现出犹豫的态度。⑧克林顿随后尝试开发一套自愿参与的全国考试系统,但是国会不愿意配合他的想法。⑨自由派的民主党议员不情愿为那些未达标的,而且缺乏更多资源的儿童设立更高的目标;保守派的共和党议员对于由位于华盛顿的联邦政府来监控这样一个全国考试系统的观点感

---

① Smith, *supra* note 30, at 17.

② *See* Ravitch, *supra* note 24, at 139.

③ *See* Smith, *supra* note 30, at 20.

④ *See id.* at 21 – 22.

⑤ *See* Vinovskis, *supra* note 20, at 115 – 117.

⑥ Vinovskis, *supra* note 20, at 75 – 76.

⑦ For a general legislative history, *see* Vinovskis, *supra* note 20, at 75 – 84. For adetailed breakdown of the law, *see* generally James B. Stedman, Cong. Researchserv, Improving America's Schools Act: an Overview of P. L. 103 – 382 (1994), *available at* http://www.eric.ed.gov/PDFS/ED379792.pdf.

⑧ Stedman, *supra* note 40, at 8.

⑨ *See* Ravitch, *supra* note 24, at 156 – 157.

到不安。①

　　截至 2001 年年末,只有 19 个州同意《改进美国学校法》中提到的评估要求,而且没有一个州因为违反评估要求而丧失联邦资助。②研究继续表明,来自低收入家庭的学生并没有享受到本来分配给他们的那份联邦资助。③更为重要的是,缩小学业差距的成效并不明显。④

二、《不让一个孩子掉队法》

　　普遍存在这样一种的误解,即 2002 年 1 月通过的《不让一个孩子掉队法》是乔治·W·布什总统为了从不肯推行联邦政策的州政府手中夺取教育问责权而强力推行的一项大胆的联邦法律。事实上,《不让一个孩子掉队法》获得了跨党派的广泛支持,在众议院中获得了 381 票支持和 41 票反对,在参议院中获得了 87 票支持和 10 票反对。⑤不可否认,一位具有强烈的教育改革使命感的共和党总统入主白宫,使得共和党籍的立法者确信,位于华盛顿特区的联邦政府提出更苛刻的要求来争取国会拨款的想法正当其时。不过,国会中的民主党领袖,例如参议员泰德·肯尼迪(Ted Kennedy)和众议员乔治·米勒(George Miller)也在该法的立法过程中扮演了重要角色。⑥该法还得到来自州层面的广泛支持。⑦

　　小布什曾在担任德克萨斯州州长期间确立教育优先发展的战略,但他其实并不

---

①　*See id.* at 150 – 151.

②　Vinovskis, *supra* note 20, at 172.

③　*See* Christopher T. Cross, Political Education 141 (updated ed. 2010).

④　*See* Paul E. Barton & Richard J. Coley, Educ. Testing Serv., The Black-White Achievement Gap 34 (2010) (finding that while some progress occurred during the 1970's and 1980's, overall progress grew slower between then and 2008). *See generally* Steady Gains and Stalled Progress (Katherine Magnuson & Jane Waldfogel eds., 2008) (presenting several empirical studies regarding the race gap in standardized testing).

⑤　Paul Manna, School's in 127 (2006).

⑥　For the legislative history of NCLB, see Patrick J. Mcguinn, No Child Left Behind and The Transformation of Federal Education Policy, 1965 – 2005, at 165 – 176 (2006); Andrew Rudalevige, *No Child Left Behind: Forging a Congressional Compromise*, in No Child Left Behind? 23, 33 – 43 (Paul E. Peterson & Martin R. West eds., 2003). On the partisan roles, see generally Tom Loveless, *The Peculiar Politics of No Child Left Behind*, in Standards-Based Reform and The Poverty Gap (Adam Gamoran ed., 2007).

⑦　*See* CROSS, *supra* note 45, at 141 (citing a survey that showed support for NCLB in 45 states).

是唯一采取这种战略的州长。从 1983 年起,也就是教育部长特雷·尔贝尔公布《国家在危急中》①,以及开始用学生的学业表现来给各州排名的时候起,对各州州长来说,忽视公众对提高学校质量的要求变得越来越困难。②截至 2001 年,联邦中的每一个州都研发了阅读和数学的教学内容标准,有 28 个州已经建立了某些学业评价标准。③从一种微妙的视角来看,《不让一个孩子掉队法》其实是用联邦法律对在许多州中正在开展的教育改革实践的一种确认,至少是在涉及教育标准化改革这个领域,而且使得更多的联邦资金得以支持这些改革措施。

克林顿的《改进美国学校法》使考试几乎停留在自愿参与的实践水准上,与之不同的是,《不让一个孩子掉队法》把是否实施考试和标准作为州政府获取联邦资助的一个条件。那些决定不实施该法的州会丧失联邦资助,并被豁免于这项新法的要求。因此,《不让一个孩子掉队法》实际上不是一项真正的具有强制推行力的法律。④ 为了使蛋糕更具有诱惑力,联邦政府在该法实施伊始,就将财政资助的力度从 188 亿美元增加到 220 亿美元,增加了 20 个百分点。⑤ 该法在新的 Title I 项目中增加了支出的灵活性,与此同时,调整之后的经费分配计算公式将追加的资助导向经济发展水平低的学区,其核心理念与该法的原始版本即《初等与中等教育法》的初衷是一致的。⑥在《不让一个孩子掉队法》的框架内,联邦主义者做出的重要妥协是,给予各州开发自己的测试和设立自己的标准的权力。这项新的法律要求各州在 2005—2006 学年之前要对 3 年级至 8 年级学生的阅读和数学能力实施年度测试。州的测试成绩必须

① See supra note 16.

② For a description of evolving state initiatives, see Maris A. Vinovskis, *Gubernatorial Leadership and American K-12 Education*, in A legacy of Innovation (EthanSribnick ed. , 2008).

③ Vinovskis, *supra* note 20, at 117.

④ In 2007, the states of Michigan, Texas, and Vermont sued in federal court claiming that the Department of Education could not force them to comply with the law unless the federal government made sufficient additional funding available to cover the costs of compliance. After the trial court rejected their claims, the Sixth Circuit ruled in their favor, 2 - 1, but the Court of Appeals then reheard the case *en banc* and reached a split decision, leaving the district court ruling in effect. *See* Sch. Dist. of Pontiac v. Sec'y of U. S. Dep't of Educ. , 584 F.3d 253, 256 (6th Cir. 2009).

⑤ Under President George W. Bush, total spending for elementary and secondary education grew from $27. 3 billion in 2001 to $37. 9 billion in 2008 (39%). U. S. Dep't of Educ. , Education Department Budget History Table (2011), *available at* http: //www2. ed. gov/about/overview/budget/history/edhistory. pdf (last visited Mar. 6, 2012).

⑥ See Cross, *supra* note 45, at 140 - 141.

细化至学校和学区层面,而且要用以下分类指标来体现各群体之间的差异:种族、性别、收入、残障情况、英语水平。①

各州被要求针对学业成绩的提高和各群体间学业差距的缩小设立年度目标。②必须开发"年度进步"(annual yearly progress,AYP)的基线标准和评估方法。③并且要求所有学生到2014年都要达到熟练水平。④阅读课程获得《不让一个孩子掉队法》中追加资助的支持。虽然州和学区可以选择它们自己的阅读课程,但是如果想获得资助,就必须采取"看字读音教学法"(phonics approach),这是一种与"整体语言教学法"(whole language,即建立在学生实际生活与文学应用的生活经验基础之上的语言教学方法)截然相反的教学方法。所有接受《不让一个孩子掉队法》提供的联邦资助的州还被要求参加一项名为国家教育进步评估(National Assessment for Educational Progress, NAEP)的考试体系,这项评估方法对全国范围内的学生的阅读和数学成绩进行随机抽查。⑤

那些连续两年未能达到州所设定的测试目标的学校会被贴上"需要改进"(in need of improvement)的标签。这个标签使得这类学校有资格获得来自所在州的技术支持,而且这所学校内的学生从理论上来说有机会选择其他公立学校就读。⑥ 在这个标签被贴上一年之后,该学校中的学生家长会获得一笔来自Title I 的资助,用来补贴家长因为其子女享受由州认可的校外辅导机构提供的服务而支付的费用。⑦在被贴上这类标签的第三年当中,这所学校会被要求做出重大人事变动。⑧在这类标签被连续贴上四年之后,这所学校会被要求进行一次重大的组织改造,这种改造可能包括关闭学校,转变为特许学校,或者由一个私营管理企业来接管。⑨

---

① *See id.* at 138 – 139.

② *Id.*

③ *See id.* at 139.

④ *Id.*

⑤ *Id.*

⑥ Mcguinn, *supra* note 48, at 180 tbl. 9. 2 (providing table summarizing NCLB provisions).

⑦ *Id.*

⑧ *Id.*

⑨ *Id.*

在提交国会审议的原始提案中,小布什政府本想给予就读于失败学校中的学生带着他们所获得的政府资助转入私立或教会学校就读的权利。但是这份提案遭到了国会中民主党领袖的反对,甚至遭到了小布什所在的共和党中一些没准备支持这样一项由联邦发起的教育券计划的议员的反对。①然而,该法后面这部分有关特许学校和私立机构的条款才是小布什最看重的政策条款。这些条款支持学校选择,而且允许私立机构参与提供公共教育服务。

在民主党领袖们,特别是众议员乔治·米切尔(George Mitchell)的坚持下,《不让一个孩子掉队法》还尝试解决优秀师资的需求问题。联邦资助被用来支持聘用、留住和培训教师和校长。自 2002—2003 学年起,所有用 Title I 资金聘用的新教师需要在评级中达到"优秀"。② 截至 2005—2006 学年,所有接受 Title I 资助的教师都要达到这个标准,而且所有教授核心课程的教师被要求拥有大学学历,并且凭借通过一项州的考试或者在大学主修专业涵盖目前教授科目,从而证明他们具有教学能力。③2002—2003 学年后,Title I 资助的教师助手会被要求有两年的大学学历。④总之,《不让一个孩子掉队法》比此前任何一部相关立法对美国教育设定的期望都要高,然而这些目标在这样一个由联邦和州所构成的复杂的多层级政府体系中如何有效达成就是另一个问题了。⑤

尽管教育者继续争论标准化考试的价值及其对学生的实际学业表现能够发挥的作用,《不让一个孩子掉队法》规定考试结果必须体现不同类别的学生群体的水平,从而迫使这个国家正视目前仍然存在的来自不同种族、不同收入阶层家庭的学生的学业成绩之间的巨大差距。民权组织和通识教育倡导者赞赏这项规定是确保来自贫

---

① *See* Elizabeth H. DeBray-Pelot, *School Choice and Educational Privatization Initiatives in the 106th and 107th Congresses: An Analysis of Policy Formation and Political Ideologies*, 109 Tchrs. C. Rec. 927, 935 tbl. 1 (2007) (indicating the initial position of President Bush and the final compromise in Congress). For an insider's view of thelegislative strategy adopted by the Bush White House, see generally Eugene w. Hickok, Schoolhouse of Cards (2010).

② Mcguinn, *supra* note 48, at 180 tbl. 9. 2.

③ *Id.* at 178.

④ Erik W. Robelen, *An ESEA Primer*, Educ. Week, Jan. 9, 2002, at 28.

⑤ For an excellent overview of the implementation issues regarding NCLB, see generally David K. Cohen & Susan L. Moffitt, The Ordeal of Equality (2009) (questioning the institutional capacity of state and local agencies to deliver services effectively); Paul Manna, Collision Course (2011).

困家庭和少数族裔的儿童获得更好的教育的方法,而且支持这项规定通过立法程序。① 尽管这项政策规定为了满足那些想要维护地方政府的教育特权、不情愿参与这项法律的州立法者的要求,而在允许各州设立它们自己的标准方面已经做出了让步,但是它对《不让一个孩子掉队法》将会提高全国所有学生的熟练水平的这个政策目标也做出了妥协。各州设立的达到熟练水平的标准差别很大。美国研究所(American Institutes for Research)在完成的一项研究中采用的是国际学生学业评价标准,该研究发现,标准最严的州和标准最松的州所测量出的学生的实际学业水平居然能相差四个年级。②

许多地方的政策制定者把学业达标的标准设定得很低,所以学生的学业成绩就会显得比他们的真实水平高。教育部进行了一项研究,是比较 2005 年以来各州的学业达标率与各州在更具有权威性的国家教育进步评估中的通过率。该研究结果显示,各州之间的课程标准差别很大,而且各州州内的考核标准比国家教育进步评估的考核标准要低。③

评估年度进步(AYP)作为一种决定哪些学生、学校、学区和州才算达到联邦要求的方法,还存在一些严重的问题。研究者质疑用考试成绩来做出这些重要决定的可靠性。④ 即便实行这种宽松的标准,在 2008—2009 学年,全国所有学校中还有 18% 被贴上"需要改进"的标签。⑤ 也许有的地区的确采取了改革措施,然而,学生们要么无法获得更好的学习机会,要么即便获得机会也无法从中受益。符合条件的学

---

① Jesse Hessler Rhodes, *Progressive Policy Making in a Conservative Age? Civil Rights and the Politics of Federal Education Standards*, *Testing*, *and Accountability*, 9 Persp. On Pol. 519, 519 – 520, 530 – 531 (2011) (describing the role of these groups in the federal legislative process).

② Gary W. Phillips, Am. Inst. Research, International Benchmarking (2011).

③ *See* Nat'l Ctr. for Educ. Stat., Mapping State Proficiency Standards onto NAEP Scales 9 (2007); *see also* Paul E. Peterson & Carlos Xabel Lastra-Anadon, *State Standards Rise in Reading*, *Fall in Math*, Educ. Next, Fall 2010, at 12, 15 (finding different proficiency standards in reading and math among the states and generally lower standards in the states when compared to the NAEP).

④ *See*, *e. g.*, Thomas J. Kane & Douglas O. Staiger, *Volatility in School Test Scores: Implications for Test-Based Accountability Systems*, *in* Brookings Papers on Education Policy 235, 235 (Diane Ravitch ed., 2002) (detailing sampling issues that complicate the reporting of test score trends).

⑤ EPE Research Ctr., Schools — Adequate Yearly Progress and Improvement Status Under NCLB (2008).

生中真正参与择校项目的还不到 2%;而真正参与补习项目的还不到 25%。①

有关这些选择计划的低参与度的可能后果有许多猜测,有的指控地方政府的行政管理能力差,有的怀疑学区和学校官员由于害怕这些选择计划会把资源从传统公立学校中转移走所以暗中破坏这些选择计划。然而,学校选择问题凸显了政策设计中的一个基本缺陷。关键事实是,那些学业成绩低的学生占很高比例的学区,在其范围内的确没有多少公立学校可供这些学业成绩低的学生进行选择。②因此,转学机会基本上是对那些有可能从中获益的学生的一种无法兑现的许诺。通过把私立学校排除在可选择学校的范围之外(而这正是小布什总统想要写入这项法律的),国会中的民主党使这项政策发挥不了实际作用。在地方民主党领袖向国会恳求,华盛顿特区的公立学校深陷困境,而贫困儿童需要获得选择私立学校的机会之后,小布什最终在2003 年成功使得国会通过了在华盛顿特区设立一项教育券计划,③但是这项计划也只会缓解一座城市面临的教育问题。④

由于它不是小布什政府关注的首要政策,所以教育部没有在强制实施该法中的教师质量条款方面采取实质性的措施。本来,各州要在 2005—2006 学年这一最后时限之前达到提高教师质量的要求,但是,直到 2007 年,仍没有一个州达到这一要求,教育部长玛格丽特·斯佩林斯(Margaret Spellings)向各州保证,即便各州达不到法律要求也不会遭到失去联邦资助的处罚。⑤ 2007 年秋,一项全国性的调查指出,22%的州和 6%的学区不太可能达到这一法律要求。⑥

2007 年,《不让一个孩子掉队法》因期满而正式终止。⑦当小布什政府带着他的低支持率进入任期的最后一年时,已经没有兴趣促使国会对这一法律重新授权和解

---

① Paul Manna, Ctr. on Educ. Pol'y, Federal Aid to Elementary and Secondary Education 11 (2008).

② See infra notes 136 – 138 and accompanying text.

③ District of Columbia School Choice Incentive Act of 2003, Pub. L. No. 108 – 199, 118 Stat. 126 (2004).

④ See Anthony A. Williams et al., *Washington's Children Deserve More Choices*, Wash. Post, Sep. 3, 2003, at A17. The bill was also strongly supported by Democratic Senator Diane Feinstein of California. *See* Dianne Feinstein, *Let D. C. Try Vouchers*, Wash. Post, July 22, 2003, at A17.

⑤ See Manna, *supra* note 69, at 58.

⑥ See id. at 101.

⑦ *Making Your Voices Heard*: *What Does NCLB Reauthorization Mean?*, Pub. Educ. Network, http://www.publiceducation.org/nclb_main/Reauth_What_It_Means.asp (last visited Mar. 6, 2012).

决这一法律所面对的批判。民主党和共和党一致表示这一任务可以由下一届总统来完成,不管这位总统将来自民主党还是共和党。①巴拉克·奥巴马入主白宫之前,《不让一个孩子掉队法》的作用似乎与该法的设计者们当时的立法初衷正好相反。当时,人们对美国教育未来的期望正在降低,让每一位儿童的基本能力在 2014 年达到熟练标准的这一国家目标似乎无法实现。② 人们对于豁免的讨论已经出现,而且地方政治家正在要求他们在华盛顿特区的代表们,更加实事求是地考虑地方学区的实际教学情况。

三、奥巴马的政策议题

上任三年来,奥巴马政府仍然没有能力促使国会重新授权或修正《不让一个孩子掉队法》。然而,国会于 2009 年初通过的《美国复苏与再投资法》(American Recovery and Reinvestment Act, ARRA)——为了在一场严重的经济衰退中刺激国家经济复苏——中所包含的联邦对教育的资助金额是史无前例的。③结果是,教育部长阿恩·邓肯在制定初等和中等教育政策方面比历史上任何一位联邦教育行政长官的权力都要大,而且他非常果断地运用了自己的权力。《美国复苏与再投资法》涉及的教育经费分配方案的条款如下:

- 投资 50 亿美元用于发展学前教育,包括"低收入家庭幼儿教育计划"(Head Start)、"低收入家庭幼儿早期教育计划"(Early Head Start),以及儿童保育和儿童特殊教育需求;

- 投资 770 亿美元用于提升初等和中等教育质量的改革,包括用 486 亿美

---

① *See* Regina Bankole & Rob Williams, *Reauthorization of the No Child Left Behind Act: Political Forces and Perspectives*, 1 J. Cross-Disciplinary Persp. Education 7, 11 (2008).

② *See* Ctr. on Educ. Pol'y, State Test Score Trends Through 2008 – 2009, PART 4, at 2 – 3 (2011) (examining test scores in 19 states for which reading and math scores were available between 2002 and 2011 and finding that while Title 1 students have made gains in achievement since 2002, and often improved more than non-Title 1 students, the former still remain well behind the latter).

③ American Recovery and Reinvestment Act of 2009, Pub. L. No. 111 – 115, 123 Stat. 115.

元援助受到金融危机威胁的州政府的教育财政预算;

● 投资 50 亿美元作为竞争性资助,从而产生一些将会缩小教育差距的创新和改革举措。①

首先抛出的 50 亿美元资助被用来维持政府在学前和特殊教育计划方面的承诺,接下来的 770 亿美元被用来填补州教育财政预算的漏洞,并且拯救教师和其他职员的就业机会,教育部长用最后的这 50 亿美元制定新的教育政策。② 其中的 6.5 亿美元用于投资"创新基金"(Innovation Fund, i3),用来激发那些承诺提高教师教学效果、改进低效学校、提高标准与评估,以及改进数据系统的学区、学校或非营利组织,促使其形成并落实富有创新性的改革建议与措施。③高达 5 千万美元的"按比例配套资助"(Scale-up grants)将会奖励给那些能提出确切成功依据的改革方案。投资"创新基金"下的两项较小规模的资助(分别为 3 千万美元和 5 百万美元)在批准申请计划时对依据的要求相对宽松。④《美国竞争法》(America COMPETES Act)投资 4 千 6 百万美元,计划用三年时间来改进科学、技术、工程和数学教育。⑤在"教师质量合作关系资助计划"(Teacher Quality Partnership grant program)之下,追加高达 1.43 亿美元的资助用来支持教师实习和学徒计划。⑥

迄今为止,奥巴马政府所推动的最重要和最核心的教育政策是"力争上游"计划(Race to the Top,RTT)。这项计划专门投资 43.5 亿美元给一项竞争性资助计划,该

---

① *Education*, The White House, http://whitehouse. gov/issues/education (last visited Feb. 23, 2012). *See also* FarhanaHossain et al., *The Stimulus Package: Educationand Job Training*, N. Y. Times (last updated Dec. 23, 2011), http://projects. nytimes. com/44th_president/stimulus/education-and-job-training (detailing appropriations relating to education in the stimulus bill).

② Sara Mead et al., Bellweather Educ. Partners, Conflicting Missions and Unclear Results 9 (2009) (finding that although some ARRA funding was used to advance ongoing reforms, most of it was applied to compensate for funding cuts being made at the state and local levels).

③ *See* Michele McNeil, *Coveted "i3" Cash Prompts Application Gold Rush*, Educ. Week, July 14, 2010, at 1, 28.

④ *Id.* at 28.

⑤ COMPETES is an acronym for Creating Opportunities to Meaningfully Promote Excellence in Technology, Education, and Science. *See* Erik Robelen, *Obama Signs Leaner Version of America COMPETES Act*, Educ. Week, Jan. 12, 2011.

⑥ Stephen Sawchuk, *Teacher Residencies Make Strides*, *Encounter Obstacles*, Educ. Week, Jan. 13, 2011.

计划只资助那些符合教育部所设立的特殊标准的州,从而证明这些州的政策制定者会紧随邓肯部长的政策方向。奥巴马总统于 2009 年 7 月 24 日在宣布实施这项政策时表示:

> 这是美国教育改革历史上最大的投资之一。与以往直接将联邦资助分配给各州的做法不同,我们现在让各州和各学区在争取获得联邦资助方面展开竞争。这就是我们能够激励优秀和刺激改革的方法,并在美国公立学校中启动一场力争上游的竞赛。①

在说到政府设立的评审各州提交的资助申请标准时,总统进一步解释道:

> 竞争将不会受到政治、意识形态或特殊利益群体偏好的影响。相反,竞争基于一个简单的原则——一个州是否准备好去实施有效的改革措施。我们将用最可靠的依据来评定一个州是否达到实施改革所需的一些关键指标——比其他州准备更充分的州将会获得联邦资助。不是每一个州都会在竞争中取胜,也不是每一个学区都将对竞争结果感到满意。②

教育部长起草的用以评估州所提交的改革方案的标准围绕四个宽泛的政策目标:采用国际评估指标;改进教师和学校管理者的聘用和挽留机制,提高他们的补助金;提高数据采集质量;采取切实策略扭转失败学校的困局。③任何一个已经有法律明文规定不允许采用学生学业成绩数据来评价教师和校长的州——在当时包括纽约州、加利福尼亚州等——自动禁止在本州实施这一竞争性政策。④提高教师和校长质

---

① *Remarks By the President on Education*, *July 24*, *2009*, The White House, http：// www. whitehouse. gov/the_press_office/Remarks-by-the-President-at-the-Departmentof-Education（last visited Mar. 6, 2012）.

② *Id.*

③ *See* Michele McNeil, *Rich Prize*, *Restrictive Guidelines*, Educ. Week, Aug. 12, 2009, at 1（citing a document from the Department of Education）.

④ *Id.*

量的主要策略是采取绩效工资。① 在失败学校的众多改造策略中被认可的是增加高质量特许学校的供给。②如果州法律严格限制特许学校的数量,那么该州也会丧失竞争优势。③

40 个州和华盛顿特区提交了争取"力争上游"资助的申请。④令许多州长感到失望的是,教育部在 2010 年 3 月只批准了两个州的资助申请(特拉华州和田纳西州),不过,教育部宣布,最终还会有 16 个州获得资助,不过这些州的申请方案正在审核中。⑤当年 8 月,9 个州和华盛顿特区获得了联邦资助。⑥ 当发布这一新闻时,邓肯部长敏锐地指出,在竞争联邦资助的过程中,35 个州和华盛顿特区"对一般性的、为大学入学做准备的和为就业做准备的阅读和数学教育方面已经采取了严格的标准,34 个州为了提高教育质量,已经修改了自己的法律和政策",这表明联邦政府的这一新法律已经显现出明显效果。⑦2011 年 5 月,邓肯部长宣布,有 9 个州仅以非常小的差距落选联邦竞争性资助名单,不过 9 个州可以分享一小笔资助。⑧

虽然"力争上游"很大程度上会被描述为联邦政府为了推动教育政策而采取的一项激进的尝试,但是奥巴马政府也在努力协调各州的重要行动。为了设法解决各州标准不统一的问题,全国州长协会(National Governors Association)和州首席教育官员理事会(Council of Chief State School Officers)召集了来自全国各地的英语和数

---

① *See* Michele McNeil, *Rich Prize*, *Restrictive Guidelines*, Educ. Week, Aug. 12, 2009, at 1 (citing a document from the Department of Education).

② *Id.*

③ *Id.* The rating criteria were slightly changed in November, 2009. *See* Sam Dillon, *After Criticism, the Administration is Praised for Final Rules on Education Grants*, N. Y. Times, Nov. 12, 2009, at A20. See appendix for scored criteria set by the Department of Education to review applications.

④ *Id.* at A3.

⑤ *See* Sam Dillon, *In School Aid Race, Many States Are Left Behind*, N. Y. Times, Apr. 5, 2010, at A1.

⑥ The states were Florida, Georgia, Hawaii, Maryland, Massachusetts, New York, North Carolina, Ohio, and Rhode Island. Arne Duncan, *Nine States and the District of Columbia Win Second Round Race to the Top Grants*, The White House (Aug. 24, 2010, 1: 52 p. m.), http: //www. whitehouse. gov/blog/2010/08/24/nine-states-and-districtcolumbia-win-second-round-race-top-grants.

⑦ *Id.*

⑧ In the original competition grants ranged from $75 million for the smallest winners, such as Hawaii and Rhode Island, to $700 million for the largest, such as Florida and New York. A total of $200 million was divided among nine runner-ups. Michele McNeil, *New Race to Top Money Eyed Warily by Some*, Educ. Week, June 8, 2011, at 18.

学领域的专家,针对各年级学生应该学习的内容设立基准。①一年以后,这两个组织公布了一套核心标准,供各州自愿采用。②为了推动这一进程,奥巴马政府指出,同意采用这一关于英语和数学教育基准的州将会在竞争"力争上游"资助时获得加分。③在这套标准公布之后的两个月内,39 个州宣布采取这一方案,时间恰好赶在 2010 年8 月 2 日之前,也就是第一轮竞争性资助的截止日期之前。④

在"力争上游"的框架下,教育部还拨款给州之间的联盟和私营机构的合作者,共同合作开发按年级的评估方法,用来配合课程标准。⑤这一措施的目的是解决考试政策的一个重要缺陷,这一缺陷在《不让一个孩子掉队法》中已经表现得非常明显。为了确保测验效度,测验应该针对课程设计,学生的学习内容与考试内容之间才会在逻辑上保持统一。如果不是大多数州,至少也是许多州已经把考试与教学,把执行标准化考试与实施核心课程本末倒置了。但愿这项新的政策将不仅允许考试与教学相对应,还将通过利用国际基准提升考试和教学标准。⑥

2010 年 9 月 2 日,邓肯部长宣布两家机构赢得了开发普适评估方法(common assessments)的资助。大学与职业评估和准备机构(Assessment and Readiness for College and Careers, PARC)拥有 26 个州作为它的会员,共获得总额为 1.7 亿美元的资助;智衡评估机构(Smarter Balance Assessment Consortium)拥有 31 个州作为它的会员,共获得 1.6 亿美元的资助。⑦ 其中有 12 个州同时是这两家机构的会员。总之,44 个州和华盛顿特区要么是其中一家机构的会员,要么同属这两家机构。⑧政府希望这两家机构在 2014—2015 学年开发出详细方案。在宣布这些资助结果的时候,邓肯

---

① *See* Tamar Lewin, *States Embrace Core Standards for the Schools*, N. Y. Times, July 21, 2010, at A1, A3.

② *Id.* at A3.

③ *Id.* at A1.

④ *See* Catherine Gewertz, *States Adopt Standards at Fast Clip*, Educ. Week, July 14, 2010, at 1, 18; Lewin, *supra* note 103, at A1.

⑤ *See* Catherine Gewertz, *Common-Assessment Consortia Add Resources to Plans*, Educ. Week, Feb. 23, 2011, at 8.

⑥ *See id.*

⑦ *See* Sam Dillon, *U. S. Asks Educators to Reinvent Student Tests, and How They Are Given*, N. Y. Times, Sep. 3, 2010, at A11.

⑧ *Id.*

部长称这个新生事物"会改变公立教育的游戏规则"。他继续讲道：

> 只有在评估与课程挂钩的前提下，才能称得上是一套学术标准。我们想让教师遵守教学标准——如果这里所说的教学标准是严格的、有全球竞争力的，并且是各州统一的话。不幸的是，在过去十年，许多州降低了他们的学术标准和评价标准。实际上，许多州向家长和学生撒了谎。许多州告诉学生他们达到了熟练标准，并能通过未来的大学教育获得成功，其实这些学生连成功的边儿都沾不上。①

联邦政府与州政府通过"力争上游"而达成的合作，其重要性不仅仅体现在政策层面，这种合作还标志着联邦主义在教育领域中的演进。我们在这里所看到的是，联邦政府利用它的权力和资源推动整个国家接受由各州共同参与设计的国家教育标准，而不是强制各州实施来自美国首都华盛顿特区的、制定好了的联邦教育标准。

四、"力争上游"政策评析

一种持中立立场的解读认为"力争上游"政策推动了一些教育问题的解决，这些教育问题不仅在《初等与中等教育法》中被提及，在《不让一个孩子掉队法》中还被重申。虽然有些地区对强调测量学业成绩的做法表示不满，但在全国范围内，公众对此存在共识，即为了衡量教育的进步需要有效的测验，为了推动整个国家的进步，需要制订更高的标准，而且这些测验需要配备一套核心课程，最重要的是，联邦政府将在推动这一改革时发挥领导作用。"力争上游"政策对教学质量的关注也是小布什政府改革方案中的核心内容，只不过教学质量不在他们优先解决的议程当中。早在1965年的《初等与中等教育法》中，林登·约翰逊总统就已将教育公平视为基本原则，而转变失败学校的要求不过是再次提醒联邦政府坚守这一准则。因为，贫困社区

---

① *Beyond the Bubble Tests: The Next Generation of Assessments — Secretary Arne Duncan's Remarks to State Leaders at Achieve's American Diploma Project Leadership Team Meeting*, U. S. Dep't of Educ. （Sept. 2, 2010）, http：//www. ed. gov/news/speeches/beyondbubble-tests-next-generation-assessments-secretary-arne-duncans-remarks-state-l（emphasis added）.

的学校的学术劣势处境一直在持续,而且这些社区中的非洲裔和拉美裔儿童占相当大的比例。

可是,"力争上游"政策中的竞争性策略存在一个根本性的瑕疵,这就是它违背了补偿性教育政策设计的初衷。竞争性的资源配置方式往往使那些最有能力的州和地区受益,而未惠及到真正最需要帮助的地区和学习不良的学生。这一策略还面临一些激烈的争议,也是《初等与中等教育法》多年来备受诟病的做法,即持续向一些失败且低效的系统和项目投入大量资金。① 联邦决策者急于支持的是成功者而非失败者,奖励的是那些做得好的学校、行政管理者和教师。可是,竞争性策略是有缺点的。有选举权的群体常常落入民主党的圈套,特别是在民主党培养出了历史上首位入主白宫的非洲裔美国总统时,这违背了立法机构的初衷。

2010 年 7 月,在全国教育年会召开前夕,一些公民权利组织(Civil Rights organizations)在全国有色人种协会(NAACP)和全国城市联盟(National Urban League)的领导下提出了一套教育政策框架。这一框架建议调整《初等与中等教育法》的内容,要求邓肯删除一些已写入"力争上游"计划中的核心条款。② 他们认为,竞争性资助金意味着这些州的大部分低收入家庭和少数民族家庭的孩子无法从新基金中受益。他们还批评联邦政府过度依赖特许学校淘汰城市里的失败学校的做法。③

虽然总统和邓肯在全国城市联盟的会议上接受了这些公民权利组织的批评意见,但是联邦政府的教育决策并没有任何较大的调整。④ 一些公民权利组织认为,教

---

① *See* Cohen & Moffitt, supra note 69, at 17 – 44 (arguing that most states lacked the institutional capacity and resources to implement NCLB effectively).

② The groups also included the NAACP Legal Defense and Education Fund, The Lawyers Committee for Civil Rights Under Law, National Council on Educating Black Children, Rainbow PUSH Coalition, and the Schott Foundation for Public Education. See Michele McNeil, Civil Rights Groups Call for New Federal Education Agenda, Educ. Week (July 26, 2010, 10:00 a.m.), http://blogs.edweek.org/edweek/campaign-k-12/2010/7/civil-rights-groups-call-for-n.html. http://blogs.edweek.org/edweek/campaign-l-12/2010/7/civil-rights-groups-call-for-n.html.

③ Id.

④ *See* Remarks by the President on Education Reform at the National Urban League Centennial Conference, The White House (July 24, 2010, 10:09 a.m.), http://www.whitehouse.gov/the-press-office/remarks-president-education-reform-national-urban-league-centennial-conference; Secretary Arne Duncan's Remarks at the National Urban League Centennial Conference, U.S. Dep't of Educ. (July 27, 2010). http://www.ed.gov/news/speeches/secretary-arne-duncans-remarks-national-urban-league-centennialconference.

育部在划拨"力争上游"经费时,未充分考虑到英语学习者的需求。对此,他们很不满意。①

采用标准测验作为评估、补偿和雇佣教师的标准的条款也招致教师工会(Teacher's Union)的严厉批评。需要补充说明的是,两家全国性的教师组织都不满意联邦政府对特许学校的重视。② 其中较大的一家是拥有 320 万会员的全美教育协会(National Education Association,NEA),该组织的代表实际上对"力争上游"投了"不信任票"③。美国教师联盟(American Federation of Teachers,AFT)规模较小,拥有 150 万会员,该组织语气相对温和。在温和派理事长兰迪·温加滕(Randi Weingarten)的领导下,美国教师联盟认为,在一定条件下联邦政府可以考虑以学生成绩作为衡量教师业绩的标准,但需要充分考虑程序保护。④ 当然,操作程序必须令美国教师联盟理事长和她的会员们满意,而且要直指问题的关键,即奥巴马政府的改革方法。

虽然奥巴马总统一再保证"力争上游"计划的经费分配不会受到政治或意识形态的影响,但公众还是担心这一法案所蕴含的一些关键条款并非完全基于调查研究的发现。奥巴马政府基本上是沿着预期的政治路线推进,而远不是他们所保证的那样保持中立立场。这也并不能说明奥巴马政府完全是基于政治考虑来设定优先获得"力争上游"经费资助的条款,特别是白宫已经采取一系列不利于一些重要利益群体利益偏好的政策措施和行动。可是,考虑到"力争上游"计划意图达成的目标的重要性,这些担心也值得关注。

2011 年 5 月,应国家研究委员会(National Research Council)的要求,美国科学院(National Academy of Sciences)发布了一项历时九年的研究报告,这份报告引发了大

---

① These groups included National Council of La Raza and the National Associationof Latino Elected and Appointed Officials. See Mary Ann Zehr, Groups Say Race to Top Overlooked ELL Pupils, Educ. Week, Oct. 6, 2010, at 18.

② Stephen Sawchuk, NEA, AFT Choose Divergent Paths on Obama Goals, Educ. Week, Aug. 25, 2010, at 1.

③ Id.

④ See id

量对于基于测验提升教育质量的政策有效性的质疑。① 这一研究由一群资深研究人员完成,综合分析了基于测验的激励政策、高中毕业考试、教师绩效工资实验和全国所采用的其他测验和问责制度。② 专家们得出了两个主要结论:

- 经过认真设计后实施的基于测验的激励政策并没有促使美国学生的考试成绩达到最高分数的学生所在国家的成绩水平。
- 我们收集的证据显示,美国现行的高中毕业考试制度使得高中毕业率降低而不是提升。③

其他一些研究专门分析了"力争上游"计划中的关键条款,这些研究结果发现,在资源短缺时,并没有足够的证据表明"力争上游"计划所确立的优先目标能够实现。让我们来逐个看一看。

(一)测验与标准

沿着《不让一个孩子掉队法》的足迹和美国先贤的积极倡议,"力争上游"计划带来了更多的变化,这点是毫无疑问的。可是,"力争上游"计划一度还是被认为太过雄心壮志,完全不切实际。为了确保这些变化带来足够的影响,联邦政府必须在各州之间做大量艰苦卓绝的协调工作。首先,评估必须严格遵循核心课程的标准,这些标准必须被转换成实际可操作的课程素材,这些课程素材必须能够为课堂教学所应用。其次,还必须培训教师学会使用它们。最后,教师评估体系必须

---

① Nat'l Research Council, Incentives and Test-Based Accountability in Education (Michael Hout & Stuart W. Elliot, eds., 2011).

② See id. at 1 – 6.

③ Id. at 84 – 85. But see Thomas S. Dee & Brian A. Jacob, The Impact of No Child Left Behind on Students, Teachers, and Schools, in Brookings Papers on Economic Activity: Fall 2010, at 149, 150 (David H. Romer & Justin Wolfers eds., 2010) (finding that NCLB generally helped the performance of elementary school students in mathematics, but not in reading); Helen F. Ladd & Douglas L. Lauen, Status Versus Growth: The Distributional Effects of School Accountability Policies, 29 J. Pol'y Analysis & Mgmt. 426,428 (2010) ("Emerging from research of this type is that the introduction of a school based accountability program generally raises achievement when achievement is measuredby the high-stakes test used in the accountability system.").

全面整合上述所有内容。① 2010 年年底,教育政策研究中心(Center For Education Policy)发布了一项研究报告,认为联邦的协调工作将是一个冗长乏味的,同时又容不得过多失误与耽误的过程。②

一项全国性的调查反映了 42 个州和华盛顿特区的情况。其中,36 个州表示原则上接受数学和英语的通用标准,这一通用标准由国家治理者协会(National Governors Association)和公立学校官员委员会(Council of State Schools Officers)共同提出(现在有 44 个州认可了这一标准)。③ 33 个州表示将调整它们的专业发展方向以与通用标准保持一致,预期将在 2012 年实现其转变目标。④ 同样有 33 个州正在计划调整教学大纲和教学材料,但仅有 14 个州预计能在 2012 年年底前完成。36 个州正计划调整测验标准,其中 27 个州表示调整要在 2014 年甚至更迟后才能实施。⑤ 迟迟无法推出通用测验标准的原因在于依据"力争上游"计划开发这一标准的两个研究小组要到 2013 年才能完成任务。与此同时,仅有联邦和州两级官员的同意是不够的,这会使得州政府难以快速调整课程、测验和培训材料。这将使其余的改革议程面临更加现实和受诸多牵制的处境。

(二)评估教师

除了需要及时地调整课程、进行测验、推动教师发展之外,奥巴马政府寻求建立的教师评价体系还需要有效和可靠的手段估计出单个教师对单个学生学习进步的贡献程度。这的确是一个复杂且需要高度努力的工作。数学美国(Math for America)是一个旨在提升数学教育质量的组织,约翰·尤文(John Ewing)是该组织理事长,他说影响学生成绩的因素很多,用学生的考试分数来衡量教师绩效会面临方法论陷阱。⑥ 考试分

---

① Nancy Korber & Diane Stark Rentner, Ctr. on Educ. Pol'y, States' Progress and Challenges in Implementing Common Core State Standards 6 (2011).

② *See* Catherine Gewertz, Full Standards-Based System Several Years Off, Educ. Week,Jan. 12, 2011, at 9.

③ Korber & Rentner, supra note 123, at 6.

④ *Id.*

⑤ *Id.*

⑥ John Ewing, Mathematical Intimidation:Driven by the Data, 58 NOTICES Am. Mathematical Soc'y, 667, 670 (2011). For a more easy-to-ready summary, *see* Valerie Strauss, Leading Mathematician Debunks "Value Added", WASH. POST (May 9, 2011), http://www. washingtonpost. com/blogs/answer-sheet/post/leading-mathematiciandebunks-value -added/2011/05/08/AFb999UG_blog. html. *See generally* DANIEL KORETZ, MEASURING UP (2008)(providing thorough analysis of shortcomings intesting).

数受许多因素影响,包括学生学业成就水平、其他教师的贡献、同龄群体以及父母的影响等。毕竟,测试只是基于所有材料中有限的一部分。考试分数的提高,可以通过培训来实现,而不一定是学习能力的增强。

20世纪90年代中期,威廉·桑德斯(William Sanders)在田纳西州首创"增值模式"(Value-added modeling),并将其在北卡罗莱纳州和其他州复制推广。桑德斯认为通过严密的方法和保障措施的评估,有可能区分出有效的教师和无效的教师。[1]桑德斯的支持者们认为用他们自己的数据证明"增值模式"在正确设计和实施后的效果很好。[2] 在田纳西州的一项研究中,桑德斯和巴卢(Ballou)发现学生特征的控制对被评价教师的影响很小。[3] 其他研究者的研究也证明了在那些实施教师绩效制度的学校学生测验的分数要高些。[4] 此外,未基于坚实的数据构建教师评价体系引发更多的讨论,大部分的教师评价体系没有办法区分成功和不成功的老师,结果以98%的教师都是合格的而告终。[5]

对于构建一个严密的体系用于评价、考核、聘用和补偿教师,其他人提出了一些相反的证据。一名在休斯敦和纽约运用"增值模式"进行研究的作者表示,增值模式充其量是一个评估教师在学生学术成果贡献上的初步指标。[6] 一项在大都会纳什维尔学校实施了三年,由其中学老师自愿参与的研究结果表明,长远来看,教师奖金获得者的学生的学业成绩并没有好于对照组中未获得教师奖金的学生

---

[1] *See* William Sanders et al., The Tennessee Value-Added Assessment System: A Quantitative Outcomes-Based Approach to Educational Assessment, in GRADING TEACHERS, GRADINGSCHOOLS (Jason Millman ed., 1997) (describing the original experiment).

[2] *See*, e.g., Henry I. Braun, Educ. Testing Serv., Using Student Progress to Evaluate Teachers 15 (2005), available at http://www.isbe.state.il.us/peac/pdf/primer.pdf (last visited Mar. 7, 2012); Jesse Rothstein, Teacher Quality in Educational Production: Tracking, Decay, and Student Achievement, 125 Q. J. Econ. 175, 176 (2010).

[3] *See* Dale Ballou et al., Controlling for Student Background in Value-Added Assessmentof Teachers, 29 J. Educ. & Behav. Stat. 60 (2004).

[4] *See* David N. Figlio & Lawrence W. Kenny, Individual Teacher Incentives and Student Performance, 91 J. Pub. Econ.901, 913 (2007).

[5] Daniel Weisberg et al., The New Teacher Project, The Widget Effect 12(2009). See generally Steven Glazerman et al., Brown Crt. On Educ. Policy, Evaluating Teachers(2010) (arguing for the implementation of a value-added approach toteacher evaluations).

[6] Sean P. Corcoran, Annenberg inst. for Sch. Reform, Can Teachers Be Evaluated by Their Students' Test Scores? Should They Be? 28 (2010).

的成绩。① 一项在芝加哥实施了两年的教师提高项目（Teacher Advancement Program）——由教育部长邓肯任督导——的评估结果表明，教师通过价值投入和课堂观察提升学生成绩的做法并没有让教师得到晋升和获得额外的补偿。② 平心而论，仅仅通过两年的时间就期望这种方案能对学生成绩产生显著的影响也是不合理的。

经济政策研究所（Economic Policy Institute）准备的一份更加全面地审视增值模式的研究结果发现，对教师绩效做出判断的评价标准分应该只是全面评价教师的一种措施。③ 实际上，这正是奥巴马政府所要求的。

（三）改造失败学校

没有一个理性的人会认为孩子应该被强迫进入失败学校。可是，奥巴马政府在改造或关停失败学校时却遇到了一些反对意见。这个计划中蕴含着一个逻辑。占全国高中总数约12%的高中的退学率占到了全国退学率的50%。④ 在担任芝加哥教育督导期间，邓肯部长把改造失败学校作为他的核心工作内容，目前他把改造或关停运营最差的5 000所学校作为"力争上游"计划的一部分。⑤ 如果这一法案得到有效实施，那么将有望削弱不同种族学生之间的学业成绩差距，特别是就读于那些失败学校的学生大部分为贫困生和少数民族学生。但是，在改良失败学校的最初设想中，选择的方法相对缓和而非如此激进。

当邓肯第一次提出这个计划时，他计划如此应对学校的失败，更换时任校长和一

---

① Matthew Springer et al., Nat'l Ctr. on Performance Incentives, Teacher Pay for Performance 43 – 44 (2010).

② Steven Glazerman & Allison Seifullah, Mathematica Policy Research, Inc., an evaluation of the Teacher advancement Program in Chicago 31(2010).

③ Eva L. Baker et al., Econ. Policy Inst., Briefing Paper No. 278, Problems with the Use of Student Test Scores to Evaluate Teachers 20 (2010).

④ See Robert Balfanz, Ctr. for Social Org. of Sch., Locating and Transformingthe Low Performing High Schools which Produce the Nation's Dropouts(2007); see also Editorial, Lessons for Failing Schools, N. Y. Times, July 6, 2009, at a18 (praising duncan's plan for helping strugglign schools). See generally Robert Balfanz & Nettie Legters, Ctr. for Research on the Educ. of Students Placed at Risk, Report No. 70, Locating the Dropout Crisis (2004) (detailing the types of highschools that typically have high dropout rates).

⑤ See Lesli A. Maxwell, Rules Ease Overhaul Strategies, Educ. Week, Dec. 2, 2009, at 1.

半的在职教师,由特许经营者接手失败学校,或者是将其彻底关闭。① 2009 年 11 月修订后的法案更加强调在采取激进措施前培训现有在职教师和改革课程。② 这一调整不仅与教育者和教师联盟抗议有关,也是对实际情况的一种反映。随后纽约时报的一项调查结果表明,没有足够的专业人员替补被撤换的失败学校校长所产生的空缺。③ 被改革的失败学校中平均每个州有 44% 的校长留任,最高的是密歇根州,为68%,最低的是纽约州,为 28%。④

虽然确实没有大量的研究结果能够支撑改造失败学校过程中积累的成功效果,但是一些评估项目的结果——如名为"为了所有人的成功与直接教学法"的评估项目(Success for All and Direct Instruction)——已表明,从长远来看,改造失败学校的一些成功经验确实有助于提升失败学校的教育质量。⑤

由于大量失败学生所在的地区没有足够的择校空间,那么关闭失败学校就不能为这些学生带来多大的希望。芝加哥大学位于邓肯部长此前所在的学区,该校的芝加哥学校研究协会(The Consortium on Chicago School Research)在芝加哥进行了一项研究,该研究证实了上述判断。⑥ 在 2001 年和 2009 年间,芝加哥学区关闭了 44 所低学业成绩的或是未被充分利用的学校。⑦ 那些从失败学校中转学出来的学生在低学业成绩的学校中再次"受伤"。⑧

改革的底线是如果失败的学校被关闭,就应该满足家长和学生有更好的教育替

---

① *See* Lesli A. Maxwell, Rules Ease Overhaul Strategies, Educ. Week, Dec. 2, 2009, at 1.

② *Id.*

③ *See* Sam Dillon, Replace the Principals? Who Would Step In?, N. Y. Times, Feb. 8,2011, at A15.

④ The other states that participated were California, Texas, Ohio, Missouri, Georgia, and California, which included 317 of the 730 schools that the Department identifiedfor school improvement. Id.

⑤ *See* Geoffrey D. Borman et al., Final Reading Outcomes of the National Randomized Field Trial of Success for All, 44 Am. Educ. Res. J. 701, 726 − 727 (2007); Elizabeth Coyne Crowe et al., Examining the Core: Relations Among Reading Curricula, Poverty, and First Through Third Grade Reading Achievement, 47 J. SCH. PSYCH. 187 (2009) (reporting on Direct Instruction); Jean Stockard, Promoting Reading Achievement and Countering the "Fourth Grade Slump": The Impact of Direct Instruction on Reading Achievement in the Fifth Grade, 15 J. Educ. Students Placed at Risk 218 (2010). But see Debra Viadaro, Research Doesn't Offer Much Guidance on Turnarounds, Educ. Week, Aug. 12, 2009, at 10(raising doubts about the overall practical utility of research on turnaroundstrategies).

⑥ Marisa De La Torre & Julia Gwynne, Consortium on Chicago Sch. Research, When Schools Close (2009).

⑦ *Id.* at 1.

⑧ *Id.* at 2.

代品可供选择的需要。那些提供了新的和更多的择校空间的地方也往往是最需要特许学校的地方,这样你就可以理解为什么特许学校那么有吸引力了。

(四) 特许学校与选择

不幸的是,奥巴马政府的做法,特别是对特许学校的重视并没有完全考虑这些研究结果。整体而言,大多数研究特许学校的结果表明,特许学校并不比普通学校做得更好。[①] 斯坦福大学对 15 个州和哥伦比亚特区的 2 403 所特许学校——占到了特许学校总数的 70%——的研究就是一个很好例证,该研究发现也被广泛引用。[②] 斯坦福大学的研究发现,从人口统计意义上的"学生构成"来看,特许学校与普通公立学校就像一对"虚拟双胞胎",比较而言,17% 的特许学校比普通公立学校的教育质量有所提高,46% 没有什么区别,37% 要差些。[③] 州之间的结论都不相同。在有特许学校的州中,五个州的学业成绩较没有特许学校的州高,六个州较低,四个州有高有低。[④] 斯坦福大学的研究发现特许学校的表现与一个州的政策机制相关。在没有特许学校数量限制的地区,也往往是"力争上游"政策受欢迎的地区,特许学校的表现要好些。在那些仅仅强化几所特许学校的优先地位的地区,特许学校的表现就要差一些。[⑤]

有证据表明,特许学校比普通的公立学校更可能强化种族隔离。在 40 个州和哥伦比亚区,由加利福尼亚大学洛杉矶分校(UCLA)的公民权利项目组(Civil Rights Project)进行了一项研究。这一研究的结果发现不同地区采用的模式不同,同时由于大部分的特许学校在城市地区,这些学校吸引的往往多是黑人学生。[⑥] 该报告还指

[①] A recent meta-analysis of forty charter school studies found that while charterschools outperform traditional schools in reading and math at the elementary schoollevel, there were no differences in performance at the high schools level. See Julianr. Betts & Y. Emily Tang, Ctr. on Reinventing pub. Educ., The Effect of Charter Schools on Student Achievement 55 (2011).

[②] Ctr. for Research on Educ. Outcomes, Multiple Choice (2009).

[③] *Id.* at 44.

[④] Jurisdictions where charter schools had higher gains included Arkansas, Colorado, Illinois, Louisiana and Missouri; those with lower gains included Arizona, Florida, Minnesota, New Mexico, Ohio and Texas; those with mixed results included California, District of Columbia, Georgia, and North Carolina. Id. at 42.

[⑤] *Id.* (the charter school cap accounts for a difference of .03 standarddeviations).

[⑥] Erica Frankenberg et al., Civ. Rights Project, Choice Without Equity 80(2010).

出普通公立学校的种族隔离现象更加严重。[①] 值得注意的是,选择到特许学校上学确实是择校的结果,可是公立学校的就学往往受居住地影响,而居住地是具有隔离特点的。实际上,关于支持择校的一个值得信服的理由是它赋权于穷人和少数族裔学生的家长来帮助其子女选择学校。[②] 城市地区的学生能够从有可替代的学校选择中受益,往往是因为这些地区的贫困学生和少数族裔学生多被分配到失败学校。择校项目的研究结果发现,有择校权利和空间的家长表示了对所选择学校要好于传统公立学校的满意,其中一个原因就是因为他们有机会为其孩子选择学校了。

最近在马萨诸塞州由一组来自麻省理工学院的经济学家进行的另一项研究发现,虽然马萨诸塞州的特许学校没有促进学生成绩的普遍提高,但它们确实对城市学校中那些来自低收入家庭的学生产生了积极影响。[③] 在城市特许学校上学的学生的阅读和数学成绩不仅高于他们在城市公立学校就读的同伴,而且他们的数学成绩也优于他们在非城市公立学校就读的同伴。[④] 在芝加哥和纽约的特许学校进行的研究也报告了类似的积极结果,公立学校的学生的成绩也要优于他们在城市公立学校就读的同伴。[⑤] 在天主教学校同时进行的研究也证实了择校确实提高了在城市就读的来自低收入家庭的学生的高中毕业率。[⑥]

在热烈支持以特许学校形式进行的择校政策的同时,奥巴马政府正试图结束哥伦比亚区的一个教育券项目,这个项目为 1 900 名来自低收入家庭的学生提供参加私立学校和教会学校的选择权的教育券。这一教育券计划是较为成功的。总统说:

① See Erica Frankenberg et al., Civ. Rights Project, Choice Without Equity 80(2010).

② See Joseph P. Viteritti, Choosing Equality 114 (1999) (arguing that schoolchoice advances social justice).

③ Joshua D. Angrist et al., Explaining Charter School Effectiveness (Nat'l Bureau of Econ. Research Working Paper No. 17332, 2011), available at http://www.nber.org/papers/w17332.

④ See id. at 10.

⑤ See, e.g., Caroline M. Hoxby et al., New York City Charter Schools Evaluation Project, How New York City's Charter Schools Affect Achievement (2009);

Caroline M. Hoxby & Jonah E. Rockoff, The Impact of Charter Schools on Student Achievement(Harvard Institute of Econ. Research Working Paper Series, 2004). These findingsof higher performance in urban charter schools are also corroborated in themeta-analysis of Betts & Tang, supra note 139.

⑥ See, e.g., William N. Evans & Robert M. Schwab, Finishing High School and Starting College: Do Catholic Schools Make a Difference? 110 Q. J. Econ. 941, 943 - 944 (1995); Derek Neal, The Effects of Catholic Secondary Schooling on Educational Achievement, 15 J. LAB. ECON. 98, 100 (1997).

"他不相信教育券能够作为解决教育问题、化解公立学校系统危机的长远方案。"①
2009 年 3 月,通过同意继续资助已领取教育券的学生,但不允许新的学生再行申请
的方式,奥巴马政府终止了一个实施了 5 年的教育券项目。教育部同时也撤销了该
项目所提供的 216 项奖学金。②

受教育部委托,由国会授权进行的一项研究,对领取哥伦比亚区奖学金的学生和
申请了该奖学金但没获批准的学生的学业成绩进行了比较。③ 研究发现,虽然没有
令人信服的证据表明该奖学金项目提高了学生的阅读和数学成绩,但是那些得到奖
学金并且用其选择了私立学校的学生的高中毕业率比那些没有得到奖学金的学生高
出了 20%。④ 实验组中的父母的满意度也高于控制组中的父母。⑤ 2011 年,作为对
奥巴马政府财政预算的一种妥协方案,国会恢复了哥伦比亚区奖学金项目并将其时
间延长了五年。⑥

五、重温《不让一个孩子掉队法》

2011 年秋天,奥巴马总统和教育部长邓肯宣布实施新准则,新准则将会使得违
背《不让一个孩子掉队法》中十条核心条款的州不再能够获得联邦资助,这些条款中
包括在 2014 年确保所有的学生精通阅读和数学。十年来这些州都在"违法",80% 的
公立学校并没有实现预期的年度进步(Annual Yearly Progress),邓肯部长还列举了
要获得联邦资助资格需要满足的其他条件。⑦ 这些条件与 RTT 法案最初设定的优先

---

① Press Briefing by Press Secretary Robert Gibbs, The White House (Mar. 11, 2009, 2:17 p.m.),
http://www.whitehouse.gov/the-press-office/briefing-white-house-presssecretary-robert-gibbs-31109.

② See Editorial, School Vouchers, WASH. POST, Jan. 29, 2011, at A14.

③ Patrick Wolf et al., Inst. of Educ. Sci., Evaluation of The D. C. Opportunity Scholarship Program:
Final Report (2010).

④ Id. at 3 - 4.

⑤ Id. at 1.

⑥ Michelle D. Anderson, Budget Compromise Puts Vouchers Back on Track for Students in D. C.,
Educ. Week, Apr. 27, 2011, at 25.

⑦ Michele McNeil & Alyson Klein, Obama Outlines NCLB Flexibility, Educ. Week, Sept. 28, 2011, at
1. See also Sam Dillon, Obama to Offer Waiver on Parts of Education Law, N. Y. Times, Sept. 23, 2011, at
A19 describing the conditions and the plan'spolicy goals.

议程是一致的。现在有很多州为满足"力争上游"的要求在行动了。

奥巴马政府宣布有 44 个州和区已经同意接受通用标准,有 46 个州和华盛顿特区正在开发高质量的评价体系,同时还补充说,各州除了要满足联邦政府所提的要求外,还需要重点改进最差的 5% 的学校的表现,并将对教师的评价与学生成绩部分挂钩。① 各州除了可以延迟到 2014 年实现学生精通阅读和数学的改善目标外,还将被允许重置可接受的增长目标,并且自行设计其问责制度。各州不仅可以不再为失败学校提供课外辅导支持,也不再承担学生选择到好学校的巴士交通费用。② 虽然延迟到 2014 年实现全面提高学生阅读与数学能力的目标可能会被认为是"现实的",它同时也降低了公众对"力争上游"的期待,即为最需要帮助的学生提供帮助。

虽然《不让一个孩子掉队法》的条款给了教育部长邓肯豁免原先抵制"力争上游"的州的机会,但还是有些人质疑邓肯运用了行政自由裁量权改写法案,从而违反了三权分立原则。明尼苏达州共和党众议员约翰·克莱因提出抗议:"我认为他行使了他不该有的权威和权力。"③克莱因补充说道,"我们都知道需要改变违反法律的情况,但这只是奥巴马政府缺陷中的一部分而已。奥巴马政府的议案没能在国会获得通过,因此他们只是在运用行政权力行动并且改变了法律规则。这就是行政过度。"④

2012 年 2 月教育部长给予一些州在《不让一个孩子掉队法》十个关键条款中的豁免权,包括到 2014 年使所有学生的阅读和数学能力达到熟练水平。⑤ 此后不久,26 个州和哥伦比亚区提交申请,要求第二轮的豁免。⑥与此同时,国会和总统仍没有实质性推动《初等与中等教育法》。

① *See* McNeil & Klein, *supra* note 166.

② *See* Dillon, *supra* note 166.

③ Sam Dillon, Obama Gives States Voice in No Child Left Behind, N. Y. Times, Sept. 24, 2011, at A1, A13.

④ *Id.*

⑤ The states included Colorado, Florida, Georgia, Indiana, Kentucky, Massachusetts, Minnesota, Oklahoma, New Jersey, and Tennessee. See Winnie Hu, 10 States Are Given Waivers From Education Law, N. Y. Times, Feb. 10, 2012, at A13.

⑥ Michelle Mcneil, 26 States, D. C., Join Quest for NCLB Waivers, Educ. Week, March 7, 2012.

结 论

奥巴马政府已经大大拓展了联邦政府在教育事务中的作用和边界,使联邦政府对全国小学和中学教育产生了显著影响。他是通过如下方式实现的,包括推动《不让一个孩子掉队法》中主要目标的实现,向教育官员允诺通过基于测试的信息评价州、学区和不同的学生群体的发展,甚至允许"力争上游"的弃权者规避一些法律要求。奥巴马政府创新性地引导各州与联邦政府一起努力,构建一个能与国际基准水平相一致的标准。持续专注于评估是很重要的。持续的评估使得改进学校的教育质量成为可能,也使得在无法判断应该具体做什么来促进教育公平时,消除学习不良学生与优秀学生间的学业差距成为可能。

虽然奥巴马总统和邓肯部长夸大了研究结果对他们政策的支持程度,但是也存在例外情况,这是因为就解决《不让一个孩子掉队法》实施以来出现的问题而言,奥巴马政府的有些政策还是合理的。教育研究不是科学,它很少能提供毫无争议的证据,未把学生教育好的现状正是源于研究人员之间的分歧。[1] 显然,当前的做法阻碍进步时进行一些政策试点是合适的。可是,研究中的不同发现不应该被政治化,并据此认为存在更好的替代品。就此而言,奥巴马政府功过参半。

考虑到构建州标准和评价体系条件还不成熟,更不要说奥巴马政府为了尽快将评估标准转化为评价教师的可信工具而制订了一份过于乐观的时间表,那么基于学生成绩对教师进行评价就是一件需要十分谨慎的事情了。各级官员的实践最能说明一项政策的合理性了。只要所谓的完美评估仍在进行中,依据测验学生的成绩对教师进行评价就会面临各种问题。

奥巴马政府重点要管理的是失败学校,奥巴马政府的措施是要么改革失败学校的课程体系,要么关闭这些学校。这些举措的依据都来源于《初等与中等教育法》中关于满足来自低收入家庭的学生的教育需求的目标。对于所有的教育行政官员而

---

[1]　*See* generally Joseph P. Viteritti, Schoolyard Revolutions: How Research on Urban School Reform Undermines Reform, 188 Pol. Sci. Q. 233 (2003) (arguing that by puttingthe burden of proof on reformers, the research community undermined the implementationof school choice experiments).

言,用精心设计的策略改制失败学校都应该是当务之急。如果干预措施没有成功地实现目标,教育部门显然应该为父母提供替代选择。因为失败学校多位于低收入水平的地区,所以联邦政府通过实施有效评估的择校项目来扩大低收入家庭的家长们的选择范围就是应该的。

虽然特许学校的运行优劣并行,但是已有一些证据表明它们在城市地区还是有效地提高了来自低收入家庭的学生的学习成绩,那里也恰恰是最需要特许学校的地方。奥巴马政府试图关停在华盛顿特区成功运转、广受好评的一个教育券项目,同时这一措施确实促进了当地特许学校的发展,这应该说是奥巴马政府最难服众的一个决策。

最后,奥巴马政府将联邦基金转换成一系列竞争性赠款的计划也面临着巨大的风险。人们的质疑也是可以理解的。多年以来,联邦政府投资十亿美元用于一些未起效的教育项目已经招致了大量的批评,而且,有证据表明数年来《初等与中等教育法》的经费并没有瞄准最需要它们的学生。竞争性的资助策略使得联邦的经费实际上流向了最有实力的学校而不是最需要它的学校和地区。近期由斯坦福大学发布的研究报告表明,过去三十年中,富人家庭的学生与穷人家庭的学生的学业差距实际上是在扩大而不是缩小,甚至超过了种族的影响。① 这些新发现应该令美国总统林登·约翰逊清醒,针对低收入家庭的学校改革需要精心的设计,重新定位我们的改革重点以实现美好的目标之前还有很长的路要走。

附　录

"力争上游"计划的计分标准②

评估州的标准(125 分)

* 阐明国家教育的改革议程和地方教育权力机构的参与水平(65 分)

---

① Sean F. Reardon, The Widening Academic Achievement Gap Between Rich and Poor: New Evidence and Possible Explanations, in Whither Opportunity: Rising Inequality, Schools, and Children. 91 (Greg J. Duncan & Richard Murnane eds., 2011).

② U.S. Dep't of Educ., Race to the Top Program: Executive Summary (2009).

- 提升州在实施、推广和落实发展"力争上游"项目计划的能力(30 分)
- 在缩小差距和提高学生学业成绩上表现出显著的进步(30 分)

标准和评估(70 分)

- 开发和应用通用标准(40 分)
- 制定和实施通用的、高品质的评估标准(10 分)
- 支持向高标准和高质量转变(20 分)

支撑性数据系统(47 分)

- 构建一个全州范围内的纵向数据系统(24 分)
- 访问和使用州政府提供的数据(5 分)
- 依据数据分析结构改善教学(18 分)

伟大的教师和领导者(138 分)

- 为有抱负的教师和校长提供高水平发展途径(21 分)
- 基于绩效的教师和校长发展(58 分)
- 确保优质教师和校长的公平分配(25 分)
- 提高教师和校长储备项目的有效性(14 分)
- 为教师和校长提供有效支撑(20 分)

转制学生成绩最低的学校(50 分)

- 干预学生成绩最低的学校和地方教育权力机构(10 分)
- 转制学生成绩最低的学校(40 分)

通用标准(55 分)

- 确保教育经费的优先投入(10 分)
- 为优秀特许学校和其他创新型学校提供条件(40 分)
- 阐明其他的重大改革政策(5 分)

The Federal Role in School Reform: Obama's "Race to the Top"

Joseph P. Viteritti

(Hunter College, The City University of New York)

ABSTRACT: This essay provides a critical review of federal education policy enacted under President Barack Obama with a particular focus on the centerpiece Race to the Top initiative implemented by Secretary Duncan. It assesses the Obama policy in the context of the evolving federal role in education that began with the passage of the Elementary and Secondary Education Act (ESEA) of 1965 as an effort to improve educational opportunity for economically disadvantaged students. It argues that while the Obama agenda is a reasonable attempt to reshape educational policy (and particularly No Child Left Behind), contrary to what the administration claims, its approach to education policy is neither entirely research based nor apolitical, and the competitive nature of the funding may eventually prove to undermine the redistributive objectives of the original ESEA legislation.

KEYWORDS: Race to the Top, federal role, school reform, Obama

变革的时代[*]

——第42届卡潘／盖洛普对公立学校的民意调查

[美] 威廉·J·布尚　谢恩·J·洛佩兹　著　刘　涛　王佳佳　译[**]

摘　要：第42届卡潘／盖洛普教育民意调查针对教育战略的重要性、普及大学教育、表现不佳的学校、特许学校、学校经费危机、经济刺激资金、对教师的尊重、为教育买单等问题作了新一年度的科学调查。主要调查结果如下：提高教师质量应该成为国家教育的头等大事；今天的学生需要接受大学教育；通过提供综合性的外部支持来整改表现不佳的学校；公立特许学校的受欢迎程度每年都在增加；公立学校经费危机是区域内公立学校当前面临的最大问题之一；受访者对美国联邦政府所宣传的去年的经济刺激计划拯救了300 000个教育领域的就业岗位这一政绩表示怀疑；公众希望改变目前用单一薪酬标准支付教师工资的方式，希望用工作质量——包括通过评价学生学业进步情况——来决定教师应获薪酬的多少；受访者信赖教师，并且赞同其子女将来成

---

　　[*]　William J. Bushaw and Shane J. Lopez, A Time for Change：The 42th Annual Phi Delta Kappa／Gallup Poll of the Public's Attitudes toward the Public Schools, *Phi Delta Kappan*, September, 2010, pp. 8 - 26. This translation and publication project is authorized by the Phi Delta Kappa International. 本文的翻译出版经卡潘国际授权。

　　[**]　威廉·J·布尚，卡潘国际总裁（美国印第安纳州布卢明顿市）；谢恩·J·洛佩兹，盖洛普大学高级统计分析师（美国内布拉斯加州奥马哈市）。刘涛（1982—　　），陕西西安人，北京师范大学教育学部/中国教育政策研究院博士后，主要研究方向为教育政策分析与评估。E-mail：liutao. changan@gmail. com. 王佳佳（1984—　　），河南焦作人，江苏大学教师教育学院讲师，教育学博士，主要研究方向为教育哲学。E-mail：wangj126@ 126. com.

为一名教师,但并不确定自己是否愿意从教;受访者不认为用金钱奖励来激励学生用功读书、上学或努力取得好成绩是好办法。

关键词:卡潘,盖洛普,公立学校,民意调查

调查报告提要

教育的头等大事

提高教师质量应该成为国家教育的头等大事。我们应该招募最好的教师,通过提供专业发展机会帮助当前的在职教师和未来的教师开展最佳的教学活动,竭尽所能留住最优秀的教师,同时解雇不胜任或不适合从事教师职业的人。

普及大学教育

今天的学生需要接受大学教育。受访者认为他们的孩子将会而且应该读大学,因为大学教育能够为孩子提供更多的就业机会和更高的薪酬。

表现不佳的学校

应当通过提供综合性的外部支持来整改表现不佳的学校。美国人反对毫无理由地随意解聘教师和校长,反对将表现不佳的学校转制为特许学校,也反对将学校彻底关闭的做法。

特许学校

公立特许学校的受欢迎程度每年都在增加!受访者乐于看到新的公立特许学校在本地区和美国其他地区的发展。

学校经费危机

受访者认为公立学校经费危机是本地区公立学校当前面对的最大问题之一。

经济刺激资金

美国联邦政府的经济刺激资金去年拯救了 300 000 个教育领域的就业岗位。果真如此?受访者表示怀疑。

教师薪酬

改变目前用单一的薪酬标准支付教师工资的方式。应该用工作质量——包括通

过评价学生学业进步情况——来决定教师应该获得多少薪酬。

对教师的尊重

受访者信赖教师。受访者认为如果其子女成为一名教师,对他来说是件好事——但是受访者并不确定,如果换成自己的话这是否还是件好事。

为教育买单

不要用金钱奖励的方法激励学生用功读书、上学或努力取得好成绩。这种方法不好!

变革本身已经成为一种新的社会常态——新的现实状况。尽管我们不断取得技术进步,我们仍然担心社会系统无法跟上时代变革的步伐。我们已经见证了大大小小的商业机构的兴亡,由于跟不上时代发展的节奏被淘汰,我们很想弄明白这一切究竟是如何发生的。我们无法想象生活在一个没有iPod、互联网和手机的世界里,尽管我们仍然追忆美好的旧时光。但那毕竟是过去,而我们要着眼于现在。

技术的进步和社会基础结构的改变从未像现在这样要求所有机构,不论是营利性的还是非营利性的,必须深入思考如何为社会提供服务和创造产品。公立学校也不例外。对教育者来说,这意味着他们要找到更有效率和效果的方式来帮助所有学生学习。

保证改革走向成功需要两类研究作为基础:第一类依据专家的分析,第二类依据利益相关者与教育消费者的态度。这两类信息来源对任何想避免被淘汰的组织都是至关重要的。

一年一度的卡潘/盖洛普对公立学校的民意调查是美国境内相关调查中可信度最高的。这项民意调查是客观中立的。它使用了经过审慎设计的收集公众直接反馈的研究工具。收集到的反馈能够为促进学校质量的提升提供正确信息。在实施关于促进教师如何教、学生如何学的具体措施之前,教育者和政策制定者应该认真思考公众反馈的信息。

今年的主题

本年度民意调查主题是由来自不同背景和不同党派的教育专家在二月份开会时

确定下来的（见文末"解析民意调查的基本流程"）。他们讨论当前的教育问题并选出相关主题。今年的主题包括：

> 联邦在公立教育中的角色
>
> 学校质量
>
> 教师工资与教师评价
>
> 教师质量与对教育职业的看法
>
> 学生的学习与奖励
>
> 大学教育的重要性
>
> 特许学校与家长选择
>
> 家长对孩子的学习与未来发展的看法

在这份卡潘/盖洛普民调报告中，您可以逐字逐句地看到提出的问题——这使您能够亲自解读，并自己得出结论，即美国公众如何看待他们的公立学校。

联邦在公立教育中的角色

联邦在公立教育中的作用仍旧是美国社会中饱受争议的话题，因此我们通过一系列问题来调查这个主题。作为最激进的改革措施之一，美国教育部将认定5 000所表现最差、需要整改的学校，为这些学校提供四种提高学生学业成绩的改革模式，并要求这些学校必须采取其中之一：（1）转向——更换校长和一部分职员；（2）重办——关闭原来的学校，重办一所特许学校；（3）关闭——永久性关闭这所学校，将学生并入优质学校；（4）改造——保留学校职员，但是更换校长，同时提供综合性的外部支持。调查结果发现，受访者对这个饱受争议的问题态度明确。

通过对这些问题的调查，我们想了解的是：美国人究竟认为公立教育应该是联邦政府、州政府，还是地方政府的责任；美国人是否清楚，他们所在社区是否获得了经济刺激计划中直接拨给教育的资金；美国人觉得哪项全国性的教育计划最重要；美国人如何评价奥巴马总统对公立教育的支持。我们希望本年度卡潘/盖洛普民意调查将会是我们最后一次询问美国人关于2002年1月立法通过的《不让一个孩子掉队法》（No Child

Left Behind)的态度,因为国会已经超过三年未对该法案进行重新授权。

■ 发现

● 美国人以压倒多数的结果支持以下做法,即保留当地社区表现差的学校,留任这所学校的校长和老师,同时为这所学校提供综合性的外部支持。不同政治派别、不同年龄、不同受教育程度、不同地区的人群,以及其他各种人群对这个问题的态度基本一致。

● 到底哪一级政府应该为教育提供资金,设定学业标准,决定教学内容,或者对学校的教学效果实施问责?美国人认为,在这个国家,州政府才是公立教育的责任主体。五分之四的美国人认为联邦政府不应该成为对学校实施问责的主体,而设定教育标准的也不应该是以学校董事会为代表的地方政府。

● 美国人认为全国教育计划中最重要的应该是提高教学质量,紧随其后的是,研发高要求的标准,设计更好的测验,提高全国最差学校的教育质量。

● 虽然有研究指出,2009 年 1 月国会通过的经济刺激法案拯救了超过 300 000 个教育类的就业岗位,但是美国人并未感受到联邦政府为支持地方教育花过什么钱。

● 与去年相比,奥巴马总统在支持公立学校方面的表现所获得的认可度下降了 11%。不论民主党、共和党或无党派人士对他的评价都降低了。

● 与去年相比,美国人对《不让一个孩子掉队法》的态度未发生变化,普遍不支持该法案,认为该法案对他们当地学校有过帮助的还不到四分之一。

表1 我们假设您所在社区有一所质量一直很差的学校。您认为以下哪种会是最佳解决方案?关闭这所学校,更换一位新校长重办这所学校?关闭这所学校,重办一所特许学校?关闭这所学校,将学生并入附近的优质学校?或者,保留现在的教师和校长,并为其提供综合性的外部支持?

解 决 方 案	全国总数 %
关闭这所学校,更换一位新校长重办这所学校	17
关闭这所学校,重办一所特许学校	13
关闭这所学校,将学生并入附近的优质学校	11

续 表

解　决　方　案	全国总数 %
保留现在的教师和校长，并为其提供综合性的外部支持	54
不知道	5

图1　您认为哪一级政府——联邦、州、还是地方——对下述教育议题承担主要责任？为 K12 教育系统提供财政支持，设定学业标准，决定教学内容，对学校的教学效果实施问责。

全国总数 2010

■ 联邦　　■ 州　　■ 地方

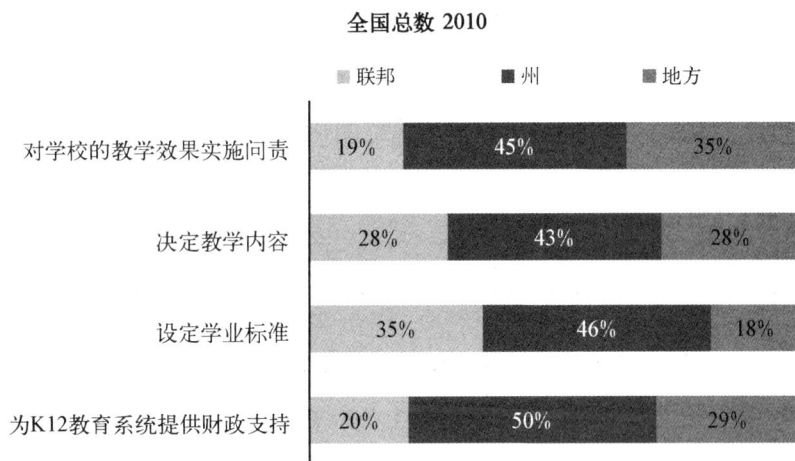

	联邦	州	地方
对学校的教学效果实施问责	19%	45%	35%
决定教学内容	28%	43%	28%
设定学业标准	35%	46%	18%
为K12教育系统提供财政支持	20%	50%	29%

表2　在下列全国教育计划中，您认为最重要的是研发高要求的教育标准，设计更好的测验来更准确地测量学生的成绩，提高教师的质量，还是提高全国最差学校的教育质量？

	全国总数 %
开发高要求的教育标准	24
设计更好的测验来更准确地测量学生的成绩	11
提高教师的质量	44
提高全国最差学校的教育质量	20
不知道	1

表 3 奥巴马总统已经就任 1 年多了。关于他在支持公立学校方面的表现,您将给他评 A、B、C、D 还是不及格?

(2009 年提问)奥巴马总统就任已经快六个月了。关于他在支持公立学校方面的表现,您将给他评 A、B、C、D 还是不及格?

	全国总数		共和党人		民主党人		无党派人士	
	2010 %	2009 %	2010 %	2009 %	2010 %	2009 %	2010 %	2009 %
A&B	34	45	11	17	62	70	33	40
A	7	12	1	2	18	24	5	9
B	27	33	10	15	44	46	28	31
C	26	26	24	36	23	19	30	26
D	18	11	30	18	6	3	15	13
不及格	15	10	31	20	3	1	13	13
不知道	7	8	4	9	6	7	9	8

表 4 2009 年,国会通过了经济刺激法案。其中一部分预算是用来支持教育的。您是否感受到这笔资金被用于支持您所在社区的教育事业?

	全国总数 %
察觉到	21
没察觉到	71
不知道	8

图 2 根据您对《不让一个孩子掉队法》的了解情况,您对这项法案的态度是非常赞成、比较赞成、不太赞成、根本不赞成,还是因了解不足而无法表态?

表 5 根据您的印象,您如何评价《不让一个孩子掉队法》对您所在社区公立学校的总体影响?您认为它对当地公立学校的表现有利、有害,还是没有影响?

全国总数 2003—2010

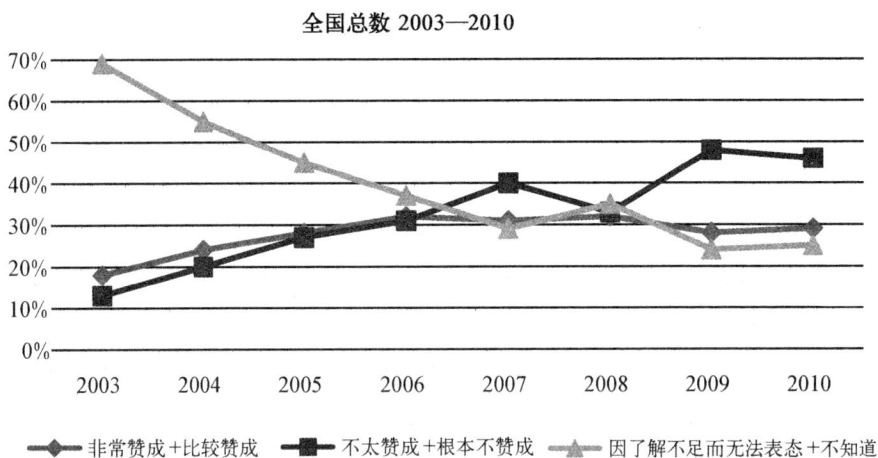

	2010 %	2009 %	2008 %	2007 %	2006 %
有利	22	24	25	26	26
有害	28	29	22	27	21
没有影响	45	43	34	41	37
不知道	5	4	19	6	16

学校质量

40 多年来,我们在民意调查中总是先让受访者描述他们所在社区的公立学校面临的最大问题。这是一个开放性的问题——没有给受访者提供备选项——我们先问这个问题,所以受访者对这个问题的回答不会受其他问题的影响。在今年的报告中,我们列出受访者心目中三个最大问题自 1970 年以来的趋势。这些数据记录了一个引人注目的转变,从学生纪律和学校种族融合,到学生滥用药物,再到当前的学校经费危机。

接下来,我们问受访者三个问题:按照 A 到不及格的等级,给全国公立学校评级;给您所在社区的公立学校评级;仅让家长给他们长子/长女就读的学校评级。同上,我们提供以五年间隔期为标准的历史数据。

在今年这个板块中，我们问受访者，您会给什么样的学校评A。

■ 发现

● 36%的美国人称学校经费是他们所在社区的公立学校面临的最大问题，紧随其后的是纪律不严和学生过多。学校经费在十年来一直被认为是最大问题，今年持此观点的人数比例比去年增加了4%。公立学校家长把这个问题看得更为严重——有46%把它排在第一位。政府干预在今年头一次挤进了最大问题排名的前十位，从去年的第十五位出人意料地上升到今年的第五位。

● 美国人给他们所在社区公立学校的评级在过去35年保持相对稳定，而且显示出微弱的上升趋势。今年，几乎一半的美国人给他们所在社区的公立学校评A或B。

● 类似地，美国人给全国学校的评级在过去的25年中也保持相对稳定。不过，这一数据显示出下滑趋势。今年，只有18%的美国人给全国公立学校评A或B。

● 美国人对所在社区公立学校的态度与对全国公立学校的态度之间的差异揭示出，美国人喜欢他们所了解的学校，但是对全国公立学校的整体印象比较差。人们对这项调查结果常常存在两种截然不同的解读。一些人将这项调查结果与其他领域类似的调查结果进行比较。例如，虽然美国人给国会评级较低，但是对自己选区的国会议员的评级就高出许多。于是研究者认为这不是问题，并把它看作美国人对公共机构和私人机构摇摆态度的一贯表现。另一方面，一些教育者和政策制定者对美国人的这种反应非常担忧。他们认为，这个调查结果也恰好证明了美国人对学校现状是满意的，而且有太多的美国人不会接受重要的改革措施。

● 77%的美国家长给他们长子/长女就读的学校评A或B，这个调查结果是有史以来比例最高的一次。在过去25年，家长对自己长子/长女就读学校的满意度一直在上升。

● 今天，我们第一次问美国人，"一所学校必须开展哪项主要工作，您才会给它评A"。排名遥遥领先的前三项主要工作是：（1）提高教学质量；（2）实施一项挑战性的课程；（3）帮助学生获得更大成功。对这种调查结果的一种解释是，美国人支持花费更多资金聘用和培训教师，采用更好的方式留住更好的教师。另一种解释是，美国人认为学校应该对学生提出更大的挑战，同时要给学生提供更多支持使之能应对这些更大的挑战。

- 正如美国人过去的一贯态度,他们认为教育投资的数额影响教育质量。

图3 您认为您所在社区的公立学校必须解决的最大问题是什么?

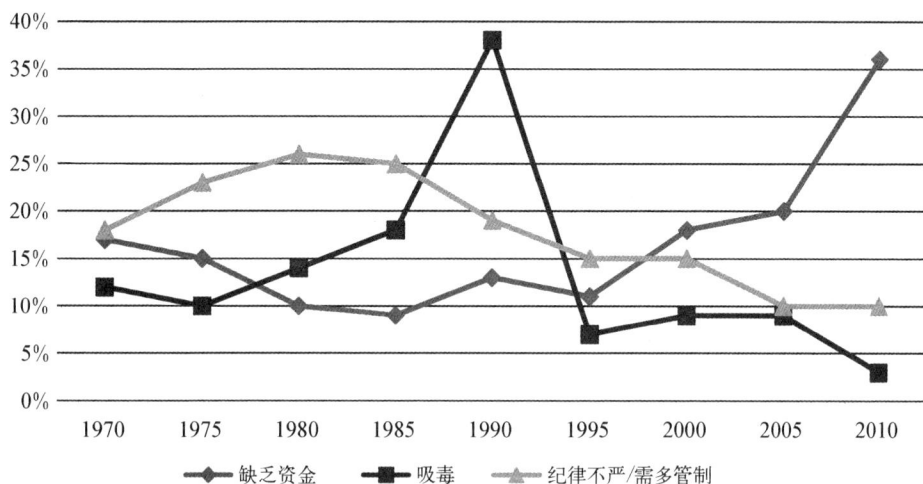

表6 学校经常按照 A、B、C、D、不及格的等级评定学生的学业质量。假设用同样的方法给公立学校评级,您将给您所在社区的公立学校评 A、B、C、D 还是不及格?

	2010 %	2005 %	2000 %	1995 %	1990 %	1985 %	1980 %	1975 %
A&B	49	48	47	41	41	43	35	43
A	11	12	11	8	8	9	10	13
B	38	36	36	33	33	34	25	30
C	33	29	35	37	34	30	29	28
D	11	9	8	12	12	10	12	9
不及格	5	5	3	5	5	4	6	7
不知道	2	9	7	5	8	13	18	13

表7 同样使用 A、B、C、D、不及格这样的评级方法,您将给您长子/长女所在的学校评什么等级?

	全 国 总 数					
	2010 %	2005 %	2000 %	1995 %	1990 %	1985 %
A&B	77	69	70	65	72	71
A	36	31	26	27	27	23
B	41	38	44	38	45	48
C	18	21	21	23	19	19
D	4	6	5	8	5	5
不及格	1	4	2	3	2	2
不知道	0	*	2	1	2	3

* 少于0.5%。

表8 从整体上看,全国公立学校表现如何?您将给全国公立学校评 A、B、C、D、还是不及格?

	全 国 总 数					
	2010 %	2005 %	2000 %	1995 %	1990 %	1985 %
A&B	18	24	20	20	21	27
A	1	2	2	2	2	3
B	17	22	18	18	19	24
C	53	46	47	50	49	43
D	20	13	14	17	16	12
不及格	6	4	5	4	4	3
不知道	3	13	14	9	10	15

表9 在您看来,一所学校必须开展哪项主要工作,您才会给它评A?(开放性问题)

排名前五位的答案	全国总数 2010 %
提高教学质量	34
实施一项挑战性的课程	12
帮助学生获得更大成功	12
实施标准化考试/评分	6
与家长建立更密切的联系	5

表10 在您看来,对公立学校投资的多少对学生所受教育质量的影响有多大——非常大、比较大、不太大,还是没影响?

	全 国 总 数		
	2010 %	2001 %	1993 %
非常大	32	38	38
比较大	35	30	30
不太大	24	25	25
没影响	8	5	5
不知道	1	2	2

评论:教师对自己的角色感到骄傲

兰迪·温加滕*

美国人尊重教师,认为教师为教育他们的孩子尽心尽责,而且承认教师对美国社会和未来非常重要。美国有三分之二的家长乐意他们的子女从事教师职业,这个调查结果既温暖人心,又不足为奇。

这项民意调查显示,美国人理解:好的教学不是一种天生的本领,或能用考试成绩来证明的。家长和公众认识到,教学是一项极为复杂的活动。与其他职业类

239

似,教师随着时间累积而成长进步,逐年调整和改进他们的教学技能。而且,大多数受访者认为,不应该将教师评价作为推卸责任的手段,而应该将其作为一种支持好的教学活动的方法。美国教师联合会一直以来通过开发新的、更为周全的教师评价模式在这个领域保持领先地位。目前这些教师评价模式正在全国超过50个学区内实施——其关注点正是学生的学习成效。

作为教师,由于我们的工作就是确保每位儿童在每一所学校都在为成功做准备,所以我们应当为自己肩负这项重任而感到骄傲。而且我们认识到,我们并不是孤军奋战。家长、公众和教师都认识到好的教学和密切的家校合作的重要性。对于所有关心儿童的美国人来说,挑战在于基于共识而开展行动。我们必须团结起来,担负起艰巨的任务,使每一所学校都成为一所能够让美国人放心将儿童托付的优质学校。

*兰迪·温加滕(Randi Weingarten),美国教师联合会(AFT)现任主席。

教师工资与评价

《卡潘》2010年5月刊的大部分文章聚焦于教师绩效工资这个主题。《卡潘》主编琼·理查德森(Joan Richardson)在她撰写的社论《一个不同颜色的萝卜》(A Carrot By a Different Color)中写道:"由于在改革教师终身制(解读:学区无法开除绩效差的教师)、统一工资单、表现差的城市学区方面受到挫折和阻挠,绩效工资突然成为全国关注的焦点。"

先把教师终身制的问题放在一边(我们在去年的民意调查中调查了这个问题),我们从存储问卷的档案中抽出一个关于统一工资单的问题。统一工资单是一种在20世纪20年代首先在学区中尝试的方法,这种方法在20世纪50年代变得普遍起来。统一工资单最初被设计用来消除男性与女性教师、小学与中学教师之间的薪酬差异。根据这种模式,教师获得工资多少的依据是他们的从教年限和受教育水平(也就是最高学历)。但在这种模式中,以教师课堂表现、学生学业成绩等因素为依据的绩效评价方式却未被采纳。

我们还问美国人关于学生成绩与教师薪水之间关系,以及他们认为评价教师的主要目的是什么。许多教育改革者鼓励地方学区调动经验丰富的教师去学生学业表现最差的学校工作,因此,在这个板块中我们最后问美国人是否支持这种改革措施,特别是这种将提高优秀教师薪酬待遇作为一种经济激励方式吸引教师去薄弱学校工作的改革措施。

■　发现

● 几乎四分之三的美国人认为应该以工作质量而不是等级标准来决定教师薪酬,差不多有四分之三的家长也这么认为。显然,美国人支持对教师薪酬方式进行改革。

● 几乎四分之三的美国人认为教师薪酬与学生学业成绩的挂钩程度应该非常紧密或比较紧密。这表明今年的数据与 2000 年第一次针对这个问题的调查结果相比有显著上升。

● 虽然美国人质疑当前教师薪酬的支付方式,但是我们还是不清楚,他们对教师绩效工资的支持态度有多么强烈。当被问到评估教师的主要目的是什么的问题时,帮助教师提高他们的教学能力是更多的受访者首先选择的回答,紧随其后的是记录无效教学并据此解雇教师。根据能力发放薪酬这个选项虽然排在第三位,但是与第二位的差距较大。

● 超过三分之二的美国人支持将提高教师薪酬作为一种经济激励政策,从而吸引教师去那些需要改进的学校工作。

表 11 *您认为应该根据工作质量还是等级标准给每位教师发放薪水?*

	全　国　总　数		公立学校家长
	2010 %	1983 %	2010 %
工作质量	71	61	72
等级标准	27	31	28
不知道	2	8	*

* 少于 0.5%。

表12 在您看来,教师工资与学生学业成绩之间应该——非常紧密挂钩、比较紧密挂钩、不太紧密挂钩,还是根本无需挂钩?

	全　国　总　数		公立学校家长
	2010 %	2000 %	2010 %
非常紧密挂钩	19	25	14
比较紧密挂钩	54	35	61
不太紧密挂钩	14	12	13
根本无需挂钩	13	24	12
不知道	*	4	*

∗少于0.5%。

表13 在您看来,是否应该把高薪作为鼓励教师到有待改进的学校任教的激励措施?

	全　国　总　数		公立学校家长
	2010 %	2003 %	2010 %
应该	68	65	68
不应该	31	33	31
不知道	1	2	1

∗少于0.5%。

图4 在您看来,评估教师的主要目的是:帮助他们提高教学能力,根据能力发放薪酬,还是记录无效教学并据此解雇教师?

全国总数 2010

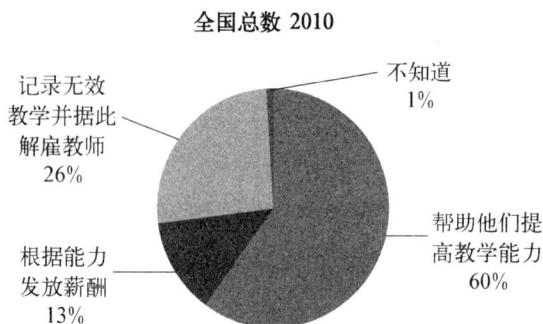

教师质量

在 2 月的一次演讲中,教育部长阿恩·邓肯(Arne Duncan)说:"在课堂教学中,教师的教学才能极其关键。在学校中,对学生学业进步影响最大的因素是站在讲台上的教师的质量,这一点都不奇怪。"美国人似乎也同意这个观点。美国人认为提高教师质量是改进教育的最重要的行动。他们还指出,学校赢得尊重和获评 A 等的最佳方法是提高教学质量。

因此,最恰当不过的是,我们问美国人一系列问题来更好地了解他们对教师职业的看法。他们信任教师吗? 他们想让孩子从事教师职业吗? 如果他们可以换职业,他们愿意做教师吗? 他们认为学校能够聘用和留住好教师吗? 此外,最重要的是,受访者用什么来描述那些对他们的生活产生积极影响的教师?

■　发现

● 当我们请受访者用最恰当的词汇或者短语描述对他们的生活产生积极影响的一位教师的时候,他们使用得最多的一个词是关心,紧随其后的词是鼓励、兴趣、风度,以及能力强。这些回答为校长在思考未来聘用什么样的教师这个问题上提供了良策。

● 71% 的美国人说,他们信赖并且对教师有信心,持此态度的公立学校家长的比例高达 78%。大学教育程度(76%)与年龄在 40 岁以下的(76%)受访者比高中教育程度(67%)与年龄在 40 岁以上的(68%)受访者对他们教师的描述更为积极。

● 三分之二的美国人会支持他们的孩子选择进入公立学校从事教师职业的决定,这一数据相比 1980 年和 1990 年的数据有显著提高。

● 当被问及如果有机会选择一份新工作时,四成的美国人回答他们非常或比较愿意选择教师职业。虽然我们很难利用这些数据与其他职业进行比较,但是鉴于受访者给全国公立学校的评级如此之低,相比之下这个比例确实是相当高了。年龄在 40 岁以下的美国人中,几乎有一半说他们非常或比较愿意做一名教师。

● 与 7 年前相比,美国人目前对于当地公立学校聘用不到好教师这个难题的担忧减少了。

图 5 请您回忆那位曾经对您的人生产生过最重要影响的老师。回忆这位老师,请您用三个最佳词汇来描述这位老师在您心中的重要程度。

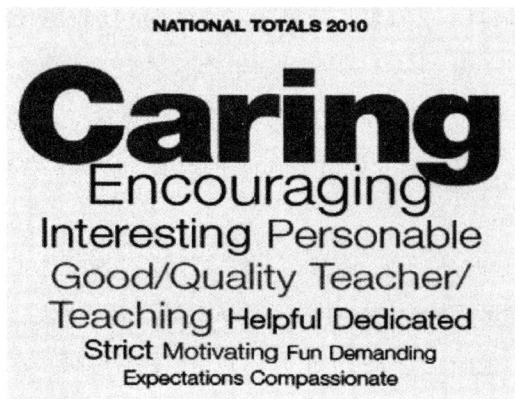

表 14 您信赖那些正在公立学校中教育您孩子的男教师和女教师吗?

	全国总数 2010 %
信赖	71
不信赖	27
不知道	2

表 15 您认为当地公立学校系统在吸引好教师方面是否存在困难?

	全 国 总 数	
	2010 %	2003 %
是,存在困难	48	61
否,不存在困难	49	37
不知道	3	2

表16　您愿意让自己的某个孩子在公立学校从事教师职业吗？

	全　国　总　数		
	2010 %	1990 %	1980 %
愿意	67	51	48
不愿意	30	38	40
不知道	3	11	12

表17　如果您有机会选择一份新工作,您是否愿意选择教师作为职业？是非常愿意、比较愿意、不太愿意,还是根本不愿意？

	全国总数 2010 %
非常愿意	12
比较愿意	28
不太愿意	26
根本不愿意	34
不知道	*

＊少于0.5％。

评论：教师对自己的角色感到骄傲

莎拉·韦斯林*

公众或许对教育的许多方面持有不同意见,但是他们对其中一点具有共识：教师的作用是巨大的。

提高教学质量的真正意义在于提高教室中的个性化程度。家长们所希望的,以及学生们所知道的是,一位关心学生的教师也就是一位把自己的时间精力投入到那些参与到学习环境中的学生身上的老师。一位关心学生的老师会培育和鼓励学生,并且了解校外生活如何对校内生活产生巨大影响。这位老师了解学生的个人学习经历。这位老师认识到学习是个体性的,是循序渐进的过程,无法与生活简单割裂开。

本年度民意调查报告的这个板块证实，当我们越来越需要标准来指导我们，需要课程来启发我们的时候，我们希望我们的孩子在那些敬业的教师身边得到良好的教育，而这些真正与我们的孩子朝夕相处的人所看到的是，我们的孩子渴望自身的独特性被认可，渴望迎接挑战从而认识到自身的潜力。

我们必须承诺创新教学实践，这将会创造良机，把学生当作个体来对待，而不是使教育退回到把孩子加工成同一个模子的时代。正如调查所显示的那样，我们最大程度地信任教师，信任这些给我们打电话的人、来家访的人，这些为一年级班上 28 个不同的孩子设计教学模式和内容的人。我们相信，高质量教师——具有丰富知识，对教学能力充满自信，能够沉着稳健地培养学生的思维——将会把我们的学生培养成为有独立见解的领导者。

* 莎拉·韦斯林（Sarah Wessling），爱荷华州约翰斯顿市约翰斯顿高中英语教师，荣获 2010 年全国最佳教师。

学生学习与奖励

2010 年 4 月 19 日，《时代周刊》的封面报道问："学校应该对学生进行物质奖励吗？"我们认为这是一个好问题，因此我们在教育民意调查中问美国人这个问题，紧随其后直接调查公立学校家长的态度，了解他们是否对孩子在校的优异表现给予物质奖励。我们还问家长关于学校对他们长子/长女的影响——学校是否使他们的孩子变得更加好学；我们进一步问，当关系到学生在学校中的成功时，"努力和能力，哪一个更重要"？最后，我们设计了一个问题，我们想通过这个问题更好地了解在美国人的心目中，增加教师的学习时间（专业发展）与增加学生的学习时间相比，孰轻孰重？

■ 发现

● 四分之三的美国人反对用金钱奖励学生读书、上学，或努力取得更好成绩的行为。与这个调查发现吻合，只有四分之一的家长说他们用金钱奖励孩子在校取得的更好表现。

- 几乎三分之二的家长认为学校使他们最大的孩子变得好学,这一比例比我们1998年第一次对这个问题的调查结果有显著提高。

- 在认为增加学生和教师的学习时间将会促进学生学习的这群人中,有三分之二认为让教师花更多的时间学习新的教学方法比让学生增加在校学习时间会对学生学习产生更大影响。

- 四分之三的美国人认为,学生在学校中的成功是基于学生的后天努力而不是先天能力。

- 四分之三的美国人认为,家长才是决定学生是否学习的重要因素,而非学校。家长群体也同意这个观点。

评论:对威逼利诱说"不"

阿尔菲·科恩*

我们知道,布什/奥巴马/盖茨关于学校改革的观点并不是"以证据为基础的";下列改革方案一直以来都得不到研究结论的支持:高风险测试①、关闭学校、绩效工资、让学校(或各州)之间相互比较、国家标准、减少对教师的工作审查,以及一项"听我们的话,否则就不给你钱"的制度安排。这些改革方案对儿童不利。大多数教师——不只是他们所在的教师联盟——鄙视这些改革方案,其他教育者也是如此。那么,还会有谁支持这些改革方案呢?"是公众么?"

卡潘/盖洛普最新出炉的民意调查显示,美国人一般对这种讨厌的废话并不买账,受访者坚决拒绝关闭差学校这种粗鲁的措施,更愿意废除这种措施(表1)。当人们对《不让一个孩子掉队法》了解更多的时候,该法反而失去了支持(图2)。虽然有人对教师绩效工资感兴趣(表11和12),但是把金钱放在学生面前,让学生拼命争取好成绩的办法受到了普遍反对(表18)。

所以,人们对威胁关闭学校和用金钱诱惑学生的做法说"不",这两种做法精

---

① High-Stakes Test 指高风险测试,依据标准化考试结果对学校、教师、学生等相关者做出重要判断和决定。——译者注

确地体现了经济学家和行为主义者所钟情和操控的"胡萝卜 + 大棒"措施。如果当代"学校改革"是一个高脚凳,它就是这个凳子的三条腿中的一条——已经没了。第二条腿是标准化考试,卡潘/盖洛普 2008 年的民意调查发现,大多数人认为用考试成绩衡量学生学习不如用"学生作业的范例"或"教师观察"的方法。

最后一条腿是什么?好吧,假如明年的调查中有这样一个问题:如果我们必须在下面两者间作出选择,要么为孩子的最大利益着想,让他们成为善于学习的人和好人,要么以一种最有利于孩子未来的雇主的方式来开展教育,你会选择哪个?

* 阿尔菲·科恩(Alfie Kohn),出版多部著作,包括 *The Schools Our Children Deserve*(1999 年由 Houghtom Mifflin 出版),*What to Look for in a Classroom*(1998 年由 Jossey-Bass 出版),*Feel-Bad Education*……以及由 Beacon Press 正在出版中的关于儿童和学校教育的观点新颖的随笔。www. alfiekohn. org.

表 18 最近,一些学区尝试奖励学生的某些行为或成绩,比如他们阅读拿到高分。我们想了解您对这类做法怎么看。您是否支持学区用一小笔钱奖励学生的行为,包括阅读、上学或拿高分等?

	全国总数 2010 %
支持	23
反对	76
不知道	1

表 19 您是否曾经对您的孩子阅读、上学,或努力取得好成绩的行为进行金钱奖励?

	公立学校家长 2010 %
是的,曾经奖励过	24
没有,未曾奖励过	76

表 20 您如何描述学校曾经或正在对您长子/长女的学习态度的影响？学校使您的孩子变得更加好学了吗？学校导致您的孩子认为学习是一件苦差事吗？或者，学校导致您的孩子对学习丧失兴趣？

	全 国 总 数	
	2010 %	1998 %
使孩子变得更加好学	63	50
导致孩子认为学习是一件苦差事	27	34
导致孩子对学习丧失兴趣	9	15
不知道	1	1

表 21 您认为下列哪项会对促进学生学习发挥更大的作用？增加学生在校学习时间，增加教师学习教学新方法的时间，还是这两项都不会促进学生学习？

	全国总数	公立学校家长
	2010 %	2010 %
增加学生在校学习的时间	29	23
增加教师学习教学新方法的时间	38	44
两项都不会促进学生学习	31	32
不知道	2	1

表 22 一些人认为学生在校成功是基于先天能力。另一些人认为后天努力更为重要。您如何认为？

	全 国 总 数	公立学校家长
	2010 %	2010 %
成功基于先天能力	23	28
成功基于后天努力	73	68
不知道	4	4

表 23 在您看来,决定学生在学校中是否学习的因素中哪个因素影响最大——学校还是学生家长?

	全 国 总 数		公立学校家长
	2010 %	2000 %	2010 %
学校	22	30	21
学生家长	76	60	78
不知道	2	10	1

评论:教师需要学习

英格里德·克兰*

家长似乎同意,我们国家的教师需要花更多时间学习教学新方法,而且认为与增加学生在校学习时间相比,增加教师学习时间是一个更好的计划方案。他们理解许多专业教育者长期以来所说的:当教师学习的时候,学生就学习。

来自科罗拉多州的民主党国会众议员在介绍众议院通过的 5218 号法案——《好教师与好学校法案》(the Great Teachers for Great Schools Act)——的时候说,"在任何一个领域内成功的关键之一是学无止境"。这项法案将会通过为教师提供高质量的专业发展机会,提高全国学校的教师质量和学业成绩。

高质量的在职专业学习是提高在职教师和准教师的知识和技能的最好机会。在一个专业学习的环境中工作的教师们,为学生的学业表现共同承担责任,利用学生数据来进行教学,并且在课程计划、传递和评价方面精诚合作,这样的教师在全国的许多学校中都正在感受着成功。然而,在美国,一般的教师每年花 14—16 个小时在专业发展上;在学生学业成绩高的国家,例如新加坡、瑞典和荷兰,教师每年至少花 100 个小时在专业发展上。

当我们扩大专业发展的定义时,教师和学生就会受益。全国教师发展委员会(National Staff Development Council)呼吁普通教师在由分析学生学习和评价数据而产生的教学议题上展开合作。

今年卡潘/盖洛普的调查结果启发我们可以联合家长的力量支持这项重要的尝试。

＊　英格里德·克兰(Ingrid Crney)，全国教师发展委员会主席、马萨诸塞州波士顿市前任常务副督学。

大学教育的重要性

奥巴马总统在今年1月发表的国情咨文中说："在当前的经济形势下，高中文凭已经无法确保一个人找到好工作。"教育部部长阿恩·邓肯在接受《卡潘》杂志2009年9月刊专访时曾说："奥巴马总统已经画了一条明确的路线图，他表示，在2020年前，我们力求再次成为全世界大学毕业生比例最高的国家……这种挑战丝毫不亚于登月计划。"我们很好奇美国人是否认同总统提出的目标。

与此相关，一些政策制定者认为，许多美国人不愿意接受奥巴马总统提出的关于成为全世界大学毕业生比例最高的国家这一目标，因为这些美国人把奥巴马总统计划中提到的大学毕业生等同于一个概念，即高中毕业后直接进入四年制大学，而不是把大学毕业生等同于在高中毕业之后的任何一个时间段继续完成高等教育。我们设计了一个问题，向本次民意调查中的一半受访者，大约500人，调查"大学"这个词是否会影响美国人对高等教育这个概念的认识，是否所有高中学生都应该为上大学和工作做好准备；问另外500位受访者，是否所有高中生应该为高中后的继续教育和找一份工作做好准备。我们还问家长，他们是否认为他们的孩子将会读大学，为什么他们认为他们的孩子应该读大学，以及他们是否能支付得起大学学费。

评论：优质教育是关键

鲍勃·怀斯＊

联邦、州和地方的政策制定者正在预算不足的条件下努力解决全国公立学校系统如何提高学生学业成绩的关键时刻，卡潘/盖洛普的民意调查报告新鲜出炉了。这份报告明显说明公众正在逐渐认识到高质量的高中教育必须使学生为大学和工作做好准备。十分明显,91%的受访者认为孩子需要接受高等教育(图7)。这份报告还解释了一个存在于代际间的认识鸿沟:压倒性多数的公众认为一个人的就业机会和经济上的成功与受教育程度相关,但是几乎一半的家长认为,今天的毕业生为工作和大学所做的准备不如他们充分(表28)。对于那些为经济增长而担忧的政策制定者来说,这份调查以图表的形式清晰地表明,公众普遍认为,让文凭变得货真价实是最佳的经济刺激方案。

*鲍勃·怀斯(Bob Wise),2001年至2005年曾担任西弗吉尼亚州州长,现任优质教育联盟(Alliance for Excellent Education)主席。

■ 发现

• 美国人中,压倒性多数的人认同奥巴马总统提出的目标,并且认为当今世界大学教育对于个人成功至关重要。1978年,只有36%的美国人说这一点非常重要;1983年,这一比例提高到58%;今年的比例是75%。

• 84%的美国人认同,所有高中生应该为大学和工作做好准备。当您把"大学"这个词表述为"高中后的继续教育"时,这一比例轻微地提高到91%,暗示出美国人并没有"过分介意"用"所有高中生为大学做准备"来表述这个概念。毋庸置疑,美国人把高中后的继续教育,包括大学在内,等同于为工作做更充足的准备。

• 当家长被问及他们的孩子是否会读大学,92%的家长回答"是",1982年该比例是57%,1995年该比例是82%。即使当前经济衰退,四分之三的家长相信他们非常或比较有可能为他们的孩子支付大学学费,这一比例比两年前对这个问题的调查结果有所增加。

• 家长想要他们的孩子读大学的原因排在前三位的是:(1)更多的工作机会和更高的收入;(2)过更好的生活;(3)如今的人们需要更多的教育。这个排位与1982年对家长的调查结果一样。

• 同时,当受访者的教育水平为高中毕业以上,尤其是大学毕业时,他们会更加强烈地认为:与过去相比,今天的学生为工作或读大学所做的准备并不充分。

图6 如今的大学教育有多重要？是非常重要、比较重要、不太重要，还是根本不重要？

全国总数 2010

■ 2010　■ 1983　■ 1978

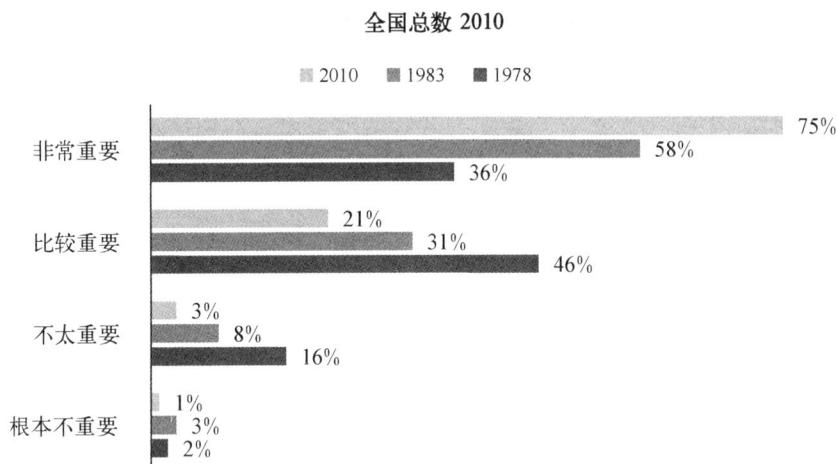

	非常重要	比较重要	不太重要	根本不重要
2010	75%	21%	3%	1%
1983	58%	31%	8%	3%
1978	36%	46%	16%	2%

表24 下面是一些关于学生未来的问题。以五点计分法，5表示强烈同意，1表示强烈反对，请您将您对以下问题的同意程度标注出来：如今的高中辍学者能胜任工作；如今的高中毕业生能胜任工作；如今的大学毕业生能胜任工作。

	全国总数 2010					
	强烈同意				强烈反对	不知道
	5	4	3	2	1	
如今的高中辍学者能胜任工作 均值 = 1.45	2%	2%	5%	20%	71%	*
如今的高中毕业生能胜任工作 均值 = 2.55	3%	12%	40%	25%	19%	1%
如今的大学毕业生能胜任工作 均值 = 3.50	13%	40%	34%	8%	4%	1%

对下面两个问题的调查结果并排展现，是为了呈现出公众对用不同词语表述的同一个调查问题的态度差异。

图7

a. 一些教育者、政治家和慈善家认为,所有高中生都应该为就读大学和找一份好工作做好准备。您赞成还是反对这个目标?

b. 一些教育者、政治家和慈善家认为,所有高中生都应该为高中后的继续教育和找一份好工作做好准备。您赞成还是反对这个目标?

全国总数 2010

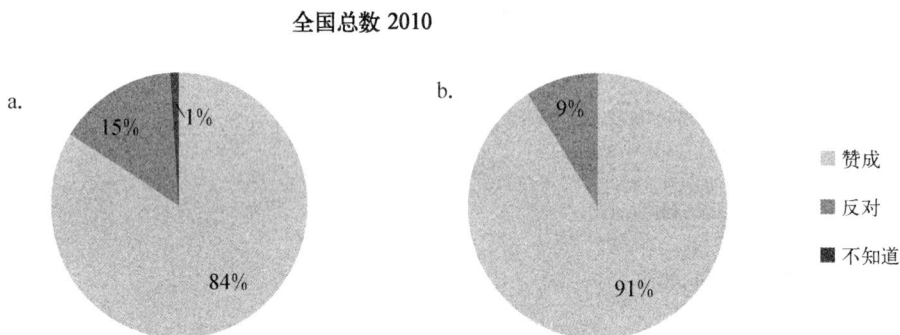

a.
- 15%
- 1%
- 84%

b.
- 9%
- 91%

- 赞成
- 反对
- 不知道

表25　您是否认为您的孩子将会读大学?

	公立学校家长		
	2010 %	1995 %	1982 %
是	92	82	57
不是	7	12	19
不知道	1	6	24

表26　您为什么想要您的孩子读大学?(开放性问题)

	公立学校家长	
	2010 %	1982 %
更多的工作机会和更高的收入	52	48
过更好的生活	19	20

续　表

	公立学校家长	
	2010 %	1982 %
如今的人们需要更多的教育	15	27
大学给学生更多成长的时间	8	4
其他	5	11
不知道	1	*

＊1982 年没有报告。因为是多选题,所以总百分比超过了 100%。

表 27　您认为您或您的家庭能够为您的长子/长女支付大学学费的可能性有
多大?

	公立学校家长		
	2010 %	2008 %	1995 %
非常可能	36	35	30
比较可能	41	35	39
不太可能	16	16	17
根本不可能	7	11	12
不知道	0	3	2

表 28　回忆您自己的小学和中学教育,您认为今天的毕业生与您读书的那个年
代的毕业生相比,为工作或读大学所做的准备是更好、更差、差不多?

	全国总数 2010 %
更好	26
更差	47
差不多	25
不知道	2

评论：家长需要更多、更好的信息

乔恩·施努尔 *

公众认为，为了达到崭新的教育目标，最佳战略是对那些在学校中教育我们孩子的教师进行投资，提高他们的质量。多数人认为，提高教师质量是联邦教育政策最重要的部分。而且，与这一观念绑在一起的是人们对教师的尊重，以及期望并高度支持下一代从事教师职业。他们还清楚地认识到，教师的工作质量之间存在巨大的差异：71% 的人说教师的薪酬应该基于他们的工作质量，而不是等级标准。

在所有这些方面，美国公众的认识都是正确的。

但是，公众给当地学校和给全国学校的质量评级之间存在差异。四分之三的美国民众给他们当地公立学校评 A 或 B，而给全国学校评 A 或 B 的比例还不到 20%。确实，公众对当地学校的评级一直在上升，而给全国学校的评级一直在下降。

由数据所揭示出的我们国家学校的警钟无疑让公众很忧虑。但是，其实缺少真正有意义的数据来证明他们周围学校的表现，这就意味着人们高估当地学校的表现。类似地，家长过分夸大了他们的孩子从高中毕业和继续读大学的可能性。

这就是为什么改进学校的第二个最重要的战略是采用为升学和工作而做准备的标准和高质量，以及与之相对应的评价体系。这项承诺的努力将会让美国人看到他们孩子的学业成绩和当地学校的最现实的水平。

*乔恩·施努尔(Jon Schnur)，"新学校新校长组织"(New Leaders for New Schools)的创立人和首席执行官。

特许学校和家长选择

1991 年，明尼苏达州是第一个授权公立学校学术团体的州。该团体更为人所知的名称是特许学校，而且在此后的 20 年内，特许学校为争论保留了一条光明之路。

每一年,各种各样的新报告记录了特许学校作为一项教育改革措施的成功和失败。卡潘/盖洛普民意调查 10 年间一直在监测美国人对特许学校的态度,数据反映的趋势是毋庸置疑的。今年,我们加了一个问题,通过问美国人是否会支持在他们当地社区建立新的公立特许学校,从而使特许学校的议题更个人化。最后,我们从历年问题库中找出一个问题,问家长是否会考虑给孩子转学。

■ 发现

● 越来越多的美国人接受公立特许学校。2000 年,只有 42% 的人赞成特许学校。仅仅 10 年时间,赞成的比例上升到 68%。各个群体都支持特许学校,包括不同年龄、政治身份、受教育程度的受访者,甚至是公立学校家长群体。

● 类似地,几乎三分之二的美国人会支持所在社区新建立的公立特许学校,60% 的美国人说,他们会大力支持,在美国公立特许学校数量的巨大增加。

● 85% 的公立学校家长说,他们会让孩子继续在目前就读的学校上学。这一比例与我们在 1996 年第一次的调查结果差不多。有两种看待这项调查结果的角度。积极一面显示,超过一半的家长对孩子目前就读的学校满意。消极一面显示,40% 的家长说如果可以的话他们会给孩子转学——当然也表明许多家长对孩子现在就读的学校投不信任票。

表29 您或许知道,特许学校的运作是基于一纸特许状或契约,而这种特许状或契约可以使它们免于许多公立学校所受的州的限制,并可以独立运作。您是否赞成特许学校的理念?

	全 国 总 数		
	2010 %	2005 %	2000 %
赞成	69	49	42
反对	28	41	47
不知道	4	10	11

表 30 一般来说,您是否支持在美国开办大量的公立特许学校?

	全国总数 2010 %
支持	60
不支持	38
不知道	2

表 31 您支持您所在社区新建的公立特许学校吗?

	全国总数 2010 %
支持	65
不支持	33
不知道	2

表 32 如果您可以送您的长子/长女去任何一所学校上学,假设不考虑费用因素,您会选择送他/她去目前就读的学校还是去其他学校?

	公立学校家长	
	2010 %	1996 %
我会送孩子去目前就读的学校	58	55
我会送孩子去其他学校	41	44
不知道	1	1

家长对孩子学习的看法

与我们每年在卡潘/盖洛普民意调查中提出的常态问题不同,我们今年问家长一系列的更私人化的问题,关于他们孩子目前在学校中的经验,以及对他们孩子未来成功的期望。我们用从强烈同意到强烈反对的五点计分法来测量家长对这个问题的态度。

■　发现

● 家长基本同意他们孩子的老师将学校学习与真实世界中的例子联系起来，而且他们每天都有机会做到最好。

● 大多数家长认为他们的孩子在学校中是安全的。

● 家长对他们的孩子将会高中毕业表示乐观，但是对于他们的孩子是否会在毕业后找到一个好工作这个问题就不那么乐观了。

表33　现在,思考您的长子/长女的情况,您对于下面七项陈述的态度是:

	全国总数 2010						
	强烈同意					强烈反对	不知道
	5	4	3	2	1		
我相信我孩子能高中毕业 均值=4.81	92%	2%	3%	1%	2%		0%
我相信我孩子毕业后能找到好工作 均值=3.77	29%	31%	40%	25%	19%		1%
我孩子的老师将学校教学与真实世界相联 均值=3.68	25%	36%	25%	9%	4%		1%
我孩子每天在校有机会充分施展 均值=3.73	27%	35%	24%	11%	3%		*
我觉得我孩子在学校中是安全的 均值=4.33	58%	25%	11%	5%	1%		0%

评论：资助教师学习

维奥莉塔·加西亚*

专业发展,以及分享最佳教学实践的做法对于保持教师的灵感与热情,以及改进他们的教学至关重要。然而现实中频繁出现的情况是,公立学校系统的中心办公室的管理者和督学经常出现人员流动和机构改组的现象,这些人似乎下决心要重新改造或至少重新确定公立学校的愿景和使命,信息的上下流动是没有条理的、杂乱无章的,与学校中每天进行的严格的课堂教学活动之间是不通达的。

为了改进和为教学引入新思想,教育者需要更多时间去学习新方法,就像大多数公立学校家长在 2010 年卡潘/盖洛普民意调查结果中告诉我们的那样。然而,教师想要更多时间,进入相关的工作坊,长期发展的工程和项目,而不是短期的、充满听不懂的学术行话的研讨会,被设计用来使学区管理者看上去似乎在做一些新的不一样的事情。

花费更多时间学习新教学方法并不是促进学生学习的唯一解决方案。学区还有责任改进公立教育的整体结构。旧金山市的经验是,每一个新的督学都期望我们紧跟他或她设立的新的计划或战略,并且重启一个项目。

根据我 9 年的工作经验,以及作为一位公立学校的学生家长,我常常听到老师抱怨说,教职工会议是在浪费他们的时间。在一天的工作快结束的时候,人已经累得筋疲力尽了,会议上传达的信息其实已经失去意义,或者在试图解读来自学区的最新指示的作用时,这样的结果是失败的,而且让老师觉得与他们的教学实践毫不相干。只有当教师作为教育者的思想在学校层面,或在整个学区范围内被实施,而不是仅仅接受来自上层的思想和指令的时候,教师们才会体验到兴奋。

*维奥莉塔·加西亚(Violeta Garcia),旧金山联合学区(San Francisco Unified Schools)的家长联络人,旨在促进和巩固公立学校发展的全国性倡议组织"公立学校家长组织"(Parents for Public Schools)董事会成员。

卡潘/盖洛普教育民意调查为什么重要?

收集和分析有关美国人对公立学校的态度的数据是指引教育者和政策制定者为提高美国学校质量而努力的重要的第一步。但是,有一些注意事项需要思考。有些时候,美国公众的态度为变革提供了清晰的方向。例如,通过分析今年的民意调查数据我们得知,美国人认识到,学校需要最高质量的教师,提高教师质量应该是教育的头等大事。美国人将会支持为提高教师教学技能而设立的计划。他们将会支持为招募最好的教师候选人、培训目前和未来教师使用最佳教学方法而设立的计划。而且，他们将会支持为留住最好的教师、解雇能力差的和不适合教师职业的教师的措施。

在另外一些情况下，美国公众的态度似乎保守些，暗示出美国人也许太愿意接受现状。教育改革者倾向于认为公众态度不重要，或不全信这些调查数据，假定美国公众要么是不了解现状，要么就是不关心现状。

这么想是错误的。美国人关心公立学校，而且他们对情况的了解超过我们的想象。在这种情况下，改革者必须认识到，与美国人沟通的重要性，为什么变革对于通过帮助所有儿童开发他们最大潜能并获得成功从而确保我们国家的未来是至关重要的。如果不了解公众对教育变革的需要，不了解公众改进公立学校的愿景，就会导致自上而下的教育改革遭到美国公众的拒绝，导致那些无法很好拯救儿童的失败的项目和计划继续存在和发展下去。

认真学习卡潘/盖洛普教育民意调查和其他类似的关注公立学校的民意调查是重要的。这项研究能够帮助我们提高服务和产品的质量。在这里我们所说的最终的用户是全国的儿童。家长、教育者、社区领袖，以及政策制定者同意—— 我们的儿童值得我们为他们付出最大努力。

解析每年民意调查的基本流程

比尔：布尚①和谢恩·洛佩兹按照什么样的流程开展本届民意调查？

一月　民意调查的设计者们从教育者和政策制定者那里选择要讨论的主题、话题和问题。

三月　召集成立一个顾问团，负责提出建议、筛选主题和设计问题。

四月　确定最终主题，并从资料库中确认过去是否提出过类似的问题，同时草拟新的问题。

五月　盖洛普组织复核问题设计，检查它们在表述上是否存在问题，或者是否存在提问顺序上的偏见。通过预测确定受访者是否能够理解问题的表述。盖洛普组织进行抽样设计。

---

① 比尔·布尚和威廉·布尚是同一个人，比尔是人们对他的昵称。——译者注

六月　将最终确定的调查问题编入计算机辅助电话采访系统(CATI)，然后开始电话采访并收集数据，对所有完成的调查进行编码，而且最终样本符合美国人口普查统计的参数要求。

七月　统计具体的研究数据(crosstabulations)，审核并分析数据，撰写研究报告，其他内容刻入 DVD 光盘作为资料保存。

八月　调查结果向新闻媒体、卡潘会员、国会议员、各州督学/官员、其他相关的政策制定者公布。

九月　民意调查报告全文在当年九月的《卡潘》杂志上发表，并且在 www. pdkpoll. org 上公布。

研 究 过 程

　　2010 年的调查是在对 1 008 位受访者完整采访的基础上获得的。完整的采访包括，为了通过各个特征群体来核实和分析这些结果，因此需要对学生家长群体进行过度抽样。这项研究的现场调查（数据收集）在 2010 年 6 月 4 日到 6 月 28 日之间进行。

　　必须允许存在一定的统计变化，尤其对从由较少受访者组成的小型群体中获得的调查结果。这份报告中的调查结果只适用于整个美国而不适用于任何一个特定地区。可以利用该调查中相同的问题进行地方性的调查，从而将地方调查数据与全国性调查的基准数据进行比较。

样 本 设 计

　　2010 年卡潘/盖洛普教育民意调查的所有结果都来源于对全国 18 岁以上成人的抽样人群进行的电话采访。对全国范围内安装固定电话的家庭进行抽样，获得一个对全国各个群体都具有代表性的样本。采用四轮电话呼叫设计（four-call design）对每一位愿意参与调查的受访者进行完整的电话采访。一项随机拨打电话的技术被应用于确保在清单上的和不在清单上的电话号码都包含在内。

最终获得的调查样本被赋予权重,从而能够代表全国范围内的成人。基于全国成人群体样本的调查发现,我们可以在95%的置信区间内认可这些结果,抽样误差的上限为3%,公立学校学生家长这个群体的抽样误差为5%。除了抽样误差,问题的文字表述,以及调查实践中的困难也会对民意调查的结果和发展造成影响或偏见。

抽 样 公 差

所有抽样调查都会受到抽样误差的影响,也就是说,在一定程度上,会与调查总体所得到的结果之间存在差别。抽样误差的大小主要取决于受访者的人数。

样 本 构 成

成人	%
无子女上学者	67
公立学校学生家长	28
非公立学校学生家长	5
年龄	%
40 岁及以上	77
40 岁以下	23
教育	%
大学生总数	64
毕业生	36
肄业生	28
高中生总数	36
毕业生	33
肄业生	3

政党	%
共和党	32
民主党	29
无党派	35
未指明	4

卡潘/盖洛普教育民意调查的顾问团

卡潘/盖洛普教育民意调查的联合负责人威廉·布尚和谢恩·洛佩兹,与顾问团成员一起选择2010年度民意调查的主题。卡潘国际与盖洛普组织对顾问团成员的指导表示感谢,他们分别是:

约瑟夫·阿圭雷贝拉(Joseph Aguerrebere),全国教学专业标准委员会(NBPTS)主席。

乔恩·克林顿(Jon Clifton),盖洛普世界民意调查项目(Gallup World Poll)副主任。

理查德·李·科尔文(Richard Lee Colvin),哥伦比亚大学教师学院赫金杰教育与媒体研究所(Hechinger Institute)主任。

盖尔·康奈利(Gail Connelly),全国小学校长协会(NAESP)执行主任。

桑迪·克劳瑟(Sandee Crowther),卡潘国际董事会主席。

拜伦·加勒特(Byron Garrett),全国家长教师协会(PTA)首席执行官。

里克·赫斯(Rick Hess),美国自由企业研究所(AEI)教育政策研究部主任。

琼·理查德森(Joan Richardson),卡潘国际《卡潘》杂志主编。

约翰·斯道克斯(John Stocks),全国教育协会(NEA)执行副主任。

托马斯·斯托克(Thomas Toch),大华盛顿特区独立学校协会(AISGW)执行主任,《卡潘》杂志驻华盛顿特区观察评论员。

苏珊·特雷曼(Susan Traiman),商业圆桌(Business Roundtable)公共政策部主任。

卡拉·施洛瑟(Kara Schlosser),州首席教育行政管理理事会(CCSSO)联络主任。

A Time for Change

——The 42nd Annual Phi Delta Kappa/Gallup Poll of the Public's Attitudes toward the Public Schools

William J. Bushaw   Shane J. Lopez

Phi Delta Kappa International, Bloomington, Ind.,

USA; Gallup University, Omaha, Neb., USA

ABSTRACT: The 42nd PDK/Gallup poll asked Americans on the issues like, Education Priority, College for All, Underperforming Schools, Charter Schools, School Funding Crisis, Economic Stimulus Money, Teacher Pay, Respect for Teachers, and Pay to Learn. The Findings are following: Improving the quality of teachers should be the top national education priority; A college education is necessary for today's students; Fix poorly performing schools by providing comprehensive external support; Americans like public charter schools more every year; The current public school funding crisis is one of the top problems facing the public schools in my community; The Public didn't know that federal stimulus money saved 300,000 education jobs in America last year; Change the single salary schedule to pay public school teachers. Quality of work — including improvements in student learning — should determine how much teachers earn; Americans trust teachers and agree their son or daughter became a teacher, but not sure about becoming a teacher myself; Americans believe that's not right that pay students to read books, attend school, or try for better grades.

KEYWORDS: Kappan, Gallup, public school, poll

教育政策观察

（教育政策研究集刊）

范国睿教授　主编

上海·华东师范大学出版社

集刊宗旨

　　本集刊是以研究和评论当代教育政策实践与理论问题为主要内容的专门性集刊。由华东师范大学范国睿教授主编、华东师范大学出版社分辑出版。

　　本集刊旨在为国内外教育政策研究者和实践者提供对话平台和交流园地，着重反映教育政策最新学术研究成果和进展状况，努力体现前沿性、原创性、实践性和科学性。

　　由此，本集刊致力于——

深度关注教育政策热点问题，

动态反映教育政策发展趋向，

即时追踪教育政策理论前沿，

理性审视教育政策变革实践。

　　通过一辑一辑的积累，本集刊将展示当代教育政策研究的大体风貌，呈现教育政策热点问题的流变过程，从而为研究和分析教育政策的发展轨迹、洞悉教育政策发展态势，提供些许借鉴。

读者对象

- 教育政策研究领域的专家学者、教学与研究人员；

- 各级政府和教育行政管理部门的决策者和政策执行者;

- 各级各类学校的领导者、管理者和广大教师;

- 关注教育政策理论与实践问题的社会各界人士;

- 教育专业研究生。

征　稿

本集刊全年面向国内外征集优秀论文,随到随审,择优刊用。

来稿不限主题,凡反映教育政策决策、实施、评价等政策实践过程中的热点、难点、重点问题,反映教育政策研究理论前沿问题的优秀研究报告、调查报告、学术论文,经审稿合格,均可刊发。本刊尤为欢迎下列来稿:

- 结合当代教育改革背景解读和比较分析教育政策文献;

- 全面透析教育政策制定(决策)的复杂过程与复杂因素;

- 动态考察教育政策实施过程、影响因素、影响机理;

- 通过调查、统计分析等实证性手段审视教育政策实施效果;

- 国外最新教育政策的深度比较分析等。

来稿以 2 万字左右为宜,包括,标题、作者、摘要(中文)、关键词(中文)(3—5 个字)、正文、附录、参考文献,以及英文标题、作者英文译名(或汉语拼音)、ABSTRACT(英文摘要)、KEYWORDS(关键词)等。中文摘要以不超过 400 字为宜。

来稿文内标题一般分为三级,第一级标题用"一"、"二"、"三"标识;第二级标题用"(一)"、"(二)"、"(三)"标识;第三级标题用"1"、"2"、"3"标识。各级标题前均空两格。来稿标题用小三号黑体字;正文用五号字;一二级标题用黑体字,其他用宋体字。

来稿文内图表应规范,符合国家标准。表格标题置于表格上,以表格序号(表1、表2……)加标题名标识,以表格序号与标题名之间空一个汉字字符距离;图之标题置于图下,以图之序号(图1、图2……)加标题名标识,图之序号与标题名之间空一个汉字字符距离。非原创图表注明"资料来源",置于图、表下方,按注释标准著录。

来稿所有引文务必注明出处。注释以 OFFICE-WORD 软件插入页面脚注方式标注,每页以①、②、③……格式重新编号(电脑自动生成统一编码)。参考文献置于文末,以[1]、[2]、[3]……标识。注释与文后参考文献均须按中华人民共和国国家质量监督检验检疫总局和中国标准化管理委员会 2005 年发布的《文后参考文献著录规则》(GB/T7714-2005)的要求统一标注。引用文字较多的段落,单列一段,上下空一行,左右各空 3 个汉字字符,用仿宋字。凡不符合注释规范者,本刊将予以退稿或请作者修改后再行送审。

来稿请在来稿首页底端注明作者简介,包括姓名,出生年份,性别,学位,供职单位及职称,主要研究领域,E-mail 地址。

来稿属基金项目成果,或有致谢词,请放入来稿首页脚注中。

来稿电子版请通过电子邮箱投寄,地址:epo@ecnu.edu.cn.来稿纸制文本请寄:

邮政编码:200062

上海市中山北路 3663 号华东师范大学文科大楼 1115 室

华东师范大学教育科学学院

《教育政策观察》编辑部　　收

集刊编辑委员会将约请相关专家学者审稿,并经编辑委员会会议决定是否刊用。评审专家建议修改的来稿,须在作者修改后再由编辑委员会决定是否刊用。除非特别说明,本刊保留所有来稿的文字删修权。

来稿无论是否刊用,均不退还。三个月后未收到本刊用稿通知,可自行处理。

来稿一经刊用,将敬赠作者当期集刊两册,并寄发稿酬。

请勿一稿多投。凡一稿多投,或违反学术伦理,侵犯他人著作权者,除由作者自行承担相关法律责任外,本刊两年内不再接受该作者投稿。

衷心感谢广大作者、读者对本集刊的大力支持,热忱欢迎对我们的工作提出批评和建议。

《教育政策观察》编辑委员会

图书在版编目（CIP）数据

教育政策观察. 第 4 辑/范国睿主编. —上海:华
东师范大学出版社,2013.6
ISBN 978 - 7 - 5675 - 0930 - 6

Ⅰ.①教… Ⅱ.①范… Ⅲ.①教育政策—中国—文集
Ⅳ.①G520 - 53

中国版本图书馆 CIP 数据核字(2013)第 140852 号

教育政策观察第 4 辑

主　　编　范国睿
策划编辑　彭呈军
项目编辑　孙　娟
责任校对　时东明
版式设计　卢晓红
封面设计　王碧娴　陈军荣

出版发行　华东师范大学出版社
社　　址　上海市中山北路 3663 号　邮编 200062
网　　址　www. ecnupress. com. cn
电　　话　021 - 60821666　行政传真 021 - 62572105
客服电话　021 - 62865537　门市(邮购)电话 021 - 62869887
地　　址　上海市中山北路 3663 号华东师范大学校内先锋路口
网　　店　http://hdsdcbs. tmall. com/

印 刷 者　常熟市高专印刷有限公司
开　　本　787 ×1092　16 开
印　　张　18
字　　数　286 千字
版　　次　2013 年 8 月第 1 版
印　　次　2015 年 4 月第 2 次
书　　号　ISBN 978 - 7 - 5675 - 0930 - 6/G · 6646
定　　价　36.00 元

出 版 人　王　焰

(如发现本版图书有印订质量问题,请寄回本社客服中心调换或电话 021 - 62865537 联系)